*Lebenskrisen · Lebenschancen*
– eine Buchreihe,
in der Menschen aus eigenem Erleben
oder aus Anteilnahme am Schicksal eines anderen
versuchen, Ereignisse und Empfindungen
zu reflektieren und aufzuzeichnen,
die zu einem Wendepunkt im Leben führten.
Ob die Ursache der Krise
psychische oder körperliche Erkrankung,
das Scheitern einer Partnerschaft,
die Geburt eines behinderten Kindes
oder der Tod eines nahestehenden Menschen war –
sie wurde zum Anlaß, das Leben zu überdenken.

»TV-Star Peter Reusse verlor das Gedächtnis.« So die Schlagzeile in der Boulevardpresse. Was war geschehen?
Drei Jahre nach der deutschen Einheit erleidet der Schauspieler während einer Probe im Theater einen Nervenzusammenbruch. Erst nach Stunden findet er in die Realität zurück. Die Ärzte, die Menschen um ihn, er selbst – alle stehen vor einem Rätsel. Ein kerngesunder Mann, erfolgreicher Künstler, glücklicher Familienvater, vom Schicksal stets freundlich behandelt, wie kann der in eine Krise geraten? Was sind die Ursachen?
Ohne Pathos begibt sich der Autor auf Spurensuche. Mit der Unterstützung seiner Therapeuten gelingt es, unbewältigte Konflikte, versteckte Zweifel aus dem Gespinst der Verdrängung freizulegen. Es entwickelt sich ein Stück deutscher Biographie.
Trauergefühle beim dröhnenden deutschen Einheitsjubel? Schmerz über den Verlust an Utopien? Scham über ein gelebtes Leben? Zweifel an künstlerischer Identität, am Sinn seines Tuns? Das waren unschickliche Gedanken und daher nicht gestattet.
Das Anfangsthema »Überleben« wird im Verlauf des Buches mehr und mehr zum Thema »Über Leben«. Am Schluß bleiben mehr Fragen als Antworten, aber es gibt den Mut zum Weiterleben.

*Peter Reusse*, geb. 1941, nach Schauspielstudium in Babelsberg, Theaterengagements in Brandenburg und Halle, zuletzt am Deutschen Theater in Berlin. Mitwirkung in rund 80 TV- und Spielfilmen. Autor von Erzählungen, Drehbüchern, Gedichten und Kinderbüchern. Bilder- und Keramikausstellungen. Lebt in Berlin.

Peter Reusse

# *Der Eismann geht*

Krise eines Schauspielers

Fischer
Taschenbuch
Verlag

Lebenskrisen – Lebenschancen
Lektorat: Anke Rasch

Originalausgabe
Veröffentlicht im Fischer Taschenbuch Verlag GmbH,
Frankfurt am Main, April 1996


Gesamtherstellung: Clausen & Bosse, Leck
Printed in Germany
ISBN 3-596-12840-4

*Gedruckt auf chlor- und säurefreiem Papier*

*Wie nur wie?* fragte er und faßte sich an den Kopf.
*Wie?*
Und es schien, als könnte es nicht mehr lange dauern, bis die Lösung gefunden sei und ein neues, wunderschönes Leben beginnen würde; und beide begriffen sehr gut, daß es bis zum Ende noch sehr, sehr weit war und die größten Schwierigkeiten und Komplikationen noch vor ihm lagen.

Anton Tschechow, Die Dame mit dem Hündchen

*Für Mine*

## *Sei nicht zu sehr du, das interessiert keinen Menschen* *

Montag, 22. 3. 93

Es ist still. Grellweißes synthetisches Licht. Gesichter kalkig, maskenhaft. Wachsfiguren mit Nußknackermäulern. Auf und zu. Auf und zu. Es ist still.

Ich versuche unsichtbare Watte wegzuschieben. Sie scheint mich ersticken zu wollen. Ich will reden. Jemand hat meinen Ton weggedreht. Einfach abgestellt. Es ist still.

Die Holzmaserung auf dem Tisch sehe ich mikroskopisch genau. Im Sturzflug drauf zu.

Da ist eine Landschaft. Felder, Hügel, ein breiter Fluß. Ich finde keinen Platz für die Landung.

Ich muß doch irgendwas hier tun. Aber was? Ich habe eine Verantwortung. Mein Körper bewegt sich mechanisch, wie auf einer Schiene. Aber mein Kopf hält sich raus.

Da, über den Fluß scheint eine schmale Brücke zu gehen. Ein Pfad. Kein Platz zum Landen. Ich muß wohl durchstarten.

Es ist still.

Ich habe eine Aufgabe.

Es hängt alles von der akkuraten Ausführung ab.

Ich habe diese Aufgabe vergessen.

Es ist still.

Eine Woche vor der Premiere des Stücks »Der Eismann kommt« von Eugene O'Neill. Nach langer Pause habe ich endlich eine gute Rolle bekommen. Das Stück ist gut, mein Lieblingsregisseur inszeniert es. Das Ensemble ist hochkarätig. Die Arbeit macht Spaß. Ich habe seit langem wieder einmal das Gefühl, als Schauspieler zu arbeiten. Die ureigene Aufgabe, Menschengeschichten zu erzählen, scheint sich in einer verödeten Welt der Klischees und Routine zu verwirklichen. Ich bin wieder an den Wurzeln angelangt.

* Die Kapitelüberschriften sind Bemerkungen meiner verschiedenen Regisseure

Selig wie ein Kind. Steige glücklich sabbernd an den Wänden des wiederentdeckten Musentempels empor und... stürze ab.
Bei einer lockeren Durchsprechprobe haben sich mir die Instrumente verweigert. Der zuverlässig erarbeitete Text, die Figur, die Geschichte, mein eben noch solide gezimmerter Steg über das Wasser: alles verschwunden. Nur noch Nebel.
Hilfe von allen Seiten, ich bin weit weg. Erlebe das alles bei vollem Bewußtsein. Bin ein Zweiter. Der stille Beobachter.
In der Garderobe.
Im Spiegel sehe ich den trostlosen Willie. Jämmerliche Kledage. Der Ewigstudent, inzwischen in die Jahre gekommen, versucht er alle und jedermann von seiner hohen Intellektualität zu überzeugen.
Ein speckiges Büchlein (wahrscheinlich ein Kalender für Hühnerzüchter, irgendwo gefunden) ist quasi sein Markenzeichen. Drekkiges Mäntelchen, keine Socken, ich liebe diesen Kerl.
Was ist los mit mir?
Der freundliche Regisseur W. klopft vorsichtig an die Tür.
»Was war denn?«
»Ich glaub, ich kann das nicht mehr.«
»Du bist verrückt.«
»Schon möglich.«
»Normale Panne. Absolut normal.«
»Ich weiß den Text immer noch nicht.«
»Guck ins Buch, dann hast du ihn. Ansonsten gibt's die Souffleuse.«
»Das ist es nicht.«
»Was denn sonst? Schlaf dich aus. Morgen hast du's. Ich freu mich drauf. Mach's gut.«
»Hör mal, könnten wir uns heute abend noch mal auf der Probebühne treffen?«
»Natürlich.«
»Um sechs?«
»Um sechs.«
Die Kollegen verhalten sich normal, sind freundlich, keiner ahnt mein Desaster.
Was ist los mit mir?

Ich nehme das Buch.
Ich lese den Text.
Er ist mir vollkommen fremd.
Satz für Satz. Satz für Satz. Fremd. Ich muß neu lernen.

*»Wieso unterschlägst du mich bei deiner Einführung in die hochkarätige Gesellschaft, Larry, das ist ein unverzeihlicher Fauxpas...«*

Unverzeihlicher Fauxpas? Hab ich das jemals schon gesagt? Es muß ja so sein. Aber ich kann mich nicht erinnern.

*»Wieso unterschlägst du mich bei deiner Einführung in die hochkarätige Gesellschaft, Larry, das ist ein...«*

Was ist los mit mir?
Ich muß ruhig werden, mich ablenken.
Das Rauchen bekommt mir nicht. Ich hatte es mir seit einem halben Jahr abgewöhnt.
Beim Spaziergang am Spreebogen läßt mir mein gemartertes Hirn keine Ruhe.

*»Wieso unterschlägst du mich bei deiner Einführung in die hochkarätige Gesellschaft, Larry...«*

Was ist mit Mine?
Sie ist zu einer Krebsuntersuchung im Krankenhaus. Ich muß anrufen, der Befund soll heute vorliegen.
Heute nachmittag ist Termin im Funk. Erste Arbeitsbesprechung zu meinem Manuskript »Da ist ein Grün im Stein« über die Island-Reise. Ich kann mich jetzt nicht verzetteln. Ich muß meinen Kopf in Ordnung bringen.
Habe ich Angst?
Wovor?
Riesige Panzer glotzen mich an. Man hat sie auf die Nase gestellt. Lafetten der Volksarmee, mit Grafitti besprüht, groteske Monumente. Monster sollen lächerlich gemacht werden.
Ich bin »Stalker«.
Ein Mensch in einer Un-Welt.

*»Wieso unterschlägst du mich bei deiner Einführung in die hochkarätige Gesellschaft, Larry, das ist ein...«*

Ein Satz, so einfach wie das Öffnen einer Tür.
Kommt es zu einer Operation?

Mine, mein Herz, ich denke an dich und kann dir nicht helfen. Du fehlst mir.
Wärst du da, würde ich dir alles erzählen. Nein. Du würdest es spüren und schweigen.
Ich möchte nicht hier sein.
18 Uhr, Probebühne. Der freundliche Regisseur W. ist pünktlich.
Der gute Psychologe beginnt mit ein paar Späßchen. Er scheint endlos Zeit zu haben.
Seine Devise: Hysterischer Schauspieler braucht ein paar Streicheleinheiten. Sonst nix.

*»Wieso unterschlägst du mich bei deiner Einführung in die hochkarätige Gesellschaft, Larry, das ist ein unverzeihlicher Fauxpas...«*

Und, und, und. Es geht.
»Wunderbar! Du hast es, ich sag doch, kein Problem.«
Und dann wieder kurze Blockaden.
Sie werden launig überbrückt durch aufmunternde Zurufe.
»Du hast die Rolle, der Rest kommt von selbst. Mach's gut, mein Alter...«
Die gerümplige Probebühne. Versatzstücke, Dekorationsreste aus Inszenierungen der letzten zehn Jahre, klapprige Stühle, Kreidemarkierungen, grelles Oberlicht.
Vor Jahren hatten wir eine Abendprobe. »Schwanengesang« von Tschechow. Die Probe war zu Ende. Ich wollte noch etwas für mich ausprobieren und blieb allein. Plötzlich verlosch das Licht. Im Hauptgebäude wurde der Strom abgeschaltet. Der Raum hat die Abmessungen einer mittleren Fabrikhalle. Probiert werden meist drei, vier Produktionen parallel. Das bedeutet ein Wirrwarr von Stellwänden, Requisiten, Vorhängen. Absolute Dunkelheit. Ich mußte mir den Weg zum Ausgang suchen. Ein Alptraum. Gute Vorübung für Kafka-Lektüre.
Ich fühle mich leer und sehr müde.
Bin ich wieder der alte?
Ist das Trauma überstanden?
Mag sein.
Ich versuche zu schlafen. Das gelingt nicht. Ich drehe das Licht an. Hinter den Büchern im Regal raschelt es.

Die Bücher beginnen sich zu bewegen, richten sich auf, fallen um.
Der Updike, der Salinger.
Die Russen sind besonders lebendig, Schukschin scheint etwas gegen den Tendrjakow zu haben, er unterliegt. Der schmale Tschechow versucht eine Art Startposition zu finden. Klar zum Abflug.
Der breitrückige Gorki legt sich quer.
Interessanter ist die Zimmerdecke. Ich erlebe den Luxus, Kino im Bett. In grobkörnigem Schwarzweißraster erkenne ich das herbe Gesicht einer Bäuerin. Der Film schlägt einen thematischen Bogen zur Literatur.
Das muß die Ukraine sein.
Erntezeit.
Prächtige Wolkenberge, die Weite eines Feldes.
Weiße Kopftücher.
Ein Gesicht entsteht.
Ich muß mich konzentrieren, darf den Faden nicht verlieren.
Eine Stirn, sehr licht. Ausdrucksstarke Augen. Sinnlicher Mund. Man kennt ihn. Richtig: Gorbatschow. Es bleibt ein Foto. Aber die Wolken ziehen. Ein starkes Symbol. Ich muß mir das merken...
Nach kurzem Schlaf werde ich wach. Die Lampe brennt noch.
Draußen ist es dunkel. Die Uhr zeigt sechs.
Weiß ich schon um das Schicksalhafte dieses Tages?
Ich fühl mich ganz gut. Es ist ja noch Zeit. Oh, ich hab Zeit, viel Zeit.
Was mache ich?
Ich weiß.
Eine bewährte Methode, um sich auf eine Vorstellung vorzubereiten. Man wählt einen x-beliebigen größeren Textblock und repetiert ihn.
Ein Test. Um die Tagesform zu ermitteln. Zur Beruhigung.
Ich setze mich ganz entspannt auf den Teppich und beginne.

*»Wieso unterschlägst du mich bei deiner Einführung in die...«*

Wo liegt denn eigentlich das Textbuch?

*»Warum unterschlägst du mich bei deiner Einführung in die...«*

Dienstag, 23.3.93
Jetzt bin ich also verrückt.
Dabei sehe ich alles glasklar.
Der Mann hat eine Loriot-Nase. Dicke Brille, gelber Schlips.
Warum trägt er keinen weißen Kittel?
Ich sitze in einem fulminanten Sessel. Da gibt es ein Schaltpult. DOWN und UP. Und grüne Lämpchen. Sehr gemütlich. Ich drücke DOWN. Die Lehne neigt sich sacht. Die Taste UP bringt mich wieder in die Realität zurück.
»Sie sind ja auf dem neuesten Stand, Doktor?«
»Warum nicht. Wir sind ja nicht von gestern.«
»Haben Sie auch einen Lügendetektor?«
»Gibt's doch nur im Film. Ich kenne Sie übrigens.«
»Kann ich von mir nicht behaupten. Komisch was? Erzählen Sie mir etwas von mir.«
»Lassen wir das. Ich denke, nach den Medikamenten, die ich Ihnen geben werde, sieht morgen alles ganz anders aus, und Sie können die Premiere spielen.«
»Nix werde ich. Alles perdu. Ich habe abgesagt. Ich kann nicht spielen. Nie wieder.«
»Wir werden sehen. Füllen Sie bitte diese Fragebögen aus.«
Mehrere DIN-A4-Seiten.
Gibt es Krankheiten in der Familie?
Wenn ja, welche?
Sexuelle Störungen?
Fühlen Sie sich nicht anerkannt?
»Doktor, das UP funktioniert nicht mehr.«
»Sie haben die falsche Taste gedrückt.«
An der Wand ein Bild.
Bäuerinnen bringen die Ernte ein. Weiße Kopftücher.
»Ist das die Ukraine?«
»Ich denke, Hodler hatte nicht soviel damit am Hut.«
»Am Hut?«
»Sagt man doch so.«
»Ach ja?«
Warum kümmert der sich nicht um mich?
Ich bin doch verrückt.

»Wollen Sie mich nicht behandeln?«
»Wie meinen Sie?«
»Ich bin in einer scheußlichen Situation, und Sie geben mir Tabletten?«
»Im Moment sehe ich keine andere Möglichkeit.«
»Das ist großartig. Warum sind Sie so nervös?«
»Ich bin nicht nervös. Ich habe draußen den Warteraum voller Patienten. Ich habe Sie außer der Reihe hereingenommen.«
»Da danke ich Ihnen. Kann ich Ihren Stuhl mitnehmen?«
»Wie bitte?«
»Sollte ein Witz sein.«
»Dann scheint es Ihnen ja schon wieder besser zu gehen.«
»Mir geht's blendend.«
»Kommen Sie bitte morgen um zehn.«
»Da habe ich Probe. Nein... habe ich ja nicht. Ich komme.«
»Was meinten Sie eigentlich mit Ukraine?«
»Eine verrückte Idee. So was dürfte Sie doch nicht überraschen.«
»Sie lecken Ihre Wunden. Das ist nicht gut für den Prozeß der Gesundung.«
»Dacht ich mir's doch. Erfolgreichen Tag, Doktor.«
»Dito.«

Ich muß etwas zu meiner Person sagen:
Ich bin zweiundfünfzig Jahre alt. Vater von zwei Kindern. Zwillingen. Junge und Mädchen. Sie sind achtundzwanzig. Bettina und Sebastian, genannt Sascha. Bin stolzer Großvater von zwei Enkeln und unverändert sterblich verliebt in meine Frau: Mine. Sie ist mein Halt und mein Mittelpunkt.
Ich bin Schauspieler seit nunmehr gut dreißig Jahren. Habe unzählige Filme gemacht und bin an einem der besten Theater des Landes engagiert. Meine Karriere ist nicht strahlend verlaufen, ich hatte aber auch keinen Grund zum Lamentieren. Es ging alles ziemlich glatt, und mein Weg war mir klar.
Ich hab mich wacker umgetan. Habe gemalt, geschrieben, Regie geführt, sogar mal einen Preis für Fotografie bekommen. Die Stadt Berlin verpaßte mir den Goethe-Preis, und auf der Straße erkennt man mich.

In zahllosen Interviews durfte ich meine Persönlichkeit zum Schillern bringen, und es wurde ein Film über meine Malerei gedreht. Meine Schulzeit war bunt, nach vier Jahren Ami-Schule wechselte ich mit sanfter Nachhilfe der verantwortlichen Organe in das sozialistische Schulsystem. Mit dem Talent zur Anpassung erzielte ich auch dort meine kleinen Erfolge, die ihre Krönung im Erwerb der Erntenadel in Bronze erfuhr. Früh entdeckte ich eine Liebe zum Theaterspielen. Und so führte mich mein Weg geradlinig in eine Ausbildungsanstalt dieser Zunft. Die Verantwortlichen meinten, ein Talent entdeckt zu haben, und so überwand mein Biographie-Schifflein geschickt die Klippe Volksarmee.
Mein Familienleben kann man durchaus als harmonisch bezeichnen.
Die biblische Dauer meiner Ehe mit der gleichen Frau wird in der Berufslandschaft als seltene Ausnahme gehandelt.
Meine dreiundachtzigjährige Mutter wohnt bei mir und der berühmte Hund Fanny vom Friedrichshain.
Unser Sommersitz ist in Motzen, einem verschlafenen, märkischen Reihendorf in der Nähe von Königs Wusterhausen. Besitzverhältnisse natürlich ungeklärt.
Unsere Berliner Behausung befindet sich, nachdem wir unsere Siebenzimmerwohnung am Friedrichshain kurz vor der Mieterhöhung fluchtartig verlassen haben, in unmittelbarer Nähe der Friedrichstraße, im Herzen der Hauptstadt, wie man so sagt. Eine Vierzimmerwohnung, die wir nach diversen Umgestaltungen in ein gemütliches Refugium verwandelt haben. Ich bin mit meinem Leben nicht unzufrieden, habe aber noch eine Menge vor. Typischer Spätstarter.

Ich bin in Weißensee.
Ich möchte nicht nach Hause.
Auf der Berliner Straße ist viel Betrieb. Nachmittägliche Einkaufsstimmung. Und ich habe Zeit. Ein köstliches Gefühl. Keine Verpflichtungen. Ich bin verrückt, und alle haben darauf Rücksicht zu nehmen. Werde mir also einen freien Nachmittag genehmigen.
Eine merkwürdig fahle Sonne steht am Himmel – in der Luft zaghafte Vorboten des Frühlings.

Ich beschließe, zum »forest« zu fahren, das ist der Stadtforst von Buch. Für mich ein Ort der Traditionen. Hier wurden Ostereier gesucht, Besucher hingeschleppt, mit der Tochter Dauerlauf für eine gute Abiturnote trainiert, diverse Niederlagen abgearbeitet, der erste Schneemann mit Lea gebaut, Fanny das Kommando DOWN beigebracht, Silvester gefeiert, ein Zehnmarkschein gefunden, den Sohn für die Aufnahmeprüfung an der Schauspielschule fitgemacht, eine dramatische Begegnung mit einem nebenher joggenden Wildschwein überstanden und vieles mehr.
Ich habe plötzlich Angst vor dem Alleinsein.
Angst vor den Bildern.
Ich möchte Ruhe finden.
Nur einen Moment.
Der Wald ist eine Gefahr. Die Grenze zwischen Alleinsein und Einsamkeit schnell überschritten.
Um auch den letzten Punkt des Klischees zu erfüllen, beschließe ich, eine Flasche Schnaps zu kaufen.
Das ist leicht gesagt.
Spießige Scham und begrenztes Bargeld zwingen mich, auf einen anrüchigen Hinterhof zu schleichen. Ein Schild »Restpostenverkauf zwecks Geschäftsauflösung« hatte mir Hoffnung auf einen Deal gemacht.
Goldbrand für neun Mark neunundneunzig.
»Der is jut«, raunt mir ein prall gefüllter Jogginganzug verschwörerisch zu. Der Schnaps tut gut.
Der Wald beugt sich wie eine freundliche Nachbarin über mich.
Auf der Motorhaube wärmt sich ein Spatz.
Wir hatten mal ein Finkenpaar. Zarah und Leander. In Anlehnung an chinesische Volieren baute ich ein Vogelhaus aus Holz. Die damals üblichen eloxierten Drahtkisten waren scheußlich. Zarah und Leander waren höchst possierliche Geschöpfe mit leisen, quarrenden Stimmchen. Das empfanden wir als wohltuend. Dann teilten zwei sogenannte »Unzertrennliche« mit uns die Wohnung, Bubi und Baby.
Sie gingen uns dermaßen auf die Nerven, daß ich eines Tages »vergaß«, die Käfigtür zu schließen. Endlich konnten wir uns wieder ungestört unterhalten.

Zarah und Leander verbrachten mit uns friedlich ihre Tage. Nicht die Nächte. Mit Einbruch der Dunkelheit verschwanden sie im mit Watte gepolsterten Nistkasten.
Eines Morgens saßen *VIER* Finken auf der Stange.
Aus Sorge, nun vierzehntägig Finkennachwuchs verpaßt zu bekommen, begannen wir, den Nistkasten sorgfältig nach Eiern abzusuchen.
Und tatsächlich, nach ganz kurzer Zeit ging es wieder los. Drei Eier wurden von den Geburtenkontrolleuren geschwind entfernt und vernichtet. Zarah reagierte wie eine Furie. Brutal scheuchte sie den unschuldigen Leander durch den Käfig, als einzig Erreichbarer mußte er, gewissermaßen stellvertretend für uns, die Attacken der frustrierten Mutter über sich ergehen lassen. Es war ein Bild des Jammers. Wir konnten das nicht mehr mit ansehen. Wir waren ratlos.
Schließlich hatte Mine den rettenden Einfall. Wir legten weiße Pfefferminzpastillen in den Nistkasten. Von Stund an war Ruhe.
Zarah brütete friedlich auf ihren Pfefferminzpastillen. Alle Aggressionen waren vergessen. Nach getaner Arbeit saß sie zufrieden quarrend neben ihrem wieder voll akzeptierten Partner auf der Stange. An ihrem fedrigen Hinterteil klebte eine Pastille.
Ich bin jetzt ein bißchen blau.
Aber nicht sehr heiter.
Es wird wieder so still.
Spaziergänger kommen vorbei.
Ich beginne intensiv an dem Armaturenbrett zu polken. Munteres Pfeifen soll Unverfänglichkeit vermitteln.
Die Sonne verschwindet langsam hinterm Rieselfeld.
Es wird kühl.
Himmelherrgott, was mach ich jetzt?

*»Wieso unterschlägst du mich bei deiner Einführung in die hochkarätige Gesellschaft, Larry, das ist ein unverzeihlicher Fauxpas...«*

Ein spitzer, nervender Ton entsteht in mir. Er kitzelt erst, dann frißt er sich penetrant in mein Hirn, zieht dort seine Kreise, spiralförmig, schraubt sich hoch bis zur Schädeldecke, versucht sie

zu durchstoßen, das gelingt nicht. Wütend wirft er sich immer wieder dagegen...
Ich muß mich töten.
Das ist die Lösung.
Heinrich von Kleist.
Ein Freund hatte sich vor Jahren hoch oben in einer Baumkrone erhängt.
Ich fand das konsequent.
Ich hab kein Abschleppseil.
Wie war das gleich mit dem Auspuff?
Mir fällt eine Geschichte ein.
Wir drehen einen Krimi. Schauplatz eine schnittige Jacht auf dem Müggelsee. Ein großer Tag für den Schiffseigner. Zu diesem Anlaß hat er sich extra eine blaue Phantasieuniform nebst passender Mütze angezogen. Stolz präsentiert er seinen Luxusliner.
Und er ist entsetzlich aufgeregt.
Auf die Bitte des Regisseurs, das Schiff zum Halten zu bringen, stürzt er eifrig zum Anker. Gekonnt wirbelt dieser durch die Luft, landet aufspritzend im Wasser.
Und... ward nicht mehr gesehen.
Das Tau war nicht am Anker befestigt.
Unbenutzt lag es, sorgfältig in akkurate Schlingen gelegt, an Deck.
Wieso komme ich jetzt auf diese Geschichte?
Ich bin ganz unten.
Ganz nackt.
Einsam.
Hilfe!
Mine.
Ich darf das nicht tun.
Nicht die letzte Niederlage.
Ich muß kämpfen. Mit jemandem reden. Mit wem?
Hier sind nur die Bäume. Sie haben mit sich zu tun.
Ihr Rauschen ist jetzt ekelhaft laut.
Ich brauche einen Menschen, der neutral ist. Vor dem ich nicht taktieren muß. Jemand, der sich auskennt, mich unter seine Fittiche nehmen kann. Doktor Sch.

Schweigsamer, etwas rätselhafter Freund eines Kollegen. Nervenarzt. Ein paarmal habe ich ihn im Theater getroffen. Er ließ sich in der Maske den spärlichen Haarschopf scheren.
»Doktor, wie kann man ein Minus reduzieren?«
Meine anmacherische Frage fand ich damals komisch.
Dr. Sch. fand das nicht.
Meine Flasche ist halbvoll.
Aus meiner momentanen Sicht halbleer.
Ich werde zu Dr. Sch. fahren.
Warum bin ich nicht früher darauf gekommen?
Ich fühle mich erleichtert.
Wie, wenn endlich bei der Matheaufgabe die Gegenprobe stimmte.
Wo wohnt er?
In der Oranienburger Straße. Ich habe dort mal sein Schild gesehen.

Ein glatzköpfiges Mädchen. Vielleicht dreizehn, vierzehn Jahre alt, in den Händen eine Barbiepuppe. Der Mann am Fenster hustet. In fünfzehn Minuten die dritte Zigarette. Eine Frau stillt ihren Säugling. Der Mann daneben unbeteiligt. Seine Adidas-Turnschuhe sind nagelneu. Eine Schwester holt das Mädchen. »Du mußt jetzt deinen Tee trinken.«
Ein Mann sitzt mit geschlossenen Augen neben mir. Sein Walkman quäkt zu mir herüber. »Bridge over troubled water«. Simon und Garfunkel. Totengeruch in der Luft.
Auf der Fahrt ins Zentrum bin ich plötzlich abgebogen. Als hätte ich nie etwas anderes vorgehabt. Ich bin zur Robert-Rössle-Klinik gefahren. Vor kurzem hatte ich dort einem krebskranken Kollegen einen letzten Besuch abgestattet. Inzwischen ist er tot.
Was hat mich hierher getrieben?
Niedrigste Instinkte.
Ich möchte Menschen sehen, denen es schlechter geht als mir. Das habe ich nun geschafft. Es hat mir aber nicht geholfen.
»Ich habe keinen Magen mehr. Dauernd die Scheißerei.«
Ich fahre zusammen. Der Mann neben mir hat das gesagt. Ohne die Augen zu öffnen.

»Wie lange sind Sie schon hier?«
»Zwei Monate.«
»Wie lange noch?«
»Weiß keiner. Die Schweine reden ja nicht mit dir.«
»Sie müssen darauf bestehen.«
»Ich möchte ein Bier trinken.«
Gespielt eilig blicke ich auf die Uhr.
»Tja, ich muß dann mal wieder.«
»Hau ab!«

Die Oranienburger Straße ist lang. Ich kann das Haus nicht finden. Irgendwo am Ende, kurz vorm Hackischen. Vielleicht ist er umgezogen?
Ich laß das Auto stehen. Ich muß Luft schnappen. Mich ein bißchen fit machen. Ich versuche, ein paar Sätze zu formulieren.
»Guten Tag, Herr Doktor, ich habe ein Problem, Sie müssen mir helfen...«
Ich muß mich räuspern. Die Stimme sitzt nicht. »Guten Tag, Herr Doktor, Sie müssen mir helfen, ich habe ein Problem...«
Ich stolpere durch den Monbijou-Park. Täglicher Gassi-Weg mit Fanny. Zwei Straßen weiter ist meine Wohnung. Da ist Mine. Sie wird sich Sorgen machen.
Ich muß zum Doktor. Dieser Mensch ist zur Droge geworden. Ich bewege mich zwanghaft.
Jetzt stehe ich vor seinem Schild: Dr. Sch., Facharzt für Psychiatrie und Therapeut.
Törichter Willie, jetzt reiß dich zusammen.
Ich liege auf einer mit grünem Kunstleder bezogenen Pritsche. Das Licht ist abgedunkelt. Ab und an Autogeräusche von der Straße. Der Doktor ist unsichtbar. Ich höre nur seine sachliche Stimme.
Ich erzähle meine Geschichte. Ich bin jetzt ruhig. Berichte wie über den Autounfall eines anderen.
»Sie befinden sich in einer psychischen Streßsituation. (Mir neu.) Sie müssen zur Ruhe kommen. Ich gebe Ihnen etwas zum Schlafen. Morgen kommen Sie um elf Uhr zu mir, dann sehen wir weiter. Mit dem Kollegen regle ich das.«

»Danke, Doktor.«
Das hat mich nicht sonderlich weitergebracht, aber die Ruhe, die offensichtlich beabsichtigte Distanz haben mir gutgetan. Irgendwie bin ich Verantwortung los. Mein Respekt vor der Psychiatrie ist groß. Ich habe Vertrauen. Man wird mit phantastischen Mittelchen, möglichst aus USA, mit raffinierten psychologischen Tricks der Ursache auf den Grund kommen und mich gesund machen. Zahlreiche Fernsehbeiträge und Artikel in Zeitungen haben förmlich suggeriert, daß die Heilungsquote bei psychischen Erkrankungen in den letzten Jahren sprunghaft gestiegen sei.
Mit dem Gefühl, den Tag doch noch zu einem brauchbaren Abschluß gebracht zu haben, will ich jetzt schnell nach Hause. Ich muß Mine erlösen.

In der Küche Mine und Sascha.
»Aha, der Krisenstab tagt«, ich versuche das möglichst beiläufig zu servieren.
»Ist das ein Wunder?« Mine versucht den saloppen Ton zu übernehmen.
Ich wandere mit der Schnapsflasche ins Wohnzimmer.
Nach einer Weile kommen die beiden.
Ich erzähle munter von meinem Tag.
»Hör bitte auf mit dem Schnaps.«
»Wieso, ich brauche das.« Ich habe mich jetzt völlig in die Rolle des Zynikers hineingesteigert.
»Du mußt es wissen.« Mine geht still in die Küche. Wohl mit der vagen Hoffnung, daß jetzt ein »Gespräch unter Männern« günstiger wäre.
Das tut sich schwer. Der Mann mir gegenüber ist und bleibt ein Sohn. Ich seh ihm die Qual an. Vor lauter Anstrengung, der Schicksalsschwere des Augenblicks gewachsen zu sein, ist er ganz hohlwangig. Die Augen groß und umschattet. Ich würde ihn gern in den Arm nehmen. Verkneif es mir. Wenn er doch wenigstens einen Schnaps mittränke.
Das würde uns helfen. Nichts zu machen.
»Ich muß doch fahren.«
Na ja.

Ich komme nun doch ins Reden. Versuche die sonst übliche Scheu, eine Niederlage einzugestehen, zu überwinden. Werde knochenehrlich.
Die Suizidgedanken im Wald, der Besuch in der Robert-Rössle-Klinik, die Beichten auf der Psycho-Liege, ich staune über meine Aufrichtigkeit.
Der Schnaps, das Außergewöhnliche der Begegnung, die Sentimentalität, meine Brüchigkeit ... ich fange an zu heulen.
Mein armer Junge erstarrt. Wie das Kaninchen auf dem Hackklotz. Ich seh ihm an, daß er weg möchte.
Ich habe den Mann, den Freund in ihm gesucht.
Ich habe ihn überfordert. Kein Wunder. Wir haben es nie trainiert. Aber es gibt doch Wunder, die berühmten Sternstunden.
Wohl nur im Fernsehen.

Donnerstag, 25.3.93
Meine Mutter hat Geburtstag. Sie tut mir leid. Sie hat drei Flaschen Wein gekauft und Mandarinen und Ananas für den unvermeidlichen Geflügelsalat.
Ich kann nicht. Entschuldige mich bei ihr.
Natürlich hat sie Verständnis. Hat sie immer. Leider auch wortreich.
Das Telefon klingelt laufend. Jedesmal zucke ich zusammen.
Was soll ich antworten, wenn ich gefragt werde?
Es sind alles Geburtstagsglückwünsche.
»Schon der siebente Anruf«, tiriliert Mägi. Sie verfällt dem Irrtum, von der Anzahl der Anrufe auf den Grad ihrer Beliebtheit zu schließen. Oder ist das gar kein Irrtum?
Der Zynismus des Enttäuschten?
Für den sich kein Mensch interessiert.
Ich bin tief unten. Gestern hatte mein Tag noch einen dramatischen Schwung. Das Schicksalhafte meiner Entscheidungen ließ mich alles wie im Rausch erleben. Heute nun die Ernüchterung.

Ich sitze wieder bei Sch. Trage ihm meinen Plan vor.
Ich möchte mich in eine stationäre Therapie begeben. Und das

möglichst weit weg. Vielleicht im Süden. Wo man mein Gesicht nicht kennt.
Sch. gibt sich kooperativ, bemüht sich nach Kräften.
Sämtliche telefonischen Anfragen enden ergebnislos. Die Einrichtungen sind ausgebucht. Man vertröstet uns mit Wartelisten. Das nützt mir aber nichts. Ich muß sofort verschwinden. Ich befinde mich auf der Flucht. Vor mir und allem.
Gestern noch Alexander Petrowitsch, heute wieder der kleine Willie.
Nach anfänglichen Bedenken willige ich schließlich in alles ein. Termin in der Bonhoeffer-Nervenklinik in Wittenau. Schlimmer konnte es nicht kommen. Der Name macht mich schaudern. Ich sehe stolpernde, lallende Glatzköpfe in zerrissenen Schlafanzügen.
Ich krieche in meinen Bau.
Einige Kollegen haben sich nun doch aufgerafft und angerufen. Ich kann mir vorstellen, wieviel Überwindung das kostet.
Ich möchte mit niemandem sprechen.
Mine tut das Beste, was sie für mich tun kann. Sie läßt mich in Ruhe. Ein paar tückisch aussehende Tabletten versetzen mich in einen angenehmen Dämmerzustand.
Ich lese eine Novelle von Turgenjew.
Den Inhalt habe ich sofort vergessen.
Die Uhr ist stehengeblieben. Ich weiß nicht, in welcher Richtung ich den Schlüssel drehen muß.
Auf dem Hof spielen Kinder. Was soll ich auf die stereotype Frage von Herrn König antworten, wenn er sich morgens aus dem Fenster beugt: »Na, Herr Nachbar, was macht die Kunst?«
Ich schließe das Fenster und lasse das Rollo herab. Ein Blumentopf fällt von der Fensterbank. Es war ein Geschenk meiner Kinder zur letzten Premiere.

Freitag, 26.3.93
»Haben Sie ein Doppelzimmer für ein Wochenende in Rheinsberg?«
Die Reisebürodame am anderen Ende der Leitung ist überrascht. »Moment...«

Es dauert.
Papiergeräusche.
Sie fragt eine Kollegin, ob Rheinsberg in Brandenburg oder Mecklenburg liegt. Die Antwort kann ich nicht hören. Nun, sie wird es schon richten.
»Hotel am Rheinsberger See. Wann soll es denn sein?«
»Freitag bis Sonntag.«
»Das geht in Ordnung.«
Eine spontane Idee. Ich kann nicht hier in der Wohnung hocken und drei Straßen weiter läuft die Premiere.
Mine reagiert zurückhaltend.
»Und wenn es dich wieder packt?«
»Ich werde sein wie immer, keine Sorge.«

Rheinsberg, die märkische Idylle am See. Wallfahrtsort für Verliebte. Genau das richtige für uns. Auf jeden Fall Tapetenwechsel.
Freitag nachmittag fahren wir los.
Der Verkehr hält sich in Grenzen. Die Straße ist tadellos. In den Dörfern rege Bautätigkeit, frische Farben, Aufräumarbeiten.
Die sonst lähmende Tristesse der Autofahrten in den Norden stellt sich nicht ein, Spaß kommt auf, ein bißchen Urlaubsstimmung.
In einer Tankstelle kaufe ich einen Kuchen und eine Flasche Sekt.
»Vornehm geht die Welt zugrunde.«
Das Haus ist rüde. Komisch, in Verbindung mit Rheinsberg assoziiert man Romantik. Dem ist nicht so, das Hotel »Am Rheinsberger See« gleicht einem mittelgroßen Reifenwerk im Sächsischen.
Der Einfallsreichtum der Namensgeber führt zwingend zu dem ursprünglichen Betreiber, dem Freien Deutschen Gewerkschaftsbund. Entsprechend ist auch das Interieur. Ewig muffig riechende Auslegware, dick gebauschte, gilbige »Schtors«, mickrige Hydrotöpfe, Essensgeruch.
Ein glänzendes Poster der Dresdner Bank und ein Kugelschreiber an der Rezeption mit der Aufschrift »Hotel am Rheinsberger See« zeugen von der Dynamik der neuen Zeit.
Bei grellem Neonlicht von der Decke essen wir Kuchen auf dem Zimmer und trinken den Sekt.

Wir reden viel und entspannt und sind optimistisch.
Im Hotel tagt ein überregionaler Jagdverein. Selbstbewußt agierende Damen und Herren in grünem Loden geben dem nüchternen Etablissement ein wenig Flair. Mit unserem bildschönen Jagdhund Fanny vom Friedrichshain werden wir sofort vereinnahmt, trotz fehlendem Loden.
Am Abschlußabend gibt es ein Kulturprogramm. Es wird von Kollegen des Gorki-Theaters gestaltet. Da mußten wir plötzlich einen ganz wichtigen Spaziergang machen.

*Jetzt muß ich in die Maske... Jetzt habe ich noch eine halbe Stunde bis zum Auftritt...*

Heute mittag habe ich ein Telegramm an die Kollegen geschickt.
Ich liege auf dem Bett des Hotelzimmers und lasse meine Gedanken urlaubsgemäß entspannt dahintrudeln. Eine interessante Situation kommt mir in den Sinn. Ich saß vor dem Fernseher und sah einen Film.
Jutta Wachowiak mit einem Partner an einem Kaffeehaustisch.
Plötzlich sprang ich wie von der Tarantel gestochen auf, stand blöd im Zimmer und wußte nicht, warum.
Nach einer Weile löste sich das Rätsel.
Im Hintergrund hörte man eine dezente Kaffeehausmusik. Selbige hatte der Komponist für unser Theaterstück »Der Firmling« geschrieben und in diesem Fernsehspiel noch mal verbraten. An einer bestimmten Stelle hatte ich zu meiner Violine zu greifen und aufzutreten.
Diese Stelle hatte in mir einen Adrenalinstoß ausgelöst und mich hochschnellen lassen.

Zwei Tage, die uns beiden gutgetan haben, sind schnell zu Ende gegangen. Wir müssen abreisen.

Dienstag, 30.3.93
Termin bei Frau OA Dr. Schr. in der Bonhoeffer-Klinik in Wittenau.
Wir fahren durch eine wunderschöne Parkanlage mit alten Bäu-

men und gepflegten Rabatten und landen in einem falschen Gebäude.
»Station für Suchtkranke.«
Sportliche junge Männer in papageienbunten Jogginganzügen schlendern wortgewaltig disputierend über die Gänge. Wären nicht überall die Glimmstengel, könnte man annehmen, im Trainingscamp einer Fußballmannschaft zu sein.
Herbert, Oberpfleger auf der 17, mit dicken Wollsocken in Sandalen, bringt uns freundlich zur Psychosomatischen Station römisch Zwo.
Auch hier alles andere als stumpfsinnige Lethargie. Geschäftiges Kommen und Gehen. Auf einem großen Tisch im Vorraum Kaffee und Zigaretten; Grüppchen, meist Frauen, in angeregtem Gespräch. Da wird auch gelacht. Im Kassettenrecorder das Mittagsmagazin. An den Wänden selbstgefertigte Bilder, in Vitrinen Tonarbeiten.
Trotzdem löst sich meine Spannung nicht. Wie soll ich mich hier einordnen? Ich sehe nur Frauen. Alle stabil und ausgeglichen, mehr an Urlaubsgruppen erinnernd denn an Nervenkranke.
In einem gläsernen Cockpit zum erstenmal ein weißer Kittel. Schwester H. Mütterliche Blondine mit Brille. Freundliche Begrüßung: »Nehmen Sie bitte einen Moment Platz, Frau Doktor wird sofort kommen.«
Verstohlen rücken wir uns zwei Stühle zurecht, kämpfen um Gelassenheit. Ich weiß nicht, warum ich so irritiert bin. Die Betriebsamkeit, die Normalität machen mir zu schaffen. Ich komme mir so krank vor wie nie zuvor.
»Kommen Sie bitte in mein Zimmer. Guten Tag.« Eine zierliche Mittfünfzigerin mit schmalem Gesicht, halblangen ergrauten Haaren, die sie mädchenhaft aus der Stirn streicht; kluge Augen.
»Warum kommen Sie nicht, haben Sie Angst vor mir?«
Nüchterner Schreibtisch, Telefon, ein paar Notizzettel, Terminkalender, eine Fachzeitschrift. An der Wand ein Abreißkalender mit einer wunderschönen Landschaft, ein scheußlich grünes Sofa, ein Sideboard, darauf eine unansehnliche Grünpflanze.
Ich erzähle, auf Präzision und Kürze bedacht, meine Geschichte.

Sie hört aufmerksam zu, macht ein paar Notizen, ist nicht unbeteiligt, aber bleibt auf Distanz.
Ich fühle mich wie ein Arbeitsloser auf Stellungssuche. Schauplatz: Personalbüro.
Nach einer Pause.
»Herr Reusse, ich denke mal, daß unsere Station wohl nicht das richtige für Sie ist. Unsere Konzeption ist sehr auf Gruppenarbeit ausgerichtet, das beginnt beispielsweise mit Frühsport um 7 Uhr.«
Belustigt mustert sie mich. »Ich denke mal, das würde einen ziemlichen Eingriff in Ihr bisher übliches Leben bedeuten.«
Wie recht sie hat.
»Ich habe eine andere Idee. Warten Sie bitte einen Moment draußen.«
Irgendwie bin ich erleichtert.
Mine hat tapfer ausgehalten. Ich raune ihr zu: »Es wird wohl nichts, soll aber noch warten.«
Mine scheint auch erleichtert. Wir können nicht weiterreden, ein Grüppchen entfernt sich aus dem Vorraum in Richtung unbestimmter Kellerräume: »Auf zur Musiktherapie!«
Mir läuft es kalt über den Rücken. Vor mir liegt ein abgegriffenes Mensch-ärgere-Dich-nicht-Spiel. Ein rotes und ein blaues Männchen sind noch unterwegs, der Rest im Ziel.
Ich werde wieder hereingerufen.
»Sie haben Glück, in der Schloßpark-Klinik wäre etwas frei. Ich denke mal, das wäre passender für Sie.«
»Aha, Schloßpark-Klinik. Ich kenne nur das Theater.«
»Logisch. Apropos, es gibt ein kleines Problem. Zur Zeit sind dort zwei Kolleginnen von Ihnen auf Station. Ich weiß nicht...«
»Um Gottes willen, das ist unmöglich, bitte nicht.«
»Ich verstehe. Nun, dann kann ich Ihnen nur wünschen, daß es woanders klappt. Dr. Sch. wird schon etwas finden. Auf Wiedersehn.«
Kerzengerade steht sie auf, lächelt mir freundlich zu.
»Wenn alle Stricke reißen, rufen Sie mich an.«
Und schon ist sie mit kurzen energischen Schritten, absatzklappernd, entschwunden. Den Mantel hat sie die ganze Zeit anbehalten.

Mittwoch, 31.3.93
Ich bin niedergeschlagen.
Nichts tut sich.
Ich schlucke Tabletten und döse durch den Tag.
Dr. Sch. telefoniert die Liste der Kliniken hoch und runter. Nur höfliche Absagen.
Schließlich bin ich so mürbe, daß ich die letzte Hülle fallen lasse und mich doch bereit erkläre, nach Wittenau zu gehen. Es muß etwas geschehen. Ich habe das Gefühl, mit jedem Tag eine Handvoll grauer Zellen zu verlieren. Ich verkalke. Dies registrierend, werde ich, wenn ich es bisher nicht war, verrückt.
Meine Entscheidung bringt Befreiung. Nun soll es denn sein.
Aber es kommt anders.
Rückruf von Frau Doktor, kein Bett frei, Nachfrage am 6.4.
Zu allem Unglück lese ich zur Zeit »Aufzeichnungen aus einem Totenhaus« von Dostojewski. Unter anderem auch diesen Satz:

> »Bisweilen blickte man durch die Ritzen des Zauns nach der freien Gotteswelt hinaus, ob man nicht wenigstens ein bißchen von ihr erschauen könne; aber man sah nur ein kleines Stückchen Himmel und den hohen, von Steppengras bewachten Erdwall und die Tag und Nacht darauf hin und her gehenden Schildwachen.«

Ungemein stimulierend. Mine telefoniert mit Almuth, meiner Kusine. Sie kennt eine Einrichtung in Bad Dürkheim und hat einen guten Draht dorthin. Tatsächlich schafft sie es, einen Termin für ein Aufnahmegespräch zu bekommen. Montag, den 5.4., um 15 Uhr.
Ich bin erleichtert. Bad Dürkheim ist das richtige für mich. Weit weg und anonym. Mein Stimmungsbarometer steigt zaghaft.

Donnerstag, 1.4.93
Almuth hat einen Prospekt der Psychosomatischen Klinik in Bad Dürkheim geschickt. Natürlich alles sehr nobel. Man hat eher den Eindruck, Werbematerial eines Kurhotels vor sich zu haben.

Werd ich wohl doch den österreichischen Seidenschlips einpacken müssen.
Almuths Anruf klang so, als ob alles perfekt sei. Wir beschließen, die Tasche zu packen. Falls es klappt, soll es nicht am fehlenden Schlafanzug scheitern. Mine sorgt für alles mit großer Umsicht und wohltuender Ruhe. Mein Sponsor und Alleinausstatter. Die Tasche ist schwer. Das sind die Bücher. Endlich Gelegenheit, viel zu lesen. »Aufzeichnungen aus einem Totenhaus« ist Gift für mein zerrüttetes Gemüt. Komme aber nicht davon los.

Montag, 5.4.93
5 Uhr 46 stehe ich gestiefelt und gespornt auf dem Fernbahnsteig Friedrichstraße. IC nach Karlsruhe. Mine verabschiedet mich, als zöge ich in den Krieg. Mit einer Blume an der Flinte. Wir sind still. Werde doch nicht etwa heulen. Endlich setzt sich der Zug in Bewegung. Ganz klein steht sie da. Meine geliebte Minka. Wäre die fröhliche Fanny nicht um sie, würde ich sie gar nicht sehen.
Was mich erwartet, ist schon kriegsmäßig. So viel steht auf dem Spiel. Werde ich genug Kraft haben? Werde ich ich bleiben? Die Ungewißheit in meiner Aktion ist die größte Belastung. Geduld und Willensstärke, nicht gerade die ausgeprägtesten Charaktereigenschaften meiner fragilen Persönlichkeit. Vielleicht schickt man mich sofort wieder zurück, nach diskreter Prüfung meines Kontostandes. Mir bleibt ja der österreichische Seidenschlips. Meine Geheimwaffe.
Wäre doch der Tag schon überstanden.
Mit welchem Ergebnis auch immer.

> »In Tobolsk habe ich Gefangene gesehen, die an die Wand angeschmiedet waren. Ein solcher sitzt an einer Kette von ungefähr drei Ellen Länge; da hat er auch seine Lagerstätte. So müssen sie fünf, auch zehn Jahre sitzen!«
> (F.M. Dostojewski, Aufzeichnungen aus einem Totenhaus)

Jahre bin ich nicht mehr Zug gefahren. Benehme mich wie ein Tölpel. Woher soll ich wissen, daß die Zwischentür zum Wagen-

inneren automatisch schließt? Zerre hektisch an dem Türgriff, murmele empört etwas von »außen hui, innen pfui«, muß mich dann schämen, als mir ein schlichtes Mütterlein mit hartem Gebirgsdialekt die Automatik erklärt.
An meinem Abteilfenster fliegen Schicksalsstationen meiner Familie vorbei: Griebnitzsee (Filmhochschule), Babelsberg (DEFA), Brandenburg (erstes Theaterengagement), Magdeburg (kam ein für Mine wichtiges Engagement nicht zustande), Hildesheim (erstes Theaterengagement meines Sohnes), Frankfurt am Main (Vater).
Zugfahren könnte mir Spaß machen. Die Sitze sind bequem. Ein Kellner mit penetrant lustigen Sprüchen (»Haben Sie sexuelle... äh, ich meine spezielle Wünsche?«). Er bringt Würstchen. Sie schmecken nach nichts. Vielleicht habe ich aus Versehen die Serviette gegessen.
Die Landschaft ist bezaubernd schön. Überall ein erstes zartes Grün. Der Frühling ist so stark, daß es ihm gelingt, sogar eine Stadt wie Magdeburg schön erscheinen zu lassen.
An der Porta Westfalica beobachte ich ein silbriges Segelflugzeug am blitzeblauen Himmel.
Meine Trauer ist grenzenlos. Rette mich in einen müdemachenden Schlaf.

Lese mein Horoskop in der Tageszeitung: »Sie sind heute in Höchstform, seien Sie in Ihren Forderungen nicht zimperlich.«
Mannheim, Hauptbahnhof.
Eine einzige Baustelle.
13 Uhr. Nach Bad Dürkheim sind es etwa zwanzig Kilometer.
Ich habe Zeit.
Bänke gibt es nur im Bistro oder in der Post.
Aus Sparsamkeitsgründen wähle ich die Post.
»Würden Sie bitte das Pult frei machen, ich muß ein Formular ausfüllen.« Man hat sich zu bewegen, zu konsumieren oder abzuhauen.
Telefonieren geht nur mit Karte. Sublimierte Form der Erpressung.
Ich gebe einem Sinti zwei Mark.

Am Ausgang legt ein Arbeiter wunderbar akkurat Fliesen.
Neben ihm spielt ein Schwarzer Saxophon.
»Psychosomatische Klinik Bad Dürkheim.«
Kurzer, aufmerksamer Blick des Taxifahrers. Typ: Diplomierter Geisteswissenschaftler, einst bessere Tage gesehen. Zum Glück quatscht er nicht. Verstecke mich hinter meinem »Totenhaus«. Kriege keine Zeile mit.
Am Wege eine schöne Landschaft.
Hier stehen die Forsythien in voller Blüte.
Schließlich Bad Dürkheim.
Komplett aus dem Märchenbuch der Gebrüder Grimm entsprungen.
So heil und so putzig, daß es schon wieder weh tut.
Und dann bin ich plötzlich in Hollywood.
Lichtes Gebäude. Stilgerecht in exotisches Grün gebettet. Im Foyer schwere Ledersessel, viel Marmor, teure Hölzer. An den Wänden allerlei Zeitgenössisches und Kandinsky, auch Dada.
Die einzelnen Etagen sind nicht beziffert, verschiedene Farben dienen der Orientierung. Man geht nach Blau oder Gelb. Riesige Grünpflanzen, Chrom und Stahl, aber nicht protzig.
Dort hinten ein Billardtisch. Ein Mann spielt einsam gegen sich selbst. Wann sagt endlich jemand: Kamera ab, Ton läuft.
Es gibt noch mehr Menschen. Man gibt sich betont lässig, spielt mit dem Zimmerschlüssel. Also wohl Einzelzimmer.
Die Vitalität wirkt aufgesetzt, das Gesichtsbraun solariumgestützt. Auch hier wieder Jogginganzüge, diesmal aber vom teuren Modehaus.
Eine französische Delegation wird durch die Räume geführt. Die Franzosen zeigen sich beeindruckt.
Eine innere Stimme warnt mich, meine bleischwere Reisetasche in der Rezeption zu deponieren. Falls es nicht klappt, käme ich mir albern vor. Wenn sie mich wieder nach Hause schickten, wäre ich dann traurig?
Ich glaube nicht. Oder doch? Ich weiß nichts mehr.
Pünktlich 15 Uhr, für mich ein nicht zu unterschätzender Erfolg, stehe ich vor dem Chefzimmer, Nr. 369, Dr. M. In der gelben Etage.

Da auf mein Klopfen niemand reagiert, reiße ich energiegeladen die Tür auf. Ich blicke auf den Hintern eines Herrn und den Hintern einer Dame. Beide Personen tief über einen Schreibtisch gebeugt.
»Warten Sie bitte einen Moment auf dem Korridor.«
Gelb kann sehr beruhigen.
Kandinsky hat mich immer kaltgelassen. Viel aufregender finde ich die Sonnenblumen, kann aber nicht erkennen, wie der Maler heißt.
»Sind Sie Herr Reusse?«
Wie ertappt fahre ich zusammen. Mein Hollywood-Streifen findet seine Fortsetzung.
Der Mann mir gegenüber sieht nicht nur gut aus, er ist auch strahlender Laune, von klassischem Gardemaß und trägt eine Rolex.
»Entschuldigen Sie, bei uns ist heute alles etwas durcheinander, wir haben französische Gäste.«
»Ich weiß.«
»Woher?«
»Ich bin ihnen begegnet.«
Das Arbeitszimmer ist gemütlich. Es zeugt von vielerlei Verpflichtungen, nicht übermäßig ausgeprägtem Ordnungssinn und Humor. Akten und Mappen sind auf dem Fußboden verteilt. Ein sicher sinnvolles Chaos.
Beide versinken wir in bequemen Lederkuhlen.
Der Doktor wird ein guter Vierziger sein, ausgezeichnet Schach spielen, viel arbeiten, sonntags könnte ich ihn mir auf einer Harley Davidson vorstellen.
»Erzählen Sie.«
Der Stift ist schreibbereit, der Notizblock liegt auf dem Knie. Der Blick freundlich animierend, ohne jedes Getue. Ein sympathischer Mann.
Ich spule meine Geschichte ab.
Er läßt mir Zeit, unterbricht nicht, notiert viel. Ich habe das Gefühl, in diesem Haus sein einziger Patient zu sein.
»Und jetzt sitze ich hier bei Ihnen.«
Schweigen.

Er schreibt.
Es muß ein Faserstift sein, es kratzt. Seine Schrift ist voluminös, schwungvoll, das dritte Blatt liegt vollgeschrieben auf dem Teppich.
Es folgen knappe Fragen.
Enttäuschungen?
Alkohol?
Sex?
Zigaretten?
Kontakte?
Nachtschlaf?
Tabletten?
Präzise Erkundigungen über den Ablauf des Black-outs.
»Haben Sie neurologische Befunde?«
»Wie bitte?«
»Neurologische Befunde.«
»Nein.«
»Vermittle ich Ihnen. Ein Freund von mir, der beste Neurologe Deutschlands, wird das machen. Er sitzt in Mainz. Das könnte in den nächsten drei Tagen über die Bühne gehen.«
»Entschuldigung, ich komme aus Berlin.«
»Ach so, ich dachte, Sie wohnen bei Ihrer Kusine?«
»Kann ich die Befunde nicht auch in Berlin bekommen?«
»Kein Problem. Sie fahren nach Berlin, Ihr behandelnder Arzt wird das für Sie deichseln, und Sie kommen mit den Unterlagen wieder zu mir. Sie müssen verstehen, bevor ich Sie behandle, muß ich eventuelle neurologische Defekte ausschließen. Sie brauchen nicht zu erschrecken, das ist Routinesache und nur in Ihrem Interesse.«
»Verstehe.«
Ich habe bei der ganzen Erklärung nur den Satz »Sie fahren nach Berlin« verstanden und bin mit allem einverstanden.
Wir sind beide aufgesprungen, als hätten wir über einen Lautsprecher unseren letztmaligen Aufruf zu unserem Flieger vernommen.
»Eins noch, die Kostenfrage. Das ist ein leidiges Thema. Die verdammte Bürokratie. Bis alle Instanzen durchlaufen sind, vergeht

mitunter ein Monat. Nur, ohne das Okay kann ich Sie nicht aufnehmen. Es sei denn, Sie übernehmen selbst die Kosten.«
»Nein, nein, das wird wohl nicht sein.«
»Na gut, wir werden sehen. Was ich für Sie tun kann, wird geschehen. Ich habe Sie übrigens im Fernsehen gesehen. Sie haben den Kommissar gespielt. Den Titel des Films habe ich vergessen...«
»Böses Blut.«
»Richtig. Der Film hat mir nicht gefallen.«
»Das lag wahrscheinlich...«
»Herr Reusse, Sie melden sich, sobald Sie die Unterlagen haben.«
»Kann ich bitte telefonieren?«
»Bitte, auf meinem Schreibtisch.«
Ich rufe Mine an. Sie ist erleichtert. Ich klaue mir eine Visitenkarte.
»Auf Wiedersehn.«
»Auf Wiedersehn.«
Hurtig von der Gelben in die Grüne, in das Basement.
Es ist vier. Um fünf geht ein Zug nach Berlin. Danach nicht mehr. Hatte sich der feige Hund in Mannheim schon erkundigt. Jetzt heißt es Tempo.
Die freundliche Pförtnerin ruft mir ein Taxi. Es dauert ewig.
Das Rauchen ist im ganzen Gebäude untersagt. Ich muß das draußen in der Parkanlage tun.
Endlich kommt das Taxi angefegt.
»Tut mir leid, mein Herr, Stoßzeit. Alles voll, aber wir schaffen das.« Im schönsten Pfälzer Dialekt.
Als erstes kracht er mit dem Seitenspiegel gegen einen Lieferwagen.
»Macht nix, kann nicht bluten.«
In unserer Fahrtrichtung ist der Verkehr glücklicherweise nicht so dicht. Die Leute strömen um diese Zeit in Richtung Heimat, glücklich, dem Chemiemoloch entronnen zu sein.
Chemiemoloch, das ist die BASF in Ludwigshafen. Markenzeichen der Landschaft. Dabei zeigt die sich gar nicht sonderlich beeindruckt von Qualm und Dreck. Obstplantagen, Pflaumen, Äpfel und natürlich Weinberge, jede Menge Gemüse, zur Zeit noch

unter Folie versteckt, über allem eine herrlich warme Frühlingssonne.
»Das ist die wärmste Stelle Deutschlands. Wenn ihr da in Berlin noch im Schnee herumstapft, pflücken wir schon Erdbeeren.«
Der Fahrer plappert wie ein Wasserfall. Eine pfälzische Frohnatur. Natürlich liebt er sein Land, und er hat ja auch allen Grund dazu. Ich bin nur froh, daß ich auf der Herfahrt den schweigsamen, frustrierten Driver erwischt habe. Ich weiß nicht, wie ich eine solche Suada in meiner Stimmung verkraftet hätte. Jetzt geht das besser.
Dabei ist mir klar, daß meine Erleichterung überhaupt nicht begründet ist. Im Gegenteil, ich habe mich verschlechtert. Vor mir liegen wieder Wartezeiten, Ungewißheit. Im Moment versuche ich das wegzuschieben und mich an dem herrlichen Wetter und der Frühlingsnatur zu erfreuen.
Mein Problem ist die Zeit. Abfahrt des Berliner Zuges 17 Uhr 12. Es geht auf 16 Uhr 45. Wir sind vielleicht auf der Hälfte der Strecke.
Ein markanter Turm erscheint.
»Die größte Geldverbrennungsanlage Europas! Wenn hier Brenntag ist, sperrt die Polizei im Umkreis von einem Kilometer ab. Dabei sind die Scheine gestanzt, also entwertet.«
In der Ferne die Skyline von Mannheim. Es geht auf fünf.
»Am 13. August war ich mit dem LKW in der DDR. Den ganzen Sonntag bin ich rumgegast, um einen Ausgang zu finden. Meine Ladung war auch nicht ganz astrein, na ja, lassen wir das.«
Jetzt sind wir in den Straßen Mannheims. Sämtliche Ampeln auf Rot. Die Tasche habe ich schon in der Hand.
»Mit der Einheit ist das so eine Sache. Ich denke so, wir haben auch vierzig Jahre hart...«
»Entschuldigung, können Sie vielleicht schon den Preis sagen?«
»Zweiundfünfzig.«
Sieh an, fünf Mark weniger als auf der Herfahrt.
»Quittung bitte.«
Er schreibt sie während der Fahrt auf dem Lenkrad.
»Wie lange waren Sie denn *drin*?«
»Bitte?«

»Na, da, wo ich Sie abgeholt habe.«
»Nee, nee. Ich hatte nur ein kurzes Gespräch. Rein informativ.«
Die Reisetasche empfinde ich plötzlich als störend. Ich wuchte sie aus der Tür. Es ist kurz nach fünf. Ich stehe vor einem unterirdischen Bahnhofszugang.
»Ein Trick von mir, vorne rum schaffen Sie das nie. Alles Baustelle. Flitzen Sie durch den Gang, etwa fünfzig Meter weit, dann rechts die Treppe hoch, das ist Ihr Bahnsteig.«
»Ich muß ja noch die Fahrkarte kaufen.«
»Das schaffen Sie nicht mehr. Lösen Sie doch im Zug. Ich mache das immer so.«
»Danke!« Und ab im Schweinsgalopp.
Natürlich versuche ich die Fahrkarte zu kaufen. Mein momentanes Defizit an Erfolgserlebnissen treibt mich zu Höchstleistungen.
Die Schalterhalle. Ein riesiger Raum mit zahlreichen Abfertigungstischen.
Ich habe kein Bargeld, nur Schecks und Kreditkarten. Habe ich VISA oder AVIS?
Mein gemartertes Hirn hält meiner physischen Leistungsfähigkeit nicht stand.
»Verzeihung, mein Zug geht in wenigen Minuten. Darf ich mich vordrängeln?«
Die Leute sind nett. Meine gehetzte Erscheinung muß überzeugend wirken.
Die Schalterdame hat die pfälzische Gemütsruhe.
Noch acht Minuten.
Mehrfach schiebt sie die Kreditkarte in den Automaten.
»Dat jeht nich.«
»Die Karte ist aber in Ordnung.«
»Dat jeht manchmal nich.«
»Dann schreibe ich eben einen Scheck.«
Ich besitze nur ein Exemplar. Ich muß mich konzentrieren.
Wo bin ich hier?
»Wo bin ich hier?«
Die Leute hinter mir werden langsam unruhig.
»Na, im schönen Mannheim.«

Mannheim, mit doppel n? Ganz ruhig. Den Zug kannst du sowieso vergessen.
»Ah, jetzt jeht er!«
»Nehmen Sie den Scheck oder die Karte?«
»Dat müssen Sie sagen.«
»Dann nehmen Sie den Scheck.«
»Nee, jetzt hat er'n ja schon registriert.«
»Na, dann in Gottes Namen die Karte.«
»Sag ich ja.«
Jetzt schnell los. Es ist noch Hoffnung.
»Hallo, Sie haben Ihren Scheck vergessen!«
Entweder ich falle um, oder ich setze mich auf den Boden und singe ein Lied.
Natürlich steht der Berliner Zug auf dem entferntesten Bahnsteig.
Ein verzweifelter Endspurt bringt mich eine Minute vor Abfahrt ins Abteil und verhilft zum ersehnten Erfolgserlebnis.
Reichlich zehn Minuten vergehen, bis der Zug sich in Bewegung setzt. Ein langhaariges Mädchen und ein Mann mit Zopf üben im Nachbarabteil einen Song. Sie hat eine schöne, in den Höhen etwas nervende Stimme.
Er malträtiert virtuos die Gitarre. Dann reden sie pausenlos über Theater.
»Verstehst du, ich muß morgen die Rolle kriegen. Es sind zig Bewerber, aber verstehst du, ich muß die Rolle kriegen.«
»Du kriegst sie, du bist doch gut.«
»Theater ist riesig. Da geht nix drüber.«
»Nee, da geht nix drüber.«

> »Aber wie ich zum Teil schon erwähnt habe, in der ersten Zeit meines Aufenthalts im Gefängnis machte meine Stimmung es mir unmöglich, in die innerste Tiefe dieses Lebens einzudringen, ja ich hätte es nicht einmal verstanden; und daher bereiteten mir alle seine äußeren Erscheinungen unaussprechliche Qual und Pein. Manchmal fing ich geradezu an, diese Menschen zu hassen...«
> (F. M. Dostojewski, Aufzeichnungen aus einem Totenhaus)

Auf dem Bahnsteig in Berlin Mine mit Tränen und Fanny.
Zu Hause erzähle ich meinen Tag.
Wir sind ratlos.

Dienstag, 6.4.93
Brief vom »Eismann«-Ensemble. Gute Wünsche. Die Rolle bleibt mir natürlich erhalten.
Ansonsten scheint die Zeit stillzustehen. Bad Dürkheim ist in weite Ferne gerückt. Scheint mir unerreichbar.
Bonhoeffer meldet: Kein Bett frei.
Ich komme mir verloren vor. Dieses hochpotente Gesundheitssystem ist beeindruckend. Wenn es dich aber nicht umarmt, macht es dir angst.
Auf jeden Fall werde ich die neurologischen Untersuchungen machen lassen. Vielleicht findet sich doch noch ein Weg nach Bad Dürkheim. Ich darf nicht resignieren.
Eine Ärztin mit dem berufsschädigenden Namen Hackebeil spannt mich in ihre Maschinen. EEG, Gehirn-Tomographie, Doppler, Duplex...
Auf einem Monitor sehe ich meine Versorgungsstränge zum Hirn.
In Bischofferode unter der Erde muß es ähnlich aussehen.
Alles unheimlich und beeindruckend.

Ostern, das liebliche Fest, meldet sich an.
Es gehörte immer zu meinen liebsten Festen. Wir blasen alles ab.
Werde mir zur Feier des Tages ein Mini-Ei genehmigen: Eine Tablette mit dem musikalischen Namen Insidon. Damit ich nervlich über die Runden komme.

Freitag, 9.4.93, Karfreitag
Ausflug nach Finow. Dieses schöne Zeugnis menschlichen Erfindergeists und handwerklicher Geschicklichkeit. Das Schiffshebewerk.
Mittagessen in einer nagelneuen China-Gaststätte.
Zum Abschluß des reichlichen Menüs gibt es im Dessert einen Schicksalsspruch. Meiner lautet:

»Du begibst dich demnächst auf eine Reise, die dir lange in Erinnerung bleiben wird.«

Dienstag, 13.4.93
Mein schwärzester Tag.
Tief unten.
Komme nicht aus dem Bett.
Nehme Tranquilizer wie Lutschbonbons.
Mine geht zu Doktor Sch.
»Ich habe Angst.«
»Besteht Suizidgefahr?«
»Ich weiß nicht.«
»Ich komme heute abend vorbei.«
Abends Anruf.
»Halten Sie es für nötig, daß ich komme?«
»Natürlich nicht.«
Ich habe das Gefühl, mir das Bein gebrochen zu haben. Drei Wochen sind vergangen, der Knochen wächst schief zusammen. Ich werde nie wieder gehen können.
»Sie können sich gern einen anderen Arzt suchen, wenn Sie der Meinung sind, ich tue zuwenig. Das bleibt Ihnen überlassen.«
Ich glaube, er will mich loswerden.
Ich will mich auch loswerden.
Die Tage vergehen.
Mein ganzes Trachten liegt darin, die Zeit totzuschlagen. Ich komme zu nichts. Verblöde. Kann mich nicht konzentrieren.
Das ewige Gedankenkarussell.
Mine ist unendlich tapfer, kann mir aber nicht helfen.
Die Kinder sind plus minus Null. Falsch verstandene Diskretion und Scheu vor dem heiklen Thema lassen sie gänzlich verstummen.
Enttäuscht bin ich von meinem Sohn. Nicht ein zaghafter Ansatz, den Faden jener Nacht aufzunehmen. Als ich versucht habe, in unsere Beziehung eine neue Qualität zu bringen. Er ist ein lieber Kerl, aber Anforderungen dieser Art nicht gewachsen. Nun macht er das Gemeinste, was er machen kann. Er drückt sich. Seine

Angst versucht er zu verdrängen, indem er jede Begegnung vermeidet. Daß er damit auf meine momentane Bürde noch ein munteres Kilo dazulegt, scheint keine Rolle zu spielen. Und dann ist da noch Gaby, und Gaby beansprucht den ganzen Mann. Sie ist sehr jung und hat immer viel vor. Und da ist die zeitaufwendige Arbeit am Theater. Und dann das reiche Kulturangebot der Hauptstadt. Und so vieles mehr. Ich versuche mir das immer wieder klarzumachen. Ich will auch nicht in die Rolle des ewig räsonierenden Mißverstandenen versinken. Ich weiß zu gut, daß ich am Zustand unserer Beziehung nicht unschuldig bin, daß ich den Menschen um mich durch Rücknahme und Verschlossensein den Umgang mit mir erschwert habe.
Traurig war ich, als ich erfuhr, daß er in der Theaterkantine war.
Kollegen haben sich nach dem Vater erkundigt. Hätte mich schon interessiert, was er denen erzählt hat. Auf dem Weg zum Theater ist er mit Gaby hundert Meter an unserem Haus vorbeigegangen.
Tini, meine Tochter, ist sehr beschäftigt. Sie wird von den Kindern ziemlich vereinnahmt. Immerhin kam es zu einem guten Telefonat. Seitdem ruht auch dieser See. Wie überhaupt die ruhenden Seen in meiner Bekannten- und Freundeslandschaft das bestimmende Motiv zu werden scheinen.
Unsicherheit und Scheu sind sicher vielfach der Grund. Aber, bitte schön, auch eine ganze Portion Oberflächlichkeit und Schlappheit.
Wie würde ich selbst reagieren?
Wie viele solcher Aktionen, notwendige Begegnungen, habe ich in meinem Leben versäumt, hinausgeschoben, verdrängt? Und wie oft irreparabel verpaßt?
In den Künstlerkreisen Berlins kursiert das Gerücht, daß Reusse mit dem Kühlschrank spricht. Ist es da ein Wunder, daß sich niemand an diese Zeitbombe heranwagt?
Galgenhumor ist auf die Dauer zermürbend.
In dieser Woche ist Sascha nun doch gekommen. Nach längerem Getuschel in der Küche hatte er sich mit einem möglichst beiläufigen »Wie geht's?« an meinen Schreibtisch gewagt.

Ich erklärte ihm, daß ich im Moment nicht mit ihm reden könne. Meine Enttäuschung über sein Schweigen säße zu tief.
War da nicht eine Spur von Erleichterung an ihm zu erkennen? Vorsicht! Verbitterung. Das führt in Sackgassen.
Mägi, meine Mutter, leidet still. Sie tut mir leid. Sie fühlt sich übergangen. Nicht einbezogen. Ich kann mich nicht hinsetzen und alles erklären. Fiel mir das schon immer schwer, so ist es mir im Moment unmöglich. Ihre Anwesenheit wird mir zur Qual. Ein ständiger Vorwurf. Bin auf der Flucht. Das Ganze in den eigenen vier Wänden.

Mittwoch, 14. 4. 93
Termin bei Dr. Sch.
Die Stimmung ist bedeckt.
»Warum sind Sie gestern nicht zum vereinbarten Termin in die Praxis gekommen?«
»Ich konnte nicht.«
»Was Sie brauchen, ist Vitalisierung, ein bißchen Schwung.«
»Ein Vorgang, der mit Tabletten sicher nicht zu erreichen ist.«
»Soll das heißen, daß Sie meine Behandlung in Frage stellen?«
Das Telefon klingelt.
»Entschuldigung.«
Der Mann ist unnahbar. Eine Maske. Seine Gefühlsäußerung reduziert sich auf ein knappes geschäftsmäßiges Lächeln. Entweder ist er ein guter Schauspieler oder kalt. Oder beides. Ist es Unsicherheit? Er muß sich auf unbekanntem Terrain bewegen. Im Umgang mit westlichen Einrichtungen ungeübt, Regularien noch lernend. In meinem Fall scheint er mir doppelt überfordert. Krankheitsbild und Therapie passen in keines der bekannten Raster. Endlich ist das Telefonat beendet.
»Ich kann mir nicht anmaßen, Ihre Behandlung zu bewerten. Ich kann nur sagen, daß ich mich allein gelassen fühle.«
»Im gegenwärtigen Stadium war nichts anderes möglich.«
»War?«
»Morgen gehen Sie nach Wittenau. Eben kam der Anruf von Frau Doktor Schr.«

Keine ablesbare Reaktion. Weder Freude noch Genugtuung, wurde doch soeben an seiner Tüchtigkeit gezweifelt. Pokerspieler oder Berufsgeschädigter? Im Moment uninteressant. Ich muß die Nachricht verdauen.
Tagelang habe ich sie förmlich ersehnt. Jetzt bekomme ich einen tödlichen Schreck. Morgen früh. In die Anstalt. Wie lange?
Inzwischen ein wenig klüger, weiß ich, daß es unter einigen Wochen nicht abgeht. Ich muß meine Klamotten zusammensuchen. Mich verabschieden. Bücher einpacken. Viele Bücher. Den Englisch-Kurs. Was wird mit Mine? Das mir noch verbliebene Stück Heimat? Mein Seelenfrieden und Anker.
Stelle fest, daß es nicht allzuviel ist, das Verabschieden notwendig macht. Meine arme Mägi, verzeih, ich schaff den Weg nicht übers Wasser. Vielleicht später einmal, jetzt nicht. Ich möchte auf dem Land leben und Bilder malen. In der Sonne sitzen und nichts tun. Keine Skrupel haben beim Nichtstun. Mit niemandem reden müssen. Mich niemandem erklären müssen. Nur dem inneren Ton lauschen. Freuen dürfen.

## *Versuche bitte mit dem linken Auge zu lächeln*

Der letzte Tag der Freiheit.
Setze mich ins Auto. Fahre. Fahre.
Mir steht die ganze Stadt zur Verfügung, aber zwanghaft zieht es mich vor das Tor der Nervenklinik in Wittenau.
Als wir auf Wohnungssuche waren, die ersten Angebote bekamen, sind wir immer gleich in die entsprechenden Gegenden gefahren, um das Umfeld zu beschnuppern. Auf den inneren Klick wartend.
Verspüre weder einen Klick noch sonst irgend etwas. Bin stumpf. Sehr müde.
Weder die ersehnte Aufbruchstimmung noch Aggression wollen sich einstellen. Was ist los? Ich bin doch auf dem Wege. Eben drum.
Fahre raus in Richtung Oranienburg.
Die Welt ist mir fremd. Fühle mich bereits ausgeschlossen.
Sascha hat heute abend Premiere. »Dario Fo«. Das nehme ich als Fakt zur Kenntnis. Bei seinen Premieren war ich sonst unansprechbar, litt Qualen. Natürlich werde ich nicht hingehen. Mine ist es einmal mehr überlassen, das Fähnlein hochzuhalten.
Werde eine Henkersmahlzeit vorbereiten. Bin dann wenigstens beschäftigt. Schließe nahtlos an das Niveau meiner Kulturbedürfnisse der letzten Zeit an. Sehe Fußballspiel Deutschland–Ghana und trinke Aldi-Bier (Kontostand Soll 2650,- DM).
Das opulente Mahl gerät dann eher schlicht.
Rotwein und Steaks.
Mine kommt von der Premiere. Sie ist begeistert vom Sohn.
Mein Rotwein schmeckt ihr nicht.
Ich wollte reden, Pläne schmieden, hatte Zuspruch erhofft.
Ihre Kraft ist erschöpft. Das Jammertal allgegenwärtig. Sie flüchtet sich ins Bett.
Ich muß weg!
Ich werde zu einer Belastung!

Alles bewegt sich!
Ich sitze fest!
Ich muß weg!

Donnerstag, 15.4.93
Was sind meine Erwartungen? Sie sind ambivalent.
Auf der einen Seite bin ich fest entschlossen, mich löwenhaft zu verteidigen, meine Seele zu schützen; auf der anderen Seite medizingläubig auf Gesundung mittels Wissenschaft hoffend. Außerdem bin ich neugierig auf den Mechanismus einer psychiatrischen Einrichtung, auf deren Menschen, Personal und Patienten.
Neugierig auf Schicksale und Geschichten, auf Atmosphäre, auf Extreme.

Alles fängt ganz prosaisch an.
Aufstehen, Duschen, Frühstücken (wie immer mäßig), sieben Sachen zusammensuchen, Auto einsteigen, losfahren wie zu einem Drehtag.
Ein Drehtag nicht irgendwo im Atelier, sondern in einer Nervenklinik, mir hat nur noch keiner den Text gegeben, daher eine gewisse Flauheit in der Magengegend, Angst vor dem Ungewissen.
Der Drehtag fängt gleich turbulent an.
Auftritt des Herrn Zimmermann.
Die Szene:
Wir befinden uns in der Anmeldung.
Das ist ein großer, hoher, unpersönlicher Raum. Fade ausgeleuchtet. An den Wänden ein paar Kunstdrucke, Plakate.
Eine magere Grünpflanze.
Die Luft ist verbraucht.
Hier ist niemand gern.
Hinter einem anderthalb Meter hohen Tresen eingebunkert zwei Damen, eine fette, eine hagere, etwas klischeehaft besetzt. Zwei Computer, Zettelstapel, geordnet. Ich sehe nur die Köpfe der Damen. Sie sitzen gewissermaßen hinter einem »antipsychiatrischen« Schutzwall.

Für uns scheint sich niemand sonderlich zu interessieren. Es ist still. Durch ein geöffnetes Fenster Vogelzwitschern im Park. Irgendwo klappt eine Fahrstuhltür.
Mine sitzt auf einem abgeschabten, farblich undefinierbaren Kunstledersessel. Ich betrachte konzentriert ein Bild. Ich möchte aktiv wirken. Nicht krank. Warum eigentlich?
Plötzlich entsteht Unruhe. Vor der gläsernen Eingangstür wursteln zwei Gestalten, versuchen die Tür zu öffnen. Das kann aber erst geschehen, wenn die dazu befugten Damen einen Knopf betätigt haben. Da dies nicht geschieht, werde ich, in manchen Situationen zur Höflichkeit neigend, die Tür von innen öffnen.
Das war ein Fehler.
Die Hagere schreit: »Die Tür öffne *ich*! Was fällt Ihnen ein?«
»Entschuldigung, ich wußte nicht...«
Zu spät. Die beiden sind schon drin. Der eine schwer betrunken, der andere nicht ganz.
Der Betrunkene stellt sich, so gut es geht, in Positur und schimpft. Man kann nichts verstehen.
»Herr Zimmermann, seien Sie jetzt still und warten Sie. Sie müßten sich doch auskennen.«
Der Mann versucht, die abgeschabte Jeansjacke würdevoll zu schließen. Sein Entschluß, hierherzukommen, scheint nicht sehr stabil gewesen zu sein. Der Kumpel muß sich der Sache angenommen haben, versprach, das schon zu »mänätschen«. Doch nun lähmt ihm der bei der Beschlußfassung reichlich genossene Alkohol die Zunge. Mehr als ein vages »Na, na« ist ihm hier noch nicht gelungen.
Der Schreck ist ihm in die Glieder gefahren. Man könnte ihn hierbehalten. Nun möchte er die Kurve kratzen und erst mal einen trinken.
»O Gott, o Gott, hau mir doch eine rüber, det ick weg bin. Die setzen mich doch wieder auf den Kombistuhl.« Herrn Z. hat jetzt die schlotternde Angst gepackt. Er muß sich setzen.
Jetzt bin ich dran. Die Hagere hat mir den groben Regelverstoß übelgenommen. Widerwillig schiebt sie mir ein blaßgelbes Formular hin.
»Unterschreiben.«

»Was ist das?«
»Die Erklärung, daß Sie nicht gegen Ihren Willen hier sind. Können Sie alles lesen, dauert aber lange.«
Ich unterschreibe.
Wir müssen einen sehr trostlosen Eindruck erwecken. Die Damen werden freundlicher.
»Wissen Sie denn, wie Sie zur Zwo kommen?«
»Ja, wir waren schon mal hier.«
»Dann ist ja alles klar. Herr Zimmermann, machen Sie doch mal die Tür frei.«
Wir gehen im strahlenden Sonnenschein den bekannten Weg zum Klaue-Haus. (Hoffentlich nicht nomen est omen.)
Keiner sagt was.
Der Weg wirkte beim erstenmal kürzer.
Das Rudolph-Klaue-Haus ist ein verschachtelter gelblicher Klinkerbau aus den sechziger Jahren. Die Anlage ist höchst sinnvoll konzipiert. Die Verschachtelung ergibt Innenhöfe jeweils für zwei Stationen, die mit Terrassen und Treppenaufgängen aufgelockert sind. Die zwei Etagen bleiben selbst dem verwirrtesten Geist überschaubar.
Irgendwann muß einem ehrgeizigen Architekten der schlichte Klinkerbau zu nüchtern erschienen sein. Er stellte links der Einfahrt laternenhohe Plastikblumen auf. Lieblos geformte Ungetüme, mit inzwischen verwaschenen Farben. Sie erinnern unangenehm an Weltfestspieldekorationen.
Am Fuße der Scheusale kuhlige Gartenbänke. In der Sitzfläche ist ständig eine Wasserpfütze.
Handelte es sich bei der Auftragsvergabe um eine Sozialmaßnahme oder um eine Resozialisierung eines gestrandeten Genies?
Durch einen gläsernen Vorbau gelangt man ins Treppenhaus. Geradeaus der Fahrstuhl, links ein Münzfernsprecher, davor ein hüfthoher, überquellender Aschenbecher, ein Fahrrad mit einem Kindersitz. Rechter Hand geht eine Treppe zu den Therapieräumen in den Keller. Neben dem Fahrstuhl die Treppe nach oben. In der ersten Etage links hinter einer geschlossenen Glastür mit Klingel die Chronische, rechts durch einen offenen Gang mit

Grünpflanzen die Station für Suchtkranke. In der zweiten Etage rechts wieder Suchtkranke, links die Psychosomatische Station II. Die Glastür läßt sich schwer öffnen. Der automatische Schließer drückt sie uns immer wieder aus den Händen. Keine guten Voraussetzungen für einen souveränen Auftritt.
Der Aufenthaltsraum ist leer. Aus dem gläsernen Cockpit schwebt die bereits bekannte mütterliche Schwester H. heran.
»Guten Tag, Herr Reusse, na, dann wollen wir mal.«
Ich hatte als Kind ein Holzspielzeug: »Fitzlibutz«. Eine wäscheklammerartig geformte Holzfigur wurde auf die oberste Sprosse einer Leiter gesteckt und stürzte sich überschlagend mit einem klappernden Geräusch von Sprosse zu Sprosse in die Tiefe, um schließlich auf dem Boden zu landen. Die nächste Stunde meines Lebens erinnert mich an »Fitzlibutz«.
Zunächst das Zimmer. Abmessungen etwa acht Meter lang, vier Meter breit. Neben der Eingangstür die Tür zum Klo. Linker Hand ein Waschtisch mit zwei Becken. Im Raum vier (!) Betten. Hochbeinig und auf Gummirädern. Mit bedrohlichen Hebeln und Stangen.
An den Längswänden weiße Plastikkonsolen mit Neonröhren. Geradeaus eine Fensterfront, die einzelnen Flügel sind mit einem Dreikantschlüssel zu öffnen. Mein Bett steht unmittelbar neben dem Waschtisch. Wenn sich ein Mitbewohner wäscht, werde ich einen Regenschirm benötigen. Die Kleiderschränke befinden sich auf dem Gang. Eingebaute, etwa vierzig Zentimeter breite Spinde, sie bieten Platz für das Nötigste. Mäntel und Jacken hängen am Gemeinschaftsständer im Aufenthaltsraum. Gegen Hinterlegung von zehn Mark bekomme ich einen Schlüssel für meinen Spind ausgehändigt. Auf blauem Plastikschild steht: Nr. 1. Mine bekommt schwimmige Augen.
Wie häufig in den letzten Tagen stehe ich merkwürdig außerhalb, beobachte alles mit einer beinahe heiteren Gelassenheit. Schutzmaßnahme eines überstrapazierten Nervenkostüms?
Zur Station gehören neun Patientenzimmer, vier Ärztezimmer, ein großes Bad mit zwei Wannen und zwei Duschen, ein Eßraum, gleichzeitig TV-Zimmer, eine Küche, ein Büro, diverse Wirtschaftsräume, ein Gruppenraum, eine Terrasse.

Mein aktuelles Körpergewicht muß ermittelt werden. Die Waage befindet sich im Bad. Sie ist auf ein klappriges Holzwägelchen (für bettlägrige Patienten) montiert. Im Cockpit, zwischen allerlei geschäftig hin und her eilenden Schwestern, wird mein Blutdruck gemessen. Oberschwester M., hochgewachsenes spätes Mädchen, überschüttet mich mit Stationsinformationen, lobt meine Armvene, wundert sich über meine spitzen Cowboystiefel.
»Kriegt man davon nicht Hühneraugen?«
Mine versagen die Kräfte. Hastig verabschiedet sie sich. »Ruf bitte bald an.«
Ich war gewohnt, wo ich hinkam, vorrangig behandelt zu werden. Ob vom Aufnahmeleiter, vom Inspizienten, vom Regieassistenten, vom Hotelportier oder vom Chauffeur. Hier war ich nur noch auf dem Schlüsselanhänger die Nummer 1.
Ansonsten Patient Irgendwer, die Neubelegung im Vierer.
Nicht, daß ich meine Person für überdurchschnittlich wichtig halte, doch das jahrelange Rollenspiel (im doppelten Wortsinn) hat mich geprägt, hat Normalität erlangt, wurde von mir als selbstverständlich vorausgesetzt.
Ein entscheidender Punkt in der Konzeption dieser Station besteht darin, daß der Neupatient sich Ablauf und Absprachen des Stationslebens weitgehend selbständig erfragen soll. Training des Kontaktaufnehmens, des Durchsetzungsvermögens. Forschheit war nie meine Stärke. Ich bin verwirrt, ewig in Sorge, alles falsch zu machen.
Auf einem Zettel gilt es, Gerichte für die kommende Woche auszuwählen. Ich mach wahllos irgendwelche Kreuze. Jemand löchert mich, was ich denn heute lieber essen würde.
»Königsberger oder Béchamel?«
Weiß ich, was Béchamel ist.
»Königsberger müßten ja eigentlich Kaliningrader heißen.«
Niemand hat diesen zaghaften Witz gehört.
Ich muß etwas unterschreiben.
»Was ist das?«
»Was vom Büro.«
»Sie haben Termin bei Frau Doktor.«
»Wann?«

»Sie können gleich reingehen.«
Ich hatte sie größer in Erinnerung.
»Wie geht es Ihnen?«
Das kommt höflich, kühl, nach prüfendem Blick.
Ich muß zugeben, daß ich mehr Herzlichkeit erwartet hatte. Vielleicht sogar eine leise Welle der Sympathie. Schließlich haben wir bereits eine Stunde lang meine Seele erforscht. Sie ist die einzige etwas vertraute Person in dieser neuen Welt. Und wohl diejenige, auf die ich einen Großteil meiner Hoffnungen setze.
»Ist das mit dem Vierbettzimmer nicht zu ändern, ich habe seit dreißig Jahren nicht mehr mit fremden Menschen in einem Raum übernachtet.«
»Leider nein. Das einzige freie Bett.«
Mein im Moment größtes Problem: Werde ich genügend Tapferkeit aufbringen? Wann kommt die Schmerzgrenze? Werde ich ich bleiben können?
»Nun, wie geht es Ihnen?«
Was soll ich sagen? Eine ohnehin schreckliche Frage. In dieser Situation empfinde ich sie als Terror. Scheint aber Standard bei Psychologen zu sein.
»Schlechter.«
»Als wann?«
»Als bei unserer ersten Unterhaltung.«
»Erzählen Sie, was belastet Sie im Moment?«
»Das Vierbettzimmer.«
»Aha.«
Ihr Lachen ist impulsiv. Und wieder die mädchenhafte Geste mit der Haarsträhne.
»Ich denke mal, daß das mit Sicherheit nicht das Hauptproblem ist, das wir zu bearbeiten haben.«
»Sie haben nach dem momentanen Hauptproblem gefragt, und das ist das Vierbettzimmer. Und da Sie angetreten sind, das Hauptproblem zu bearbeiten, wüßte ich eine rasche Lösung.«
»Ihnen ein Einzelzimmer zu geben.«
»Genau.«
»Und Sie dann zu entlassen.«
»Warum?«

»Weil ja dann das Hauptproblem gelöst wäre.«
Sie hat Humor. Gut, das zu wissen.
Sie kommt, mit einem kleinen, festen Zug um den Mund, zur Sache.
»Sind Sie beim Nachdenken ein Stück weitergekommen?«
»Nein.«
»Hat sich nicht, sei es auch nur andeutungsweise, eine Erklärung herauskristallisiert, für die, sagen wir mal, Niederlage, die Sie erfahren mußten?«
»Wenn es das getan hätte und, sagen wir mal, auch nur andeutungsweise, säße ich nicht hier.«
Plötzlich hasse ich sie. In ihrem adretten Kostüm. Mit der blitzenden Brille. Schließlich habe ich ihr diesen Wohnungswechsel zu verdanken. Was soll das Ganze überhaupt?
Wer soll mir hier helfen?
Täglich werde ich meine Seele ausbreiten müssen, wahrscheinlich auch noch vor den Oberschülern, denen ich auf dem Gang begegnet bin.
Ich beschließe, mich so teuer zu verkaufen wie möglich.
Ich will ihnen Nüsse zu knacken geben, an denen sie sich die Zähne ausbeißen werden.

> »Im Laufe der Zeit kam ich zu der Erkenntnis, daß es außer dem Verlust an Freiheit, außer der erzwungenen Arbeit im Sträflingsleben noch eine Qual gibt, die fast schlimmer ist als alle anderen, nämlich die, zwangsweise zusammenleben zu müssen. Zusammenleben gibt es natürlich auch an anderen Orten; aber in das Gefängnis kommen Leute, mit denen nicht jeder zusammenleben mag, und ich bin überzeugt, daß jeder Sträfling diese Qual empfand, wenn auch freilich größtenteils unbewußt.«
> (F. M. Dostojewski, Aufzeichnungen aus einem Totenhaus)

Ich sitze auf meinem Bett. Stochere in meiner Tasche.
»Hallo, ich heiße Steffen.«
»Ja, Tag, ich heiße Peter.«
Er hat das Bett am Fenster. An der Wand kleben gut fünfzig Postkarten.

*Du mein Kater – ich hab solche Sehnsucht nach Dir – quak, quak – ich bin Dein Prinz.*
Steffen wird Mitte Zwanzig sein. Etwas dicklich, mit wippendem Haarschopf, federndem Cowboygang, vom Typ her ein Kümmerer. Warum wohl mag er hier sein?
»Wie lange bist du schon hier?«
»Acht Monate.«
»Dann kannst du ja bald entbinden.«
»Wat fürn Ding?«
»Ich meine, acht Monate...«
»Ach so.«
»Ich bin spätestens nach vier Wochen wieder draußen.«
»Bist du sicher?«
»Ganz sicher.«
Dann kommt Thomas. Das Bett mir gegenüber an der Wand.
Er ist wortkarg. Jünger als Steffen. Lockenkopf. Mit ausdrucksstarken, brennenden Augen. Hauptsächlich hat er mit seinem Walkman zu tun, murmelt einen unverständlichen Satz. Über seinem Bett klebt eine Bleistiftzeichnung. Ein Schlagzeug.
Der dritte Mitbewohner bleibt unsichtbar. Steffen und Thomas werden wohl kaum die ersehnten Gesprächspartner werden, sie könnten meine Söhne sein. Hoffnung auf den dritten Mann.
Um 11 Uhr gibt es Mittagessen. In meinem sonst üblichen Tagesablauf eher Frühstücksphase.
Unter lautem Getöse wird ein fahrbarer Container in die Station geschubst. In zwanzig Fächern befinden sich graue Plastikschachteln mit Namensschildern. Jeder greift sich seine Schachtel, wandert in den Eßraum, legt den Deckel auf einen Beistelltisch, setzt sich an einen Tisch und betrachtet tiefsinnig das Mahl. In aufgeteilten Segmenten befinden sich Vorspeise, Hauptgericht und Dessert. Klopse, Pudding und ein undefinierbares Süpplein. Das Essen ist nicht schlecht, aber ich habe keinen Hunger.
Zum erstenmal habe ich Gelegenheit, das bunte Spektrum meiner Mitpatienten Revue passieren zu lassen. Sieben Männer, dreizehn Frauen. Die Männer fast ausschließlich Jungvolk, die Frauen meist um die Dreißig, einige im Teenageralter. Der Ton ist salopp. Man gibt sich forsch und selbstbewußt. Bei keinem kann ich ein

Anzeichen eines Leidens entdecken. Es entsteht eher der Eindruck einer Reisegruppe zwischen Stadtrundfahrt und Swimmingpool. Meine Person erregt wenig Aufsehen, hin und wieder ein flüchtiges Bekanntmachen. Endlich ist der Pudding verstaut, der Soßenfleck auf der Wachstuchdecke unauffällig beseitigt, das Besteck in einem Drahtkorb, die Plastikschachtel im Container deponiert. Die Koordinierung dieser Abläufe bereitet mir Schwierigkeiten.

Was kommt jetzt?

Nichts.

Ein langer, leerer Tag.

Am Himmel steht eine wunderschöne Frühlingssonne. Auf der Terrasse werden Liegestühle plaziert. Walkmen, Yellow-Press und Zigaretten in Stellung gebracht. Bla-Bla-Gespräche. Urlaubsstimmung.

Ich setze mich dazu. Vergrabe mich in mein neues Buch: »Zwischenbilanz« von Günter de Bruyn. Zum Glück belästigt mich niemand mit neugierigen Fragen. Es kommt zu einem Gespräch über Hunde. Es geht um Bobtails, Freßgewohnheiten, Trost beim Tier. Mine hätte ihre helle Freude gehabt.

Frau Doktor schleicht diskret durch die Stuhlreihen, verabschiedet sich höflich, steigt die Treppe der Terrasse herunter, geht nach Hause.

Ob es da einen Mann gibt? Jemand sie erwartet? Eine Mutter vielleicht?

Ein Mann scheint da nicht hineinzupassen. Sie wirkte beinahe schüchtern, als fürchtete sie, uns bei unserem fesselnden Hundegespräch zu stören.

Unter unserer Terrasse befindet sich ein Hof, »Auslauf« der Chronischen. Zum Park hin abgegrenzt durch wildes Gestrüpp, ursprünglich Rabatte, hat das Ganze den Charakter eines Geheges. Makaber wird es, wenn die Kranken »herausgelassen« werden. Man schämt sich in seinem Liegestuhl, ertappt bei genüßlicher Beschauung der armseligen Kreaturen. Ich kann mich dem nicht entziehen. Fühle mich magisch angezogen.

Da gibt es Komiker, traurig Leidende, säuglingshaft Friedliche, die Hemmungslosen, rätselhafte Partnerspiele ...

Die Sonne verschwindet hinter dem Dach, es wird kühl, man zieht sich zurück.
Um 17 Uhr 30 ist das Abendbrot angesagt. Der Ablauf ist identisch mit der Mittagszeremonie. Mit einem Unterschied. Zwischen den Tischen sind auf einem Rollwagen allerlei Brotsorten drapiert. In den Plastikschalen Aufschnitt und Butter. Die Vegetarier bekommen Salate.
Der dritte Zimmergenosse, Peter, trifft ein. Großer, hagerer Fünfziger mit angegrautem, sorgfältig gepflegtem Haarschopf, unstetem Blick.
Könnte auch gut einen Heiratsschwindler abgeben. Bei unserer Begegnung ist er höflich, fast korrekt. Das ist ungewöhnlich hier. Im Gegensatz zu seinen Manieren ist er betont jugendlich gekleidet: knallbuntes Buschhemd (in meiner Jugend sagte man Floridahemd dazu), schwarze, sehr enge Jeans, Turnschuhe. Beim Gehen knicken seine Beine seltsam ein, als würden sie sich vor dem eleganten Oberkörper entschuldigen.
Zum Abend versammelt sich die Mehrzahl der Patienten im Aufenthaltsraum. Es bilden sich Grüppchen. Die Frauen unterhalten sich, da geht es um Kochen, Ehe, Kinder; die Männer sitzen grübelnd vor Mensch-ärgere-Dich-nicht, Karten oder Würfeln. Das alles spielt sich an zwei Tischen ab.
Ein Radio dudelt. Ich setze mich dazu. Trenne mich schweren Herzens von meinem Buch, will mich nicht ausschließen. Komme mir überflüssig vor, gehe telefonieren. Mein Bericht fällt niederschmetternd aus. Mine ist erstarrt. Sie tut mir leid, ich möchte sie nicht noch mehr belasten, verabschiede mich schnell.
Es treibt mich durch die abendlichen Gänge. Lande bei den Säufern.
Diese Welt hat mich immer interessiert. Ich hatte mir vorgenommen, diese Gelegenheit zu nutzen, mehr über sie zu erfahren. Menschen befragen, Geschichten sammeln. Aber mein Jagdinstinkt funktioniert nur mäßig. Um in diese Welt zu tauchen, muß man selbst gut beisammen sein. Das hatte ich nicht bedacht.
Ich lerne Norbert kennen. Sieht aus wie fünfzig, ist Mitte Dreißig, keinen Zahn im Maul, lacht aber ununterbrochen.
Kehre zurück in »meine« Station. Die Luft ist rauchgeschwängert.

Ich wollte die kommende Zeit der Katharsis nutzen, um das Rauchen aufzugeben. Was soll ich hier?
Was verbindet mich mit diesen Menschen?
Wer oder was soll hier mein Leben wieder ins Lot bringen?
Werde ich jemals in dieser munter plaudernden Jugendgruppe einen Platz finden? Wenn ja, warum?
Bin ich hier der einzige Kranke?
Gegen 22 Uhr bilden sich kleinere Grüppchen in den Gängen. Es wird getuschelt, gekichert, laut gelacht. Die beiden Gänge bilden ein V.
An der Spitze das Cockpit. Hinter Glas, hell erleuchtet, sitzt dort die Nachtschwester. (Ein Bild von Edward Hopper.) Sie hat beide Gänge im Blick. Heute nacht hat Schwester D. Dienst. Eine freundliche »Gestandene« aus der ehemaligen DDR. Sie kennt mich vom Theater. Aber keine Fragen, nur Höflichkeiten, ein Small talk über Literatur. Für mich ein Lichtblick im Tal der Verlorenen. Schleiche mich in meine Soldatenstube.

## *Seien Sie doch bitte nett, und weinen Sie mal*

Freitag, 16.4.93
Ich habe schlecht geschlafen. Rundum Schnarchen, Husten. Schräg gegenüber von meinem Bett die Klotür. Die ganze Nacht brennt dort Licht. Unter der Tür ein scharfer Lichtschein. Ich habe ihn ständig im Auge. Mein Kopf läßt mir keine Ruhe. Die Decke rutscht.
Um 7 Uhr Frühsport. Natürlich ohne mich. Blick auf die Uhr: 7 Uhr 30. Rundherum die Zimmergenossen im Tiefschlaf.
Um 8 Uhr steht auf meinem Stundenplan Beschäftigungstherapie.
Ich stehe auf. Wasche mich. Nach geraumer Zeit gesellt sich Peter zu mir. Da wird sorgfältig das Haar gebürstet. Dann folgt die Rasur. Mit Klinge. Wasser spielt eine untergeordnete Rolle.
Schwester H. schmettert schneidend in den Raum. »Na, was ist denn mit dem Männerzimmer?«
Zum Frühstück Marmeladenstulle und Pfefferminztee. Ich laß mir den Weg in den Keller zeigen. Die Therapieräume sind ziemlich groß. Geteilt durch eine hölzerne Falttür. Die Sonne strahlt freundlich durch großrahmige Fensterflächen. Man vergißt, daß man sich im Keller befindet. Lediglich die Menschen, die am Fenster vorbeigehen, erinnern an die Lage. Man sieht nur die Knie. Gärtner arbeiten an der Rabatte. Sie glotzen durch die Scheiben. Fühle mich wie ein Fisch im Aquarium.
Die Atmosphäre der Räume ist freundlich. Überall Materialien, Bilder, unterschiedliche Objekte, manche fertig, andere gerade erst angefangen.
Ich bekomme Lust, etwas zu schaffen.
Heute trifft sich die Gruppe A. Durch die Wände dringen dumpfe Urwaldlaute. Die Gruppe B betreibt dort Musiktherapie. Zu einer Gruppe gehören jeweils zehn Patienten. Bei uns sind fünf erschienen.
Die Stimmung ist schläfrig. Tendenz: Unlust.

Therapeutin L., farblose Mädelnatur, versucht das durch aufgesetzte Fröhlichkeit zu bekämpfen. Hoffnungslos.
Seidenmalerei ist groß in Mode. Das geht schnell (wichtig) und ist attraktiv. Damit kann man glänzen und beschenken. Ansonsten wird strichelig gemalt.
Ich freue mich. Rundum Material in Fülle. Farben, Kohle, Pinsel, Kreiden und Papier, schier unbegrenzt in sämtlichen Formaten und Farben.
Zeit ebenfalls schier unbegrenzt. Herz, was willst du mehr?
Im Raum ist es ruhig, gelegentlich ein Kratzen, Rascheln, ein gedämpfter Fluch. Das Mädel hält sich zurück, greift gelegentlich helfend ein, das auch nur auf Wunsch, sie sorgt für die Bereitstellung der Materialien und ist still. Herrlich. Ideale Bedingungen, einem mangels Zeit und Gelassenheit nie richtig betriebenen Hobby zu frönen. Leider gibt es keine Ölfarben. Eine Kostenfrage.
Ich werde unbekannte Materialien ausprobieren, mich an Neues wagen. Die Gelegenheit muß ich nutzen. Fange klein an. Greife einen herrlich weißen großformatigen Bogen, ein Stück Kohle und skizziere eine Landschaft. Lang, lang ist's her, daß ich mit Kohle gearbeitet habe, war mir immer zu grob.
Schnell ist ein Klischee zusammengeschustert: Baum im Vordergrund, hinten Berge, kleines Dörflein, fertig.
Dann animiert mich Dostojewski zu einer Trinkerstudie. Vater und Sohn am Tisch. Sohn bereits schlafend. Vater die Flasche schwingend. Am Boden leere Flaschen.
Es folgt Don Quichotte, Sancho Pansa. Wie entfesselt fülle ich Bogen um Bogen.
Irgendwann ist Pause. Alles verschwindet, sichtlich erleichtert. Und endlich rauchen, rauchen.
Ich bleibe. Jetzt ist es ganz still. Ich gehe durch die Räume. Rührende, kindhafte Bilderchen. Blauer Himmel, grüne Wiese, Baum mit Äpfeln.
Der Wald mit Fee und Prinz, Schiffchen auf blauer See, Strichmännchenmatrose ruft mittels Sprechblase: Ahoi. Hinter Glas in Schränken gebrannte Tonmännlein, eine Krippe mit Christuskind und Eltern, Aschenbecher, auch ein etwas eiförmiger Teller.

Es gibt Metallarbeiten, Gipsbildchen mit Harlekin und Kolumbine nach Vorlage, Fensterbilder, Perpetuum mobiles, Holzarbeiten.
Ich wittere eine Möglichkeit zu überleben.
Jetzt male ich ein trauriges Gesicht.
Nach der Pause werden Bilder für die Stationswände ausgesucht.
Jeder kann seine Bilder bestimmen. Dann wird abgestimmt. Die Beteiligung ist wie die Grundstimmung, flau. 's Mädel fragt mich:
»Sie sind ja das erste Mal hier, waren aber doch schon produktiv. Welches Ihrer Bilder würden Sie vorschlagen.«
»Um Gottes willen, das sind doch nur Versuche.«
»Aber doch Ihre Bilder.«
»Was heißt Bilder.«
»Schlagen Sie eins vor.«
»Na gut, wenn's denn sein muß, dann das Trinkerbild.«
»Was meinen die anderen?«
Man schlendert heran, schaut, verzieht sich kommentarlos. Das trifft mich denn doch. Ein bißchen Anerkennung hatte ich erwartet. Was haben die denn?
Die Beschäftigungstherapie ist beendet.
Wir sammeln uns zum Essen.
Hier sitzt die wortgewaltige Vera. Rockerhaarschnitt, schwarz gefärbt. Mit Schepperstimme. Sie gehört zu meiner Gruppe. War aber nicht im Keller. Ich frage sie nach dem Grund.
»Ick war nich jut drauf.«
Gestern abend war sie's. Ich glaube, ich habe sie mit Petra angeredet. Ich setze mich immer zu Leuten, die allein sitzen. Aus Solidarität. Das wird nicht so empfunden. Wer allein sitzt, möchte das auch. Müßte ich eigentlich verstehen.

13 Uhr Sport.
Bei Nachfragen spüre ich ein nur geringes Interesse an diesem Angebot. Manchmal habe ich sogar den Eindruck, einige wissen gar nicht, daß es das überhaupt gibt.
Ich beschließe, nicht hinzugehen. Erstens habe ich einen ver-

stauchten Fuß, zweitens muß ich den Eindruck des Eifrigen vermeiden.
Durch Zufall erfuhr ich, daß dem Neupatienten mindestens zwei, auf Wunsch auch mehrere Ruhetage zustehen. Zeit zum Eingewöhnen, Kennenlernen, Ruhigstellen. Meine Aktivität ist auffällig.
Mary, die langbeinige Hübsche, etwa um die Zwanzig, sie erinnert mich an eine Barbiepuppe, sagt, daß sie Federball spielen möchte. Sie lacht dabei so schön. Ich gehe mit.
Die Turnhalle befindet sich im Grünen. Lichtdurchflutet, geräumig, mit unterschiedlichen Angeboten: Bälle, Matten, ein Trampolin, Reifen, ein Radio mit flotten Kassetten.
Jeder kann machen, was er will. Das hört sich verlockend an, ist aber schwierig, wenn man nicht weiß, was man will. Und das scheint mehrheitlich der Fall zu sein. Erschienen sind etwa zehn. Steffen und Mary spielen Badminton, der Rest wird von einer muffligen Exsportlerin mit polnischem Akzent durch Seniorengymnastik am Leben gehalten.
Ich absolviere mein übliches Trainingsprogramm. Dann wage ich mich zum erstenmal auf ein Trampolin. Das ist schwieriger, als ich dachte. Konzentration und Körpergefühl sind gefragt.
Bald hab ich ihn: den Traum vom Fliegen. Noch stümperhaft, aber hoffnungsvoll.
Ich würde gern Badminton spielen, möchte mich aber nicht aufdrängen, die Felder sind verteilt.
Ich gehe raus in den Park und starte einen Waldlauf.
Die Sonne steht jetzt zur Mittagszeit steil über mir. Durch die Blätter fallen kräftige Lichtbalken, sie zeichnen auf dem Weg bizarre Schatten. Munteres Vogelzwitschern. Die einzelnen Stimmen kann ich nicht identifizieren.
Ich begegne niemandem.
Am Ende des Weges befinden sich efeuüberwachsene Grabsteine. Wenn Mine kommt, müssen wir den Ort gründlich inspizieren.
In der Halle sind die Spiele auf dem Höhepunkt. Plötzlich ist doch der Ehrgeiz aufgekommen. Der Schweiß fließt in Strömen. Lethargie ist vergessen.
Ich stehe rum.

Gefühle der Ausgegrenztheit.
Dort Homogenität, hier ich.
Muß das überwinden.
Ich frage Mary, ob sie mit mir spielen möchte.
Brav, beinahe schulmädchenhaft, willigt sie ein.
Wir gehen auf ein freigewordenes Feld.
Mary spielt gut. Ich nicht. Kein Wunder nach fünfundzwanzig Jahren. Ich gebe mir gewaltige Mühe. Ab und an gelingt ein brauchbarer Return. Vor einem halben Jahrhundert war ich dritter bei der Bezirksmeisterschaft.
Nach dem Ende der Sportstunde spazieren wir gemeinsam zurück.

*Mary (21)*
Bildhübsch. Graublaue Augen, blondes Zottelhaar, Schmollmund.
1990 ist sie aus dem Osten gekommen. Der Einstieg gelingt ihr gut. Sie lernt viele Menschen kennen, findet Freunde. Arbeitet in einer Zigarettenfabrik.
Sie stürzt sich vehement ins pralle Leben, das sich ihr rundherum bietet. Bald geht sie eine feste Bindung mit einem verheirateten Mann ein. Mary eignet sich glänzend als Vorzeigefreundin. Sie ist überall gern gesehen, findet leicht Kontakt. Ballkleider werden gekauft, teure Klamotten sind ihr ein und alles. Sie lebt finanziell über ihre Verhältnisse. Die Ruhelosigkeit läßt ihr keinen Moment des Atemholens. Alles möchte sie nachholen, sie gerät in einen hektischen Taumel. Verliert ihre Mitte.
Der Freund verläßt sie. Das wirft sie aus der Bahn. Sie zieht sich zurück. Leidet an Depressionen. Niemand glaubt diese der Frohnatur. Kindheitserinnerungen werden wach. Die Schwierigkeiten mit den Eltern.
Sie wehrt sich gegen den Verlust ihrer Position. Stürzt sich krampfhaft in allerlei Abenteuer. Irgendwann schafft sie es nicht mehr. Die Schere zwischen Wollen und Können klafft zu weit auseinander. Sie gerät in das rätselhafte Abenteuer Magersucht. Versteckt sich in ihrer Wohnung. Meidet jeglichen Kontakt. Traut sich nicht mehr auf die Straße.

Seit Februar ist sie hier.
Jetzt kann sie schon mit dem Fahrrad nach Hause fahren (sie wohnt drei Straßen weiter). Bahnfahrten schafft sie nicht. Sie fühlt sich dick und häßlich. Alle Menschen beobachten sie.
Sie baut auf ihren Therapeuten, vertraut ihm blind.
Heute darf sie nach Hause fahren. Ausgang bis zweiundzwanzig Uhr.
Sie hat jetzt schon Angst.

Ich bin überrascht. Auf meine Menschenkenntnis habe ich mir immer eine Menge eingebildet. Außer einer altersbedingten Überdrehtheit ist mir an Mary nichts aufgefallen. Ihre Geschichte scheint die eines anderen Menschen zu sein.

14 Uhr Gesundheitsscheck bei Frau Dr. F.
Eine dicke Mütterliche mit Lachfältchen.
»Wie halten wir's denn mit dem Alkohol?«
Darauf habe ich eigentlich lange gewartet.
»Mein Gott, am Wochenende...«
»Und sonst?«
»Nach der Vorstellung schmeckt ein Bier herrlich.«
»Muß aber doch nicht sein.«
Hört, hört.
Wenn ich mir den sinnlichen Mund der Frau Doktor anschaue, komme ich zu dem Schluß, daß diese stille Zurechtweisung rein dienstlich gemacht wurde.
Keine Nachfragen. Keine Härte.
Die Untersuchungen sind zufriedenstellend ausgefallen.
»Irgendwelche Beschwerden?«
»Ja.«
»Ich höre.«
»Schwer zu sagen.«
»Sagen Sie's ruhig. Wenn ich kann, werde ich helfen.«
Ich lasse sie bewußt ein wenig zappeln.
Bilde ich mir das nur ein, oder ist da in ihrem Blick eine kleine Lüsternheit?
»Haben Sie keine Hemmungen.«

»Ich möchte aus dem Vierbettzimmer raus.«
»Ach so.«
Sie lacht.
»Darauf habe ich leider keinen Einfluß.«
Eine nette Person. Wie sie um mich herumwuselt. Mit dem Blutdruckmesser so gar nicht klarkommt. Mit diesem schönen Lachen aus dem Bauch.

15 Uhr Einzeltherapie.
»Wie fühlten Sie sich vor dem fraglichen Tag?«
Natürlich muß sie einen Ursachenkatalog zusammenbasteln. Aber so einfach ist das nicht bei mir. Wenn es so wäre, hätte ich das längst selbst herausgefunden.
»Ganz normal. Nichts Auffälliges. Natürlich waren da einige Irritationen.«
»Zum Beispiel?«
»Die vielen Beerdigungen...«
»Beerdigungen?«
»Nicht, was Sie denken. Mir waren einige Verbündete weggestorben...«
Sie guckt fragend.
»Arbeitsstellen. Der Rundfunk, ich habe das letzte Hörspiel des Senders gemacht, den letzten DEFA-Film gespielt, die letzten Zuckungen des Fernsehens miterlebt, der Schallplatte... Das bedeutet auch gleichzeitig den Tod von Menschen, Kollegen, Freunden... im übertragenen Sinne.«
»Ich verstehe.«
»Auch eine Art Heimat ist mir gestorben. Was auch immer das sein mag. Dann erlebte ich einen wirklichen Tod, einen physischen. Im November starb mein Vater. Beruflich hatte ich Enttäuschungen erlebt. Mir fehlte Luft unter den Flügeln.«
»Na, ich denke mal, daß das gar nicht so wenig ist.«
»Aber doch nicht dramatisch. Wenn nicht sogar normal für unsere Zeit.«
»Das werden wir in den nächsten Therapiestunden herauszufinden versuchen.«
Wie kann diese Frau kühl sein!

Es gibt Patienten, besonders die jüngeren, die regelrecht Angst vor ihr haben. Ich freue mich auf den Fight.

19 Uhr.
Im Aufenthaltsraum das bekannte Treiben. Ich sitze auf dem Gang. Der Stuhl steht an der Fensterwand zum Innenhof. Am Himmel ziehen wilde Wolken.
Plötzlich kommt Sabine zu mir. Sie war mir schon aufgefallen. Eine interessante Person.
»Kann ich dich mal kurz sprechen.«
»Gern.«
»Ich weiß nicht, wie ich anfangen soll... Also... heute vormittag, als es um die Bilder ging... für die Wände... also... als wir auswählen sollten... da ging es doch auch um dein Bild. Niemand hat sich dazu geäußert. Du warst sicher traurig. Das hat aber andere Gründe. Die meisten hier bei uns hatten irgendwann ein Alkoholproblem. Daran will man nicht erinnert werden. Das irritiert. Verstehst du das? Gemalt ist dein Bild ja toll, ich wünschte, ich könnte das. Ich sage das nur, damit du nicht traurig bist. Ich kenne das, wie das verletzen kann.«
»Find ich nett von dir, daß du dir Gedanken gemacht hast, aber das betrifft mich wirklich nicht. Ich hatte das längst vergessen. Außerdem denke ich, daß ein Bild hier ja nicht unbedingt schön zu sein hat. Wir sind doch nicht in der Malschule. Das Bild hat hier doch andere Bedeutung, oder?«
»Eigentlich schon, aber Ehrgeiz führt doch zu Vergleichen. Die Therapeutinnen tragen das Ihrige dazu bei, du wirst es erleben.«
»Kann ich mir nicht vorstellen.«
»Du wirst es in der Kunsttherapie am eigenen Leibe erfahren. Da wird gemalt und anschließend diskutiert. ›Frau X., Sie haben wieder Ihr Bild nicht ausgemalt, und schauen Sie mal die Proportionen!‹ Nervend! Ich mal jetzt einfach abstrakt, da kann sie nicht rumkritisieren, und man kann allen möglichen Schwachsinn reindeuten. Klappt prima.«

*Sabine (32)*
Der lebenshungrige, kreative Teenager flüchtet aus der Alkoholikerfamilie von Berlin nach Ludwigshafen. Hier gerät sie in zwielichtige Kreise. Giovanni, drogensüchtig, arbeitet in der Müllentsorgungsanlage der BASF, vereinnahmt sie als Geliebte und Hausfrau. Die italienische Großfamilie akzeptiert sie nicht. Dominik wird geboren. Das Kind hat lebensgefährliche Darmschäden. Vier Operationen im Säuglingsalter. Zwei Monate im Krankenhaus. Eine Betreuung rund um die Uhr ist erforderlich. Das Kind darf nicht schreien. Die OP-Narben würden platzen.
Sabine gerät als Mutter an die Grenzen ihrer Leistungsfähigkeit. Als Kind litt sie bereits an psychosomatischen Störungen. Händezittern, Angstzustände. Die seelische Belastung verstärkt das Leiden. Sie traut sich nicht mehr aus der Wohnung. Der Mann hat kein Verständnis, bezeichnet sie als Versager. Ich nehme an, es gibt auch ein Alkoholproblem.
Beim Einkaufen fallen ihr die Tüten aus der Hand.
Der Macho-Mann quält sie. Die Familie macht sich über sie lustig.
Es kommt zur Katastrophe. Sie landet in der psychosomatischen Klinik in Bad Dürkheim. Sie beschließt, die Gegend zu wechseln, und geht nach Berlin. (Mich amüsieren die Parallelen.)
Drei Monate ist sie jetzt hier.
»Mir geht es viel besser. Fühle mich gut drauf. Platze vor Energie.«
Das hat einen beschwörenden Unterton.
»Morgen früh fahre ich zu meiner Mutter, ich muß mich um Dominik kümmern, er braucht mich.«
Sie raucht ununterbrochen. In Abständen überfällt sie eine Art Schauder. Sie sieht aus, als ob sie ständig fröre.

Sabine sitzt auf der Terrasse und raucht. Gefrühstückt hat sie nicht.
Mittags begegne ich ihr im Eßraum.
Auf meinen fragenden Blick haspelt sie: »Meine Erkältung... und ich weiß auch nicht, ob meine Mutter...«
Anschließend auf der Terrasse. Mary und Vera sind um sie.

»Wißt ihr, ich bin so gut drauf. Ich platze vor Energie. Die Gruppe hat mir so geholfen. Mann, geht mir das gut.« Dabei raucht sie Kette, die Hände zittern. Da ist wieder der Schauder.
»Aber meine Mutter, das nervt mich. Sie wird wieder reden und reden. Ich hol nur schnell Dominik und nichts wie weg. Dann muß ich noch nach Teltow, Kreuzberg, ins Märkische Viertel... O Mann, alles Scheiße.«
Ich möchte sie aufmuntern: »Da hast du ja eine Menge Schönes vor.«
»Ja, ja.«
Sie wird still.
»Nur noch eine Zigarette.«
Sie kriegt den Absprung nicht. Sie hat Angst.

Sonntag, 18.4.93
Alles ist wie ausgestorben. Wochenendausgang.
Neupatienten bekommen diesen erst nach drei Wochen. Ich hatte mir das nicht so streng vorgestellt. Dachte, in meinem Fall würde das großzügiger gehandhabt. Auf meinen Protest hin muß ich mich belehren lassen, daß es sich um eine Regelung der Kassen handelt und nicht um eine Schikane der Ärzte.
Beim Frühstück bin ich ganz allein.
Will mich nicht gehenlassen. Jogging im Park.
Tauche ein in bereits Vertrautes, fühle mich dort geborgen. Die Bäume, die Vögel... An einem neuen Weg entdecke ich einen Teich mit Enten.
Mittags erscheinen die ersten Gespenster auf den Gängen.
Sparsam begrüßt man sich.
Ansonsten Schweigen.
Hin und wieder blättert jemand eine Zeitung um. Ein Geräusch, das wie ein Pistolenschuß wirkt.
Mine kommt. Ich freue mich.
Wir fahren raus in Richtung Oranienburg.
Inzwischen unsere Schicksalsstrecke. Die Fahrt nach Rheinsberg führte hier lang.
Wir sind verkrampft.

Mine hat sich wohl vorgenommen, mich heiter zu stimmen.
»Was gab's zu essen?«
»Nicht gleich die Themen verschießen. Wir müssen noch ein paar Stunden mit Gesprächsstoff füllen.«
»Ih, bist du zynisch.«
Wir gehen spazieren.
Mines Schwung ist dahin.
Meine Freude auch.
Ich spüre, daß Mine leidet.
Bei ihr hatte ich Positives vorausgesetzt.
Um sie zu trösten, fehlt mir die Kraft.
Ich bin nervös.
Fanny stört mich.
Alles ärgert mich.
Ich entdecke ein Loch in Mines Mantel.
Wir hatten uns beide viel vorgenommen.
Schwungvolle Gesprächsansätze versanden.
Dann sind wir nur noch still.
Verstohlen blicke ich auf die Uhr.
Knechtisches Patientenverhalten. Bravheit wird belobigt.
Nestele in meiner Brusttasche nach dem Patientenausweis. Man bekommt ihn als Zeichen des genehmigten Tagesausgangs. Kommt man zurück, erhält ihn die Schwester, die die Rückkehr in einem dickleibigen Wälzer registriert.
Ich ekle mich vor mir.
Ertappe mich bei dem widerwärtigen Wunsch, zurückzuwollen. In mein Heim.
Welch ein Abstieg!
Unsere Umarmung »vor der Kaserne« ist lang und fest.
Wir werden viel lernen müssen.
Im Aufenthaltsraum wird lautstark vom Wochenende erzählt. Von Erfolgen. Und es wird gelogen.
Ich erzähle nichts. Hole mir bei Schwester H. eine Schlaftablette.
»Nanu, war wohl nicht so gut, das Wochenende?«
»Doch, doch war schön.«

Montag, 19.4.93
8 Uhr Musiktherapie.
Der Kellerraum mißt circa fünf mal acht Meter. Die Sitzanordnung ist kreisförmig. Überall im Raum sind Instrumente verteilt, hauptsächlich auf einem flachen Tisch in der Mitte. Blockflöten, Xylophon, Gitarre, Kastagnetten, viel Schlagwerk, ein Klavier gibt es, sogar ein Harmonium.
Am mittleren Tisch die Musiktherapeutin, eine graugelockte Muntermacherin mit Mutti-Charme. Schwester M., die Stationsschwester, an der Tür wie die Dame bei Tanzveranstaltungen, die die Eintrittskarten verkauft.
Jeder klimpert vor sich hin in der Annahme, es handele sich um Meditation.
Ich bin etwas zu spät gekommen. Muß nehmen, was übrigblieb. Ein Xylophon nebst Hämmerlein.
Markus, der schmale Oberschülertyp mit umschatteten Augen, rührt, wie schon am Freitag bei der Beschäftigungstherapie, keinen Finger.
Sehr eifrig agiert dagegen die Therapeutin. Sie schlägt mit zwei Schlegeln auf verschiedene Hölzer. Dabei blick sie animierend in die Runde. Ab und an schleudert sie ihr grau-struppiges Lockenhaar in den Nacken, damit andeutend, daß Extase nicht mehr fern sei.
Sie tut mir leid in ihrer einsamen Kreativität. Um sie zu trösten, dresche ich mit dem Hämmerlein aufs Eisen. Ein Metallplättchen fliegt in hohem Bogen durch den Raum. Lange muß ich kriechend auf dem Teppich zubringen, um mein Instrument zu komplettieren.
Erika, aparte, winzige Blondine mit Pagenschnitt, greift zur Blockflöte. Entschlossen liefert sie ein Dutzend erstaunlich gut zueinander passender Töne ab und legt das Instrument wieder ordentlich auf seinen Platz. Ein Schulmädchen, das dem Lehrer brav geantwortet hat.
So plätschert die Darbietung dahin. Und gäbe es nicht die tüchtigen Therapeutinnen, der Klangkörper wäre entschlafen.
Da mein Xylophon nach dem Defekt nie wieder wurde, was es einst war, greife ich zur Blockflöte. Mich verband immer eine Art

Haßliebe mit diesem Instrument. Haß, weil ich nie schaffte, es ohne Quietschtöne zu spielen, Liebe, weil ich die melancholischen Töne mochte, wenn jemand die Technik beherrschte.
Um meinem Problem aus dem Weg zu gehen, benutze ich sicherheitshalber nur das Mundstück. Produziere interessante Orgelgeräusche, an eine Straßenbahn erinnernd. Das animiert die Therapeutin zu einer schlegelschwingenden Paraphrase. Es kommt zu einem Dialog. Der Therapeutin scheint das sehr zu gefallen. So sehr, daß sie erstaunlicherweise kurz verharrt.
Diese seltene Gelegenheit nutzend, plaziere ich einen verlorenen Ton der Einsamkeit. Ein bißchen »Spiel mir das Lied«, ein bißchen »El Condor Pasa«. Ich bin stolz. Und die Therapeutin hat einen feuchten Glanz in den Augen.
Der musikalische Teil des Vormittags ist beendet.
Vera, die scharfzüngige Rockerbraut mit Schepperstimme, legt sofort los: »Ich habe eine Stinkwut. Am liebsten wär ick rausjegangen und hätte Kaffee getrunken. Immer wenn einer in der Gruppe anfangen wollte, haben Sie allet niederjemacht. Man konnte sich nich entwickeln, sofort ham Sie losjehämmert, daß die Flusen flogen. Sie ham wohl vergessen, wer Gruppe und wer Therapeut ist. Und dann immer nur mit Peter, glücklich, daß einer mal was mit Ihnen macht. Wir sind ja alle doof. Also ne, wär ick bloß Kaffeetrinken jegangen.«
Wenn Vera, dann natürlich auch Busenfreundin Mary: »Ja, eh, mir jings jenauso. Ick konnte mich och nich entwickeln, weil Sie so laut waren.«
Der Rest der Gruppe schweigt.
Die beiden Gören haben ihren Montagsfrust abreagiert.
Ein Therapeut hat es schwer. Er kann sich nicht wehren. Seine Ausstrahlung hat abgeklärt zu sein. Persönliche Regungen sind ihm nicht erlaubt.
So endet die Attacke unbeantwortet.
Von der oft zitierten Scheu vor Öffentlichkeit, den Schwierigkeiten, sich zu artikulieren, den Kommunikationsproblemen habe ich bei unseren Damen nicht viel gemerkt. Sie wirkten recht agil an diesem Vormittag. Zumindest im Finale.
Auf der Treppe fragt mich Vera: »Du gehst einfach in die Mitte

des Raumes und sammelst Instrumente zusammen wie Pilze? Ich bin jetzt zwei Monate hier, vor zwei Jahren hatte ich schon mal das Vergnügen, ich habe mich das noch nie getraut.«
Beginne, die Menschen besser zu verstehen. Nicht nur ich spiele hier in mehrfachen Verkleidungen.

10 Uhr Gruppentherapie.
Ein heller Raum am Ende des Ganges. Vor einer großzügigen Fensterfront sorgfältig gepflegte Pflanzen. An den Wänden gerahmte Seidenmalerei: Hügel und Wälder, vor einem Baum ein Tier, schwer definierbar, ein See mit schwimmendem Gefieder.
Im Kreis stehen zwölf Stühle: Gruppe und zwei Therapeuten.
Es riecht wie bei Wand & Boden. Kein Wunder, der Teppich ist neu.
Zur Beschäftigungstherapie, zum Sport, sogar zur Musiktherapie geht man plaudernd und locker. Anders der Weg zur Gruppentherapie. Hier schreitet man, das ähnelt schon einer Prozession. Schweigsam, gefaßt, in Erwartung von etwas Höherem.
Hat sich der Kreis plaziert, naht absatzklappernd den Korridor entlang Frau Doktor. Sie nimmt im Kreis Platz. Etwa da, wo auf dem Zifferblatt die Zwölf ist. Ein Assistent sitzt fünf vor zwölf.
Ich bin gespannt.
Es geschieht nichts.
Schweigen. Etwa eine Minute lang.
Mich packt Unruhe.
Das Schweigen wird unerträglich.
Ich rutsche auf meinem Stühlchen herum, hege Fluchtgedanken.
Frau Doktor hat das mit Argusaugen beobachtet.
»Es kann geredet werden, aber ich denke mal, das ist in dieser Gruppe momentan etwas schwierig.«
Eine Fliege verschafft mir Ablenkung. Unsensibel umschwirrt sie unsere Nasen. Bar jeden Respekts auch die der Frau Doktor.
Frau Doktors Nase ist heute ein wenig gerötet.
Endlich, der Bann ist gebrochen! Vera hat neue Ängste anzumelden. Gepackt habe es sie an diesem Wochenende zu Hause beim Abwaschen.

»Gepackt?«
»Ja, wie soll ick sagen, mir wurde so wehmütig.«
Ich verkneife mir die Bemerkung, daß auch ich ähnliche Gefühle beim Abwaschen kenne, aber noch nie auf den Gedanken gekommen sei, deshalb einen Therapeuten zu konsultieren.
»Aber sonst jeht's mir jut.«
»Na, das ist doch schön.«
»Iset nich. Ick leide, weilet Uten schlecht jeht.«
Ute ist bisher wenig in Erscheinung getreten. Eine zurückhaltende, hübsche Enddreißigerin, die heute heftig mit dem Taschentuch zu kämpfen hat. So plötzlich in den Mittelpunkt gestellt zu werden, verwirrt sie. Schluchzend verläßt sie den Raum.
Vera: »So, jetzt bin ick gleich wieder dun. Ick hab's doch nur jut gemeint, jetzt jeht's Uten noch schlechter. Wat man och sagt, allet is falsch. Ick sach janischt mehr.«
Ute kommt zurück.
Stockend beginnt sie zu erzählen. Daß sie zu Hause nicht mehr gebraucht wird. Daß die einfachsten Sachen nicht mehr funktionieren. Daß sie endlich wieder ein normales Wochenende erleben möchte.
»Was ist denn normal?«
»Na, so wie immer.«
»Vielleicht war das sogenannte Normale die Ursache dafür, daß Sie hier sind?«
Ein interessanter Gesichtspunkt. Darüber wird nachzudenken sein.

Dienstag, 20.4.93
Eigenmächtig habe ich mein Bett ans Fenster geschoben. Meine Aktion muß von existentieller Entschlossenheit geprägt gewesen sein, niemand wagt zu widersprechen.
Jetzt habe ich die schönen Bäume im Blick, den Himmel.
Hinter mir befindet sich eine Tür zum Bad. Sie ist verschlossen und wird nie benutzt. Betätigt jemand die Dusche, ist das Geräusch so intensiv, daß ich wieder das Gefühl habe, ein Schirm sollte bereitstehen.

Meinem Bett gegenüber Steffen, der Mann mit den Postkarten. Oft liegt er da und liest in kleinen bunten Tom-und-Jerry-Heften.

*Steffen (26)*
Typ erfolgreicher Angestellter mit sportlichen Ambitionen. Scharfes, kleines Profil. Kühle, blaue Augen. Gibt sich dynamisch.
Auf der Terrasse steht sein Mountainbike. In der Gruppenhierarchie spielt Steffen eine wichtige Rolle. Er ist Ansprechpartner und Seelentröster. Hilft, wo er kann. Hat Sabine eine Wohnung besorgt.
Seine Zimmerecke gleicht einem Warenlager. Zahlreiche Gepäckstücke, Turnschuhe, Werkzeugkästen, Bücher (»Selbstbewußtsein, eine Frage des Talents«, »Zeichnen, selbst beigebracht«), Badmintonschläger, Kartons mit Chipsletten, Fruchtsaft, Nüssen, ein Bund Mohrrüben.
»In Monaten angesammelt, man muß ja leben.«
Steffen ist zuverlässig und tüchtig, wirkt ausgeglichen. Wenn da nicht der fahrige Blick wäre.
Als Siebenjähriger hat er zum erstenmal Kontakt mit Psychologen, später wieder mit zwölf. Grund: Lernverweigerung und Faulheit. Er beginnt mit seiner Arbeit beim Roten Kreuz. Erklimmt schnell die Karriereleiter, übernimmt die Organisation von Veranstaltungen. Mit bis zu dreitausend Teilnehmern. Sehr früh Kontakt mit Alkohol.
»War halt so üblich.«
Eine Zeitlang arbeitet er auf dem Bau. Hier fließt der Alkohol in Strömen. Es kommt zu Exzessen.
Er lernt Schlosser. Auch hier ständig Alkohol. Nach Abschluß der Lehre Arbeit in einer Zigarettenfabrik. Er findet sich gut zurecht. Schafft den Aufstieg zum Schichtleiter. Er hat drei Bänder zu überwachen. Der Druck ist groß, die Verantwortung enorm. Bald zeigt er sich den Aufgaben nicht mehr gewachsen. Unsicherheiten treten auf, Versagensängste. Die Nervosität steigert sich. In Streßsituationen verheddert er sich, kann die einfachsten Dinge nicht koordinieren. Vor Schichtbeginn legt er sich die Werkzeuge zu-

recht, um dann die Reihenfolge richtig zu treffen. Oft kommt es zu Pannen. S. läßt sich krankschreiben. Versteckt sich in seiner Wohnung. Will nicht mehr unter Menschen. Der einzige Kontakt bleibt seine Freundin, Psychiatrieschwester, vertraut mit dem Metier. Den Tag verbringt er im Bett. Er traut sich nicht zum Müllschlucker, der sich zwei Meter neben seiner Wohnungstür befindet.

Es beginnt für ihn eine Wanderung durch verschiedene Psychiatrieeinrichtungen. Seine Organe werden geprüft, Stoffwechsel, Gehirnströme.

Einmal vor einem dreißigköpfigen Studentenauditorium. Ohne daß er gefragt worden war. Schließlich landet er bei Bonhoeffers. Ist seit acht Monaten auf der Station und kann keine Besserung feststellen. Das Schreiben fällt ihm schwer, Orthographie ist ihm fast gänzlich abhanden gekommen. Er stottert, verhaspelt sich innerhalb der Silben.

Als er mir bei einer Steckdosenmontage hilft, bemerke ich, wie stark die Hände zittern. Lesen kann er nur Walt-Disney-Hefte. Für andere Texte reicht die Konzentration nicht aus. Bei komplizierten Gesprächen muß er nach wenigen Minuten auf den Gang, um zu rauchen. Die Fahrradmanie stellt sich als ein Trick heraus. S. schafft es nicht, mit der U-Bahn zu fahren. Panische Ängste treiben ihn auf der nächsten Station ins Freie. Deshalb das Fahrradgetue bei Wind und Wetter.

Sein ganzer Halt die Freundin. Sie steht tapfer zu ihm. Hat sich zeitig von ihren Eltern distanziert, die ihr die Trennung von einem betuchten »Studierten« zugunsten von Steffen nie verziehen haben.

Als »Alteingesessener« genießt Steffen ein paar Privilegien. Hat häufig Ausgang. Richtet mit viel Eifer eine neue Wohnung ein. Möchte dort im Sommer einziehen.

8 Uhr Beschäftigungstherapie.

Ich lasse mir Ton geben. Seit meiner frühen Kindheit hat mich dieses Material fasziniert. In einer experimentierfreudigen Schule in Lichterfelde durften wir ganze Tage modellieren, anschließend wurden unsere Werke in Ermangelung eines Brennofens in der

Sonne getrocknet. Danach fand ich nie wieder Gelegenheit. Immer fehlte es an Material, vom Ofen ganz zu schweigen.
Ton ist kein totes Material. Man braucht ihn nur zu berühren, schon beginnt er zu leben. Gottähnliche Kräfte verschaffen ein Hochgefühl ohnegleichen. Gelingt es, einen Ofen aufzutreiben, steigert sich dies bis zum Größenwahn, denn nun scheinen die Werke unsterblich.
Soweit war ich noch nicht.
Erst einmal rolle ich meine Tonwürste ohne jeden Einfall auf der Arbeitsplatte herum. Ich hatte mich gefreut, viel geplant. Jetzt ist das alles nicht mehr so einfach.
’s Mädel kann mir nicht allzuviel helfen. Ihre Kenntnisse vom Modellieren reduzieren sich mehr auf das Theoretische.
»Schauen Sie doch mal ins Buch. Ich habe hier wunderbare Bücher mit Anleitungen.«
Bin nicht gekommen, um Bücher zu wälzen. Also experimentiere ich munter drauflos.
Ein Baum entsteht, darunter sitzt auf einer blühenden Wiese ein Landstreicher, im Habit des 19. Jahrhunderts. Er bläst auf einer Flöte. Das Ganze als eine Art Halbrelief.
’s Mädel macht mir wenig Hoffnung, was die Haltbarkeit meiner Arbeit betrifft. Bleibe stur, gestalte, als ob ich ein Bild male. Leider ist die Zeit zu schnell zu Ende.
Zum erstenmal habe ich hier das Gefühl, daß eine Stunde weniger als sechzig Minuten hat. Bisher war das immer umgekehrt.
Neben mir schlägt Mary mit der flachen Hand zum wiederholten Mal auf einen bizarr geformten Tonkloß.
»Verdammt, det soll ’ne Vase werden! Frau L., wat jibt’s denn noch?«
»An Tongestaltung?«
»Nee, wat man überhaupt so machen kann?«
»Ja, was möchten Sie denn machen?«
»Nischt.«
Vera fädelt bunte Perlen auf eine Schnur.
»Wat meinste, meine Ketten waren deeer Renner zu Weihnachten!«
Rosi stöpselt verbissen Wollfäden in ein Tuch.

Markus malt eine Postkarte ab.
In zwei Stunden schafft er ein briefmarkengroßes Stück Himmel. Orangerot.

Zum Mittag irgendwas mit Nudeln.

15 Uhr Kunsttherapie.
Eine Sache, die ich mit Spannung erwarte. Wo liegen die Unterschiede zur Beschäftigungstherapie?
Die Therapeutin, Frau M., scheint Respektsperson zu sein. Man amüsiert sich heimlich über sie, aber fürchtet sie.
Kurz vor Beginn der Stunde wird die Gruppe nervös.
»Was mal ich denn heute bloß?«
»Mach doch was mit Frühling, Bäumen und so.«
»Ich mach wieder uff abstrakt.«
Frau M. ist eine hochgewachsene, junge Frau mit ernsten Augen und nachlässig gestecktem dunklen Haar. Könnte sie mir gut in einer nostalgisch angehauchten Frauenzeitung vorstellen. Zwischen Strohblumen, Zwiebelzopf, weißgestrichenem Küchenbuffett. Sie bewegt sich zeitlupenartig und hat eine gurrende Beruhigungsstimme.
Auf dem langen, mit weißem Papier abgeklebten Tisch im Keller sind Malutensilien und Zeichenpapier verteilt. Die Gruppe ist vollzählig erschienen. Im Gegensatz zu bisher Erlebtem entwickelt sich sofort rege Aktivität. Der Grund dafür, am Schluß der Stunde wird über jede Arbeit diskutiert. Ein Anreiz, der mir sinnvoll erscheint.
Mein Thema steht seit langem fest. Eine »sichere Sache«. Möchte einen guten Einstand haben: Einsame, düstere Menschensilhouette zwischen grellbunten Vitalitätssymbolen. Wähle Ölkreiden und Kohle.
Den Menschen male ich schwarz, eckig, fast roboterhaft. Rundherum fette Weintrinker, Frauen ganz Fleisch, Fresser, Trauben, märchenbuchhaft Gebackenes...
»Waren Sie auf einer Schule?«
»Ich dilettiere ein wenig in Öl.«
Ich entdecke eine neue Technik: Kohle in Verbindung mit Ölkreide. Interessante Schatteneffekte lassen sich damit erzielen.

Stolz teile ich diese Erfahrung der Therapeutin mit.
Mit großem Ernst erwidert sie: »Das ist bekannt. Eine Technik, die besonders im Kindergarten gepflegt wird.«
»Danke.«
Ich komme gut voran. Es macht Spaß, die weiße Papierfläche zu füllen. Ich arbeite wie ein Berserker. Als gälte es, Versäumnisse eines ganzen Lebens nachzuholen.
Kaum ist meine »Bestandsaufnahme« fertiggestellt, beginne ich mit einem Männergesicht, problematisch versteht sich. Besorgt beobachtet mich die Therapeutin.
»Zu Ihrer Information, die Arbeiten werden in einer persönlichen Mappe gesammelt. Es darf nichts vernichtet werden, auch keine Skizzen.« Meine Schaffenskraft ist nicht zu bremsen. Werde wahrscheinlich noch einen liegenden Akt nachschieben.
»So, wir kommen dann langsam wieder zum Ende. Für die Neuen in unserer Runde, die Arbeiten werden in dem Zustand, in dem sie sich gerade befinden, beiseite gelegt, der Tisch wird abgeräumt, und dann werden wir gemeinsam die Arbeiten anschauen und darüber diskutieren. Wer seine Arbeit nicht zeigen möchte, wird natürlich nicht dazu gezwungen.«
Aha, die gefürchtete Phase. Der Scharfrichter.
Mary ist Proband Nr. 1. Sie möchte ihr Bild nicht zeigen.
Gurrend wird ihr Selbstbewußtsein suggeriert.
Sie wehrt sich. Das Gurren bleibt hartnäckig. Immer in der gleichen Tonhöhe. Monoton. Mary steht schon unter Tränen. Sie gibt sich geschlagen. Das Ritual verlangt, daß das Werk von Frau M. eingeholt und an der Stirnwand mittels Wäscheklammern befestigt wird. Alles weihevoll. Oberammergau.
Im Raum ist es totenstill. Bohrend.
Ich sehe zu Mary. Sie sieht aus wie ein Kind, dem man den Teddy weggenommen hat.
»Nun, was sehen wir?«
Die Stimme ganz positives Sonnengeflecht.
Marys Bild ist wirklich jämmerlich. Die zuverlässige Bank »uff abstrakt« hat nicht funktioniert. Ein bekleckstes Stück Papier.
Die Ratlosigkeit im Raum ist berechtigt. Mary spürt das und stürzt aufheulend aus dem Raum.

»Nehmen Sie's weg, nehmen Sie's doch weg!«
Betretenheit.
Nach ein paar Minuten ist sie wieder da. Das Bild liegt an ihrem Platz. Schnell dreht sie es um.
Mir platzt der Kragen.
»Auf die Gefahr hin, revoluzzerhaft mißverstanden zu werden, finde ich das grauenhaft. Das kommt ja einer Exekution gleich. Ich denke, wenn jemand nicht will, braucht er sein Bild nicht zu zeigen? Und warum dieses feierliche Getue? Kann man das nicht lockerer machen? In der Runde? Wer mag, hält sein Bild hoch, wer mag, sagt etwas. Mein Gott, es geht doch nicht um die Kronjuwelen.«
Ich bin erschrocken. Das war ein Haßausbruch. Die Anspannung, meine psychische Konstellation, die Bevormundungen, die ewige Diskretion, meine Ratlosigkeit, all das hat sich Luft gemacht. Ich wünschte, ich hätte geschwiegen.
Am Tisch Betroffenheit, wohl auch Verwunderung. Der schweigsame, ohnehin rätselhafte Neuzugang war plötzlich aus der Rolle gefallen. Wie war das zu verstehen? Rüttelt einfach an den Grundfesten.
Um das Schweigen zu brechen, gehe ich in die Offensive. »Also, ich halte mal einfach mein Meisterwerk in die Höhe, und wer was dazu sagen möchte, tue das.«
Vera hat sich als erste wieder gefangen. »Wenn ick det sehe, vergeht mir allet. Mann, bist du jut, ick kann ja nich mal 'ne Katze malen.«
Balsam, Balsam, Erfolgserlebnisse sind rar geworden. In der Wüste empfindet auch der Gourmet einen Fingerhut voll Wasser als Delikatesse.
Thomas springt auf, funkelt mit seinen glühenden Kohlenaugen: »Was bedeutet denn die schwarze Gestalt? Soll das ein Toter sein?«
Sein Überfall trifft mich unvorbereitet.
»Vielleicht.«
»Sollst du das sein? Bist du verrückt? Mensch, sag doch mal was über dich!«
»Das möchte ich nicht.«

Meine Attacke ist zur laschen Abwehr geworden. Unvorteilhaft. Vor den Kindern.
Vera: »Wat is'n plötzlich los? Mann, du bist doch so aktiv und immer lustig, kannst jut malen, Schauspieler biste och noch, wat soll'n det?«
Die Stunde kommt nicht mehr ins Lot.
Ein paar Bilder werden hochgehalten, Interpretationsversuche gestartet, es tröpfelt dahin.
Ich spiele mit falschen Karten.
Hat mein Aufbegehren mit der Sache zu tun? Ist das nicht vielmehr der Versuch der Profilierung? Angst vor Vereinnahmung in die graue Masse?
Und das Malen? Natürlich male ich, von einer anderen Ecke herkommend, mit einer Idee. Um einer Gestaltung willen. Wenn man so will, nicht ohne List. Auf eine Wirkung bedacht. Wie der Angeklagte vor Gericht, der auf die Frage des Richters mit einem Gedicht antwortet.
Soll ich also alles vergessen, mich wieder in die Sandkiste setzen? Was soll ich hier? Meinen Hobbys frönen? Mir damit ein Pseudo-Wohlgefühl verschaffen?
Niemand hat mir etwas erklärt, aber ich ahne, daß das Malen, die Beschäftigung mit Kunst, dem Kranken die Möglichkeit verschaffen soll, zu kommunizieren, sich mitzuteilen. Die Verfertigung eines Strichmännchens – ein Erfolgserlebnis. Die Entdeckung der Farbe Rosa als Ausdruck für Melancholie – Baustein zur Selbsterkenntnis. Das ist wichtig. Nicht die Verfertigung attraktiver Bilder.
Ich darf das nicht so verkrampft sehen. Ich muß mich mehr überraschen lassen. Auch von mir selbst. Also doch ein wichtiger Tag.

»Es war ein Leidenstag voller Fremdbestimmung. Von morgens bis abends mußte ich mich den Konventionen fügen, mußte mich, fern von allem, was mir lieb war, unter aufgeregten Menschen bewegen. Ich mußte einen schwarzen Leihanzug tragen, der so eng war, daß er mir, wenn ich die Menschenspaliere durchschreiten mußte, nur Stelzschritte erlaubte. Ich mußte meine Angst vor der Menge und der Blamage genauso verber-

gen wie das Erschrecken darüber, daß ich mich diesem Zwang freiwillig unterworfen hatte, niemand also schuld daran war als ich selbst.«
(Günter de Bruyn, Zwischenbilanz)

Nachmittags auf der Terrasse. Die Sonne hat schon Kraft. Erste Blütenspitzen quälen sich aus dem heillosen Unkraut unten im Hof. Der Himmel ist frisch gewaschen, Spatzen keilen auf den Treppenstufen. Meine Seele riskiert einen Hüpfer.
Neben mir im Liegestuhl Erika, die kleine Aparte mit dem Pagenkopf.
»Du bist eben ein Schauspieler. Äußerlich lachst du, in dir sind Tränen.« Das hat sie schön gesagt. Ich schenke ihr einen Pfirsich.
Als Kinder hatte jeder im Garten ein eigenes kleines Feld. Meine Schwester war fleißig. Sie werkelte ganze Nachmittage, säte und pflanzte, aber es gedieh nichts.
Ich faulenzte. Überließ alle Entscheidungen der Natur. Und siehe da, es wuchsen üppige Gurken, zwischen Franzosenkraut und Wegerich sproß eine stattliche Erdbeerpflanze, und irgendwann zeigte sich ein zartes Pfirsichbäumchen. Es wuchs schnell und gedieh gar prächtig. Der Baum wurde zum Glanzstück des Gartens. Jedes Jahr erntete ich reichlich, und die Früchte übertrafen bei weitem die Qualität des eigentlichen, des »Hauptbaumes«, fachmännisch von meinem Vater betreut.
Ich schwelgte im Erfolgsrausch, meine Schwester erging sich in Melancholie ob ihrer unerwiderten Begeisterung.

*Erika (42)*
Arbeitet in einer Kita. Zwei Töchter. Geschieden. Geboren im Norden der ehemaligen DDR. Als Kind eigensinnig. Schwierigkeiten mit den Eltern.
Brutalität des Vaters. Verschlossenes Kind. Frühe Bindung an kleinbürgerlichen Mann. Familiengründung in einem Vorort Berlins. Nach den geltenden Kriterien alles normal. Die erste Tochter wird geboren, Hund gekauft, bescheidener Wohlstand.
Erika hat Ambitionen, würde gern studieren, der dominante Mann redet ihr das aus. Sie versucht in allerlei Organisationen Be-

stätigung zu finden (Gymnastik, Rock 'n' Roll-Club, Frauengruppen, Kampagne »Schützt den Igel«).
Ansonsten fordern Garten, Haus, Kind, Mann, Hund ihre ganze Kraft. Die zweite Tochter wird geboren. Ein Problemkind. Es leidet an einer Allergie. Kann keine Mehlprodukte zu sich nehmen. Nur Ersatzstoffe, Ginkgo, tropische Pflanzen. Ernährung in der DDR nicht möglich. Die Familie beantragt die Ausreise. Pastor Eppelmann hilft. Im Westen schwieriger Anfang. E. wird berufstätig. Die Eingewöhnung braucht Zeit. Ansprüche der Eheleute driften auseinander. Mit zunehmendem Alter bessert sich der Gesundheitszustand des Kindes. Die Familiensituation scheint wieder auf Kurs Normalität zu stehen.
Nach einem »spitzenmäßigen« Urlaub erleidet E. auf dem Heimflug einen Nervenzusammenbruch. Die Ursache ist unklar. Nach einigen Zwischenstationen landet sie bei Bonhoeffers. Hier findet sie schnell Halt. Stabilisiert sich. Von der Klinik aus leitet sie die Scheidung ein. Mann ist überrascht, tief verletzt. Reagiert bösartig. Zehn Monate dauert ihr Aufenthalt in der Klinik.
Nach der Entlassung kommt sie schwer in Tritt. Ihr größter Feind ist die Einsamkeit. Die Töchter unterstützen sie nach Kräften, können aber nicht verhindern, daß sie bald wieder auf »Bonnys Ranch« landet.
Inzwischen schon wieder ein halbes Jahr hier. Sie ist eine »Gelernte«, versiert in den Termini. Ununterbrochen mit sich beschäftigt. Kann gut mit jungen Leuten. Vom Wesen her eher nüchtern, gelegentlich sentimental mit Hang zum Kitsch.
Ihr Blick ist kühl, die Mundwinkel heruntergezogen. Die Stimme flach, kindhaft. In der Gruppe »zuverlässiger Kumpel«. Ihre aparte Erscheinung täuscht, entwaffnend ihre Härte, auch gegen sich selbst.

17 Uhr Einzeltherapie.
Heute ist die Vaterbeziehung dran. Natürlich. Habe ja schließlich auch meinen Freud gelesen.
Frau Doktors Erwartung, auf diesem Terrain Punkte zu machen (immerhin ist die Ehe meiner Eltern seit 1952 geschieden, mein Vater lebte im Westen, war damit für mich lange unerreichbar),

muß ich enttäuschen. Reichlich Zuwendung von Mutter und Schwester haben mich den Vater nicht vermissen lassen. Später hatte ich mit ihm guten, kameradschaftlichen Kontakt, bis zu seinem Tod. Über meine Kindheit kann ich mich nicht beklagen. Im Gegenteil.
»Vielleicht war mir manchmal die Distanz zu groß.«
»Distanz?«
»Die Entfernung zwischen mir und meinem Vater.«
»Meinen Sie das im räumlichen Sinn?«
»Auch.«
»Und sonst?«
»Wir waren beide sehr vorsichtig. Und uns sehr ähnlich.«
»Was fällt Ihnen als erstes zu Ihrem Vater ein?«
»Er hatte einen noblen Charakter. Er war spröde.«
»Sie hätten sich einen gefühlvolleren Vater gewünscht?«
»Er war gut, wie er war.«

Mittwoch, 21.4.93
Der Tag beginnt mit dem scharrenden Geräusch von Stühlerükken. Der Aufenthaltsraum wird leer geräumt, die Stühle in Kreisform aufgestellt. Um 8 Uhr 45 beginnt die Vollversammlung. An dieser Veranstaltung nehmen teil: die Patienten, die Ärzte, sämtliche Schwestern, das Reinigungspersonal, die Therapeuten. Sinn der Übung: Verständigung über das Leben auf der Station. Praktische Fragen sollen erörtert, Vorschläge gemacht werden. Die Vorinformationen glichen Horrorberichten. Mitunter würde eine Stunde lang geschwiegen. Niemand traue sich zu reden, alle Beteiligten empfinden den Mittwochmorgen als Alptraum.
Ich nehme mir vor, diesen Zustand zu verändern. Immerhin eine demokratische Einrichtung, »Westler« wissen das gar nicht mehr zu schätzen. Ein Podium der Patientenrechte sollte das sein.
Heute ist mein kämpferischer Einsatz nicht gefragt. Nichtbenutzbare Münzfernsprecher, Erlaubnis für Videokassetten, Kaffeemaschinen, Bügeleisen, Neuordnung von Duschzeiten, Urlaubsüberziehungen usw. Die Stunde ist prall gefüllt und lebhaft.
Eine Anfrage der Musiktherapeutin: Wären die Patienten damit

einverstanden, daß von den Therapiestunden Mitschnitte angefertigt werden. Zwecks Auswertung benötige man Material.
Der Disput über diesen Vorschlag ist lang und wichtigtuerisch. Bei einer Gegenstimme wäre er vom Tisch. Rechtliche Fragen werden erörtert, Weiternutzung, Veröffentlichung.
Ich gestatte mir den Einwand, daß ein Mikrofon die Naivität, die Unmittelbarkeit beschädigen könnte. Die Gefahr des »sich Produzierens« bestehe.
Eine Entscheidung wird nicht gefällt. Man vertagt sich auf die nächste Woche. Frau Doktor gibt das Zeichen zum Aufbruch.
Meine Anfrage nach Gartengeräten für das verunkrautete Beet auf dem Hof geht fast im Lärm unter. Etwas gereizt ruft mir Frau Doktor zu: »Für die Gartenanlage sind andere Abteilungen zuständig.«

> »Einsam zu sein, doch nie allein sein zu können, machte das Kasernenleben so unerträglich.«
> (Günter de Bruyn, Zwischenbilanz)

Habe noch keinen Partner gefunden. Die Unterhaltungen sind meist banal. Bin selten dabei. Kriege dadurch auch Wichtiges nicht mit.
Bin immer noch der Fremde.
Passe nicht hinein.
Vielleicht will ich das gar nicht.
Wehre mich dagegen, ein Patient zu sein.
Bin doch nicht krank.
Um mich herum viel Leid und viel Krankheit.
Ich fühle mich gesund.
Versuche das ständig zu beweisen.
Was soll ich hier?

Beim Röntgen sitze ich halbnackt auf einem Höckerchen mit Rädern. Beleibte Frauen in weißen Kitteln schieben mich hin und her. Ein Objekt. Niemand redet mit mir. Gespenstische Geräte werden auf mich gerichtet. Papier raschelt.
Was wird da geschrieben?

Beim Abgang flüstert eine Stimme: »Sind Sie nicht der Schauspieler?«
Das *der* hat mir gefallen, eine Identität.

Heute in der Zeitung: »Der Glückliche fühlt, der Traurige denkt.«

Donnerstag, 22.4.93
Ich bin in Gedanken die Männer durchgegangen. Ich kam immer nur auf sechs. Wir sind aber sieben.
Ich hatte mich nicht dazugezählt.

8 Uhr Musiktherapie.
Habe mich an das Harmonium gesetzt. Vorsichtig betätige ich die Pedale. Ziehe die Register. Es entsteht kein Ton. Was mache ich falsch? Um mich herum das übliche Gewummere. Mary und Vera bearbeiten mit harten Schlegeln ein Stück Holz. Erika klimpert auf dem Klavier. Die Therapeutin traktiert ungebrochen ein Tamburin. Markus sitzt schweigsam vor dem Vibraphon.
In früher Kindheit besuchten wir regelmäßig die Großmama in Kassel. In der guten Stube stand ein Harmonium. Wir Kinder durften es nicht berühren. Wenn wir allein waren, öffneten wir es heimlich und versuchten, ihm Töne zu entlocken. Das gelang nie. Irgend etwas machten wir falsch. Das Instrument blieb ein Geheimnis.
Sicher hat das heute eine Rolle gespielt bei der Entscheidung, mich an das Harmonium zu setzen. Ich möchte mir einen alten Wunsch erfüllen. Wieder die gleichen Schwierigkeiten.
Ich versuche mit großer Kraftanstrengung, einen Ton zu produzieren.
Das gelingt nicht. Lediglich ein böses Pfeifen.
Ich resigniere. Komme mir albern vor. Wird da nicht schon gekichert?
Eine mysteriöse Parallele. Das Harmonium – ein Trauma. Ergiebiges Feld für Frau Doktor.
Ich sitze einfach rum. Hatte mir ohnehin vorgenommen, heute zurückhaltender zu sein.

Es kakophoniert um mich herum.
Ich blicke verstohlen auf die Uhr. Die Zeit schleicht dahin.
Meine Unrast treibt mich zu einem letzten Versuch. Ich ziehe sämtliche Register und stampfe wütend in die Pedale. In die zufällig entstandene Stille sticht ein hoher, flirrender Ton.
Vorsichtig wage ich eine Melodie, wiederhole sie, gehe über in eine Moll-Sequenz.
Der letzte Ton erlischt.
Die Stunde ist zu Ende.
An der Tür sagt die Therapeutin: »Das Harmonium ist seit Ewigkeiten kaputt, erstaunlich, daß Sie ihm überhaupt Töne entlocken konnten.«
Die mystische Parallele findet eine Lösung. Und ganz profan.
Ich bin zufrieden. Heute wird mir niemand den Vorwurf machen können, daß ich mich in den Vordergrund gedrängt hätte.
Am Kaffeetisch wird von der titanischen Morgenarbeit ausgeruht.
Plötzlich fängt Erika an zu schluchzen. Zwischen Tempotaschentuch und Marlboro plappert sie mit Kindchenstimme, daß es heute für sie eine schlimme Stunde gewesen sei. Sie hätte sich an ihre Kindheit erinnert, Alpträume, Angstzustände hätten sich eingestellt. Grund: die wehmütigen Klänge des Harmoniums.
Mary fällt ein: »Ick war och so wehmütig, eh, ick mußte immer an meen Puppenhaus denken.«
Rosi: »Die Harmoniumtöne waren grausam!«
Und ich wollte doch nur ein Kindheitserlebnis bewältigen. Nun bewältigen wieder nur die anderen.
Ich schlage Erika vor, ihre Geschichte in der Gruppentherapie zu erzählen. Nicht ohne List. Hoffe damit das drohende Schweigen zu umgehen. Könnte das ja auch selbst in Angriff nehmen, bin aber neugierig auf Geschichten.

10 Uhr Gruppentherapie. Erika steigt sofort vehement ein.
Als Kind wurde sie häufig geschlagen. Der Vater spielte eine schlimme Rolle. Das Zuhause ist eine Tortur.
An einem Sonntag geht sie heimlich mit Freundinnen in die Kirche. Dem Vater hat sie gesagt, sie wär im Kino.

Der Gottesdienst beeindruckt sie. Sie empfindet ein Gefühl der Geborgenheit. Hier möchte sie immer bleiben. Aber die Zeit drängt. Die zwei Kinostunden sind bald überschritten.
Der Gottesdienst ist zu Ende. Die Nonnen schließen die Kirchentür ab. Die Kinder sollen zum anschließenden Kindergottesdienst bleiben.
Erika durchleidet Qualen. Stunden scheinen zu vergehen. Zu Hause wartet der jähzornige Vater. In höchster Not erfindet sie die Ausrede vom Durchfall. Die riesige Eichentür öffnet sich, der Weg ist frei. Gerade noch rechtzeitig erreicht sie ihr Haus.
All das ist ihr heute eingefallen. Lange war die Geschichte in Vergessenheit geraten. Jetzt fühlt sie sich befreit. Sie heult hemmungslos.
Ich frage E., wie sie heute zur Religion steht.
»Eigentlich neutral. Vor der Therapie habe ich versucht, Hilfe über den Glauben zu finden. Das ist mir nicht gelungen. Ich habe als Kind nicht Gott, sondern den Vater gesucht.«
Das Gespräch belebt sich. Wir erfinden das Bild vom Regal mit den verschlossenen Dosen. Durch bestimmte Ereignisse werden wir gezwungen, in den Keller zu steigen, zu einem versteckten Regal zu gehen und dort aus endlosen Reihen eine verschlossene Dose zu nehmen und diese zu öffnen.
Eine gute Stunde.

15 Uhr Einzeltherapie.
»Eine interessante Gruppenstunde.«
»Das finde ich auch. Ich denke mal, ein Musterbeispiel gruppentherapeutischer Arbeit.«
»Ein spannendes Unternehmen, unsere Kindheit.«
»Und höchst überraschend. Wenn Sie das so beeindruckt hat, warum öffnen Sie sich nicht? Sie sind innerlich traurig, verbreiten aber den Eindruck von Energie und Bejahung.«
»Ich will niemanden belasten.«
»Also spielen Sie wieder eine Rolle.«
»Wie soll ich es anders machen?«
»Können Sie weinen?«
»Selten.«

»Wann das letztemal?«
»Beim Gespräch mit meinem Sohn und beim Tod meines Vaters.«

Im November 1991 ruft mich mein Vater aus Darmstadt an. Gallensteine seien gefunden worden, eine Operation dringend erforderlich. Am nächsten Tag müsse er in die Klinik.
Der Schreck fährt mir in die Glieder. Vater ist 84.
»Hast du Angst, Papa?«
»Ach, weißt du, Junge, dazu hab ich noch gar keine Zeit gehabt.«
»Hast du ein Telefon am Bett?«
»Ich denke, ja.«
»Halt uns auf dem laufenden, wir sind alle bei dir.«
Nach zwei langen Tagen kommt sein Anruf. Mit etwas angestrengter Stimme teilt er mir mit, daß alles gut abgelaufen sei, nach ein paar Tagen der Rekonvaleszenz könne er wieder nach Hause, an seine geliebte Schreibmaschine. Mir fällt ein Stein vom Herzen.
»Hast du Schmerzen?«
»Nicht der Rede wert.«
»Sind die Leute freundlich?«
»Der Professor ist ein Stiesel. Die Vormittagsschwester hat einen adretten, kleinen Po.«
»Ich merke, ich brauch mir um dich keine Sorgen mehr zu machen. Ruf morgen wieder an.«
»Gemacht. Grüß mir mein süßes Urenkelchen Lea.«
Zwei Tage vergehen ohne Nachricht. Dann ruft meine Kusine Almuth an. Sie wohnt in der Nähe und betreut Vater.
»Es ist etwas passiert. In der Nacht ist er aus dem Bett gestürzt. Allerlei Versorgungsschläuche haben sich verheddert. Lange hat er auf dem Fußboden gelegen. Die Folge: Eine Infektion in der Bauchhöhle, Verdacht auf Lungenentzündung. Zur Zeit ist er ohne Bewußtsein.«
Ich möchte sofort nach D. fahren, aber ich stecke in Probenarbeiten am Theater. Er wird sich erholen, ist dort in guten Händen.
Dann überschlagen sich die Nachrichten. Der Zustand verschlechtert sich stündlich. Ich erbitte Urlaub im Theater, Mine regelt das

Organisatorische, eine Stunde später sitzen wir im Auto in Richtung D.

Nach sechs Stunden im winzigen Warteraum der Intensivstation. An der Wand ein Bild: Haus mit blauer Tür und weißen Mauern. Das müßte Griechenland sein, vielleicht Rhodos. Ein Tisch mit überalterten Illustrierten, Titelseite mit den zwei dicken Herzbuben, ein Spind mit sterilen Kitteln. Der Blick aus dem Fenster geht auf eine stille Parkecke, Bäume, ein paar Chrysanthemen. Neben dem Fenster eine Klingel *»Bitte rufen«*.

Wir warten. Zum Glück sind wir die einzigen Besucher.

Auf dem Gang eine Eisentür. Nur von innen zu öffnen. Ein Leuchtkasten mit gestrengen Buchstaben: *Intensivstation*.

Das Warten wird zur Tortur. Nun schon reichlich eine halbe Stunde.

Die Luftschutzbunkertür öffnet sich endlich.

»Für Dr. Reusse?«

»Ja.«

»Machen Sie Ihre Hände steril, am Automaten an der Wand.«

Das Gesicht der Schwester ist höflich neutral. Sie hat Max-und-Moritz-Ohrringe. Rechts Max, links Moritz.

Ich habe mehrfach, anmaßend, wie nur ein Schauspieler sein kann, Menschen im Todeskampf gespielt. Noch nie war ich als Person mit diesem Thema konfrontiert. Entsprechend groß ist das Erschrecken.

Die Intensivstation besteht aus einem Gang, an dessen linker Seite fünf verglaste Boxen angeordnet sind. Die Türen sind geöffnet. Gäbe es Gitter, könnten es Tierkäfige sein. In den Räumen liegen, je nach Schwere des Leidens, zwei Patienten oder einer. Vater liegt allein.

Man hat ihn auf ein hohes Lager gebettet (aufgebahrt?). Rund um ihn komplizierte Geräte. Das einzige, was ich kenne, ist ein Tropf. Sein Kopf hängt merkwürdig nach hinten, die schönen weißen Haare breiten sich übers Kissen. In der Nase Schläuche, der Mund geöffnet. Im Raum die gräßlichen Geräusche eines Erstickenden.

Eine Pumpe schnauft in kurzen Abständen. Sie scheint den Körper aufblasen zu wollen. Das ist wohl notwendig, er ist unter dem

dünnen Laken kaum wahrzunehmen. Die Konturen sind von mädchenhafter Zartheit.
»Können wir mit ihm reden?«
»Versuchen Sie's, mitunter ist er ansprechbar.«
»Vater, ich bin da. Wir sind gerade aus Berlin gekommen. Kannst du mich hören?«
Ein Auge ist halb geöffnet. Aber sein Geist ist weit weg.
Als Mine etwas sagt, meine ich eine Reaktion wahrzunehmen. Beide hatten immer eine zauberhafte Beziehung zueinander, es gab Momente zarter erotischer Schwingungen.
Vaters Kopf wendet sich leicht zur Seite.
Sein Blick ist jetzt entspannt. Er könnte etwas sagen. Zum Beispiel: »Kindchen, wie geht's dir?« oder »Wie war die Reise?« Aber da ist die Qual des Atmens. Das Regime der Apparate.
Ich habe gelesen, daß Kranke trotz Zeichen größter Apathie sehr viel wahrnehmen von den Dingen, die um sie herum geschehen.
»Vater, hörst du mich? Ich will dir nur sagen, daß nichts geschehen wird, was dein Leiden unnötig verlängert. Ich habe unsere Absprache an Juttas Grab nicht vergessen.«
Jutta war Vaters zweite Frau. Sie ist vor etwa zehn Jahren an Krebs gestorben. Er hat sie sehr geliebt. Jeden Tag ging er zu ihrem Grab.
Als wir beide einmal dort standen, wurde er plötzlich ganz heiter. »Weißt du, Junge, mir reicht's. Ich bin müde. Ich möchte zu meiner Frau. Versprich mir eins, wenn es soweit ist, laßt mich ziehen. Keine medizinischen Kraftakte.«
»Versprochen.«
Was soll der Maschinenpark?
Ich muß mit jemandem sprechen. Einiges klarmachen.
»Es tut mir leid, der Professor ist schon zu Hause und der Stationsarzt bei einer dienstlichen Besprechung. Kommen Sie doch morgen wieder.«
»Besteht akute Lebensgefahr?«
»Der Zustand des Patienten ist stabil.«
Richtig, der Zustand der Maschinen macht einen stabilen Eindruck.
»Wir fahren jetzt nach Berlin, können wir anrufen?«

»Selbstverständlich. Sie sind der Sohn, nicht wahr?«
»Ja.«
»Bitte hinterlassen Sie Ihre Telefonnummer. Es könnte notwendig sein.«

Lieber Vater,
von Vehemenz in unserer Beziehung zu reden wäre vermessen. Eher unauffällig entwickelte sie sich mit den Jahren. Das hatte seine Stetigkeit, Stille und, mit Verlaub, Zartheit. Entsprach das doch unseren Charakteren.
Brauchte ich Hilfe, hatte ich in Dir einen zuverlässigen Partner. Meine Aktivitäten mußten begrenzt bleiben.
Geredet haben wir über Gott und die Welt. Waren Deine Parts inspiriert von Wissenschaft und Technik, hatte ich es mehr mit Phantasie bzw. Poesie. Gleichwohl, wir kamen uns nie ins Gehege. Im Zweifelsfall hattest Du den längeren Atem und ich das Nachsehen. Du warst ja mein Vater, Wohlerzogenheit gebot mir Zurückhaltung.
Allein das tröstete mich oft über die bittere Erkenntnis, im Besitz einer fundierten Un-Bildung zu sein.
Als die deutsch-deutsche Tragödie zu einer gesamtdeutschen wurde, hatten wir gute Chancen, unsere Partnerschaft mit neuen Impulsen auf Trab zu bringen. Mit der uns eigenen Stetigkeit nutzten wir die Chance, um erneut, jetzt aber öfter, über Gott und die Welt zu reden, zu schweigen und höflich miteinander umzugehen. Jetzt aber öfter. Unserem Prinzip blieben wir auch jetzt treu: dem Prinzip, unsere Person immer außen vor zu lassen.
Meine Ansätze, dieses Prinzip zu durchbrechen, wurden von Dir höflich abgeschmettert. Vielleicht war auch meine Stimme in diesem Moment zu leise. Du weißt, sehr mutig bin ich nicht.
Meine Annahme, der Vater müsse sich zum Sohn bewegen, ihn, wie man so schön sagt, »beiseite nehmen«, den Kopf waschen oder ans Herz drücken, fand ich in Deiner Anlage der Vaterrolle nie so recht bestätigt.
Als Kind habe ich Dich nicht so sehr vermißt. Entschuldige, aber es war viel schicker, in den Westen zum Papa zu fahren,

dort von ihm verwöhnt zu werden und mit Westklamotten zurückzukommen, als sich abends vom gestreßten Vater wegen einer der üblichen Pflichtverletzungen abkanzeln zu lassen.
Als ich älter wurde und mit den rätselvollen Fragen des pubertär Mutierenden allein gelassen war im »Haushalt der Weiber«, da fehltest du mir schon. Ich mußte zwecks Erstellung eines Schlipsknotens zwei Straßen weiter zum Vater eines Freundes laufen. Zwei Stunden vor Beginn der Oberschulfete.
Papa, Du warst mir ein zuverlässiger Freund. Aber als Vater eine ziemliche Niete. Ich weiß, es gehören zwei dazu. Stimmt. In diesem Fall muß ich Dir entgegenhalten, 1½ Du, ½ ich. Ist nun mal so. Bis zum Lebensende. (Ich weiß, wovon ich rede. Erlebe mit meinem Sohn zur Zeit das gleiche Desaster. Stimme des Blutes.) Und merke: Höflichkeit ist eine Zier, doch weiter kommst Du ohne ihr. Wir müssen uns unbedingt treffen, ich habe Dich sehr gern, bis bald

Dein Sohn

Ein Brief, der nie geschrieben wurde.

Die Nachrichten sind jeden Tag gleich. Der Zustand unverändert kritisch. Immer seltener die Augenblicke bei Bewußtsein. Almuth besucht ihn jeden Tag. Sie leidet bei seinem Anblick. Meine Schwester stößt aus der Schweiz dazu. Mine fährt mit dem Zug nach D.
Endlich kann ich mit dem Professor sprechen. Natürlich ist er in einer fatalen Situation. Was war in der Unglücksnacht geschehen? Wie konnte es zu dem Sturz kommen? Warum ist es nicht schnell genug bemerkt worden?
Aber mir liegt nichts an Schuldzuweisungen. Vielmehr ist mir wichtig, dem Arzt klarzumachen, daß mein Vater nicht bedingungslos an seinem Leben hängt. Ein Ende mit Würde wäre ihm wichtiger als endloses Dahinvegetieren.
Meine Schwester meldet die naheliegende Befürchtung an, daß nach der langen Zeit des Komas mit Hirnschädigungen zu rechnen sei.

Dem Professor gelingt es, uns davon zu überzeugen, daß der momentane Eindruck für den Laien beunruhigend wirken möge, daß aber tatsächlich die Chance einer völligen Genesung durchaus gegeben sei.
Dieser Gedanke erscheint uns so verlockend, daß wir klein beigeben. Ich nehme dem Arzt das Versprechen ab, die Maschinen sofort abzuschalten, wenn keine Hoffnung auf geistige und körperliche Wiederherstellung besteht.
Der Professor ist ein versierter Rhetoriker. Nach kurzer Zeit sind wir gebannt und lauschen wie Gymnasiasten. Zwei Dinge beginnen mich zu irritieren. Warum hat die gottgleiche Koryphäe über eine Stunde, ohne sich zu beschweren, auf uns gewartet? (Ich hatte mich auf der Autobahn verspätet.) Und warum die wortreichen Erklärungen? Der Mann hat ein schlechtes Gewissen. Er muß sich und seine Klinik rehabilitieren. Sollte das die ärztlichen Bemühungen intensivieren, kann es mir nur recht sein.
Die neue Marschrichtung lautet: Luftröhrenschnitt. Durch diese Erleichterung würde die Atmung normalisiert, dadurch der Kreislauf stabilisiert, die Widerstandskraft verstärkt, der Körper könne sich erholen und und und.
Gedämpfter Optimismus liegt über unserer Verabschiedung. Ich fahre nach Berlin.
Die erhoffte Besserung tritt nicht ein. Im Gegenteil, die Qualen verstärken sich. Mine und Möni sitzen tapfer am Bett des Todkranken.
Am späten Nachmittag treffen wir am Telefon die Entscheidung, das Abschalten der Geräte zu veranlassen. Vater hat jetzt noch höchstens eine Stunde zu leben. Ich mache mich in Berlin auf den entscheidenden Anruf gefaßt.
Meine Tochter besucht mich. Ich schildere den Stand der Dinge. Spontan sagt sie: »Fahr hin.«
»Es ist in jedem Fall zu spät.«
»Egal, du kannst die Frauen unterstützen.«
»Ich habe morgen Probe.«
»Ich sage Bescheid. Man wird das verstehen. Fahr, es ist besser für dich, als hier zu warten.«
»Du hast recht.«

Ich fahre wie von Furien gehetzt. Mein Verstand sagt mir, daß es aussichtslos ist, daß ich Vater nicht mehr lebend antreffe. Trotzdem kämpfe ich um jede Minute. Malerische Wolkenberge begleiten mich auf meiner Hetzjagd.
Der Winter hat sich angemeldet.
Ein scharfer Wind geht.
Auf den Höhen des Harzes sind Minusgrade.
»Erlkönig« fällt mir ein und »Stafette in Alaska«. Mehrere Hundeschlitten versuchen, rettendes Serum in einen vom Eis abgeschnittenen Ort zu bringen.
Das Krankenhaus zeigt sich nächtlich verstummt.
Rechts oben steht ein kalter Mond.
In der Ferne das Geräusch eines schnell fahrenden Eisenbahnzuges.
Ich habe es nicht mehr eilig. Lasse mir Zeit beim Parken des Wagens.
Gehe langsam zum Portal.
Ich weiß nicht, auf was ich hoffen soll.
Tod wäre Erleichterung und Trauer, Leben wäre Freude und Beunruhigung.
Die Szenerie im Krankenhaus ist unverändert.
Der aufgebahrte, um jeden Atemzug ringende Körper, am Kopfende flankiert von den getreuen Frauen.
Was geht hier vor?
Sämtliche Geräte arbeiten scheinbar unverändert.
Hastig flüsternd verständigen wir uns.
Das Personal hat unseren Entschluß am Abend zur Kenntnis genommen.
Offensichtlich werden aber die Entscheidungen woanders getroffen. Ich bin empört.
Da ein Mißverständnis ausgeschlossen ist, kann es sich nur um Ignoranz handeln. Das Nachtpersonal ist freundlich, für unser Problem nicht kompetent. Ich empfinde die Kälte des Ausgeschlossenseins.
Erneut zu insistieren wagen wir nicht. Wir fühlen uns plötzlich als Erbschleicher, gelegentliche Blicke der Schwestern scheinen diesen Eindruck zu bestätigen.

Erregt zeigt meine Schwester auf die obere Ecke von Vaters Krankenakte. »Eine rote Markierung, eine Kennzeichnung, daß Vater Privatpatient ist.«
»Ja, und?«
»Das bedeutet, jeder neue Krankenhaustag bringt bares Geld. Bei der Exklusivität seiner Behandlung sind das enorme Summen.«
Die Konsequenz dieser Behauptung nimmt mir den Atem. Ich will das nicht wahrhaben. Hieße das doch, die Weiterführung der Prozedur nicht energisch genug verhindert zu haben, sich schuldig gemacht zu haben.
Die Nacht ist lang. Wir gewöhnen uns an den stöhnenden Körper. Die Fähigkeit des Menschen, sich anzupassen, ist schier unbegrenzt.
Wir verfallen in einen heiteren Plauderton.
Kurz nach Kriegsende starb meine Großmutter. »Ditte«, wie meine Schwester damals genannt wurde, schrieb dem traurigen Großpapa einen Kondolenzbrief: »Lieber Großpapa! Sei nich traurig. Die Haubsache is, du hast Kartofel!«
Wir sehen uns nicht oft und nutzen die Gelegenheit, Neuigkeiten auszutauschen.
Draußen wird es langsam hell.
Das Zimmer wird aufgeräumt, der Kranke versorgt.
Wir ergreifen dankbar die Gelegenheit zur Flucht.
In einer bescheidenen Kaffeestube würgen wir an trockenen Schrippen und Kaffee.
Wir kommen zurück.
Uns wird mitgeteilt, daß nun die Geräte abgeschaltet würden.
Wir sind zu müde zum Diskutieren.
Kein Professor zeigt sich. Kein leitender Arzt. Lediglich der Diensthabende und der auch nur kurz. Die Crew kann zufrieden sein, ein weiterer Tag ist im Kasten.
Wir stehen um das Bett herum.
Vater stirbt.
Sein Gesicht wird ernst. Als konzentriere er sich auf eine kleine Ansprache.
Ich denke jeden Moment, er wird reden.
Doch, wie so oft, er zieht sich zurück, übt Diskretion.

Ein Gentleman auf der Schwelle des Todes.
Adieu.
Danke, Sir.
Der grüne Fußball auf dem Monitor hüpft immer niedriger.
Schließlich rollt er nur noch. Tropft in die Dunkelheit.
Ich spreche das Vaterunser, es ist vollbracht.
Ich habe lange überlegt, wie man zu einem Toten im Grab eine Beziehung knüpfen könnte. Eine Beziehung ganz praktischer Natur. Die gefühlsmäßige Beziehung erscheint mir auf längere Zeit gefährdet.
Ich habe eine Idee. Ich schreibe für meinen Vater ein Gedicht.
Eine Stunde vor Beginn des Festakts besuche ich ihn in seiner kühlen Dependance. Er trägt seinen schlichten braunen Anzug, die schöne Seidenkrawatte, die wir ihm vor Jahren zu Weihnachten schenkten.
Die Hände sind auf der Brust gefaltet. Ich erschrecke über die Kälte seiner Haut, die fahle Farbe. Die Fremdheit. Er ist es und ist es nicht.
Ein erhabener Gedanke will sich nicht einstellen.
Hastig schiebe ich das Gedicht in seine Jackentasche.
War da nicht ein Widerstand gegen meine Hand?
Natürlich, die Totenstarre. Was denn sonst?
Ich flüchte.
Am Grab werde ich einen Bezugspunkt haben. Das Prinzip Hoffnung. Es fällt mir schwer, meine Gefühle zu mobilisieren.
Ich bin müde.
Kommt Zeit, kommt Rat.
Lieber Gott, laß mich schlafen...

»Wie denken Sie heute über diese Zeit?«
»Ich bin noch nicht fertig damit.«
»Reichlich ein Jahr ist vergangen.«
»Ich komme mit meiner Arbeit nicht zum Ende.«
»Es ist nicht nur der Verlust?«
»Ich habe versagt. Ich habe ein Versprechen nicht eingehalten. Aus Feigheit. War der nächtliche Unfall von ihm beabsichtigt? Er hat sich erwachend an Schläuchen gefunden, wollte er sich gegen

bevorstehende Qualen wehren, selbst eine Entscheidung herbeiführen? Ich habe ihn allein gelassen.«

»Zu diesem Zeitpunkt blieb Ihnen nichts weiter übrig. Sie konnten die medizinische Situation nicht einschätzen.«

»Ein vierundachtzigjähriger Mann mit der Einstellung, sein Leben gelebt zu haben, ist in einen Maschinenpark eingezwängt, der sein Leben erhalten soll. Damit sich der Körper nicht wehren kann, hat man ihn mit Lederriemen am Bett festgeschnallt. Dieses Bild läßt mich nicht los. Ich habe ihn in seiner Hilflosigkeit allein gelassen, um in Berlin auf der Bühne einen komischen Mann in einer Blechrüstung zu spielen.«

»Sie haben das getan, was Sie tun konnten und mußten.«

»Der Verstand ist das eine, dann ist da noch das Gefühl. Und das Gefühl der Schuld bleibt.«

»War Ihr Vater immer zur Stelle, wenn Sie seine Hilfe brauchten?«

»Sicher nicht. Er war eben zurückhaltend. In jeder Beziehung.«

»Sie sind der Sohn Ihres Vaters.«

»Ein Versteckter hat sich endgültig versteckt.«

»Wie hätte Ihr Vater heute auf Ihre Krankheit reagiert?«

»Er hätte gesagt: ›Junge, ich wünsche dir, daß bald alles wieder so wird, wie es war.‹«

»Sie sagen das nicht ohne Wehmut?«

»Weil es mich wieder enttäuscht hätte.«

»Was hätten Sie erwartet?«

»Ich weiß es nicht.«

## *Jetzt stell dir vor, du bist tot*

Es gibt Menschen, die durch Unauffälligkeit auffällig werden. Durch Leisheit. Klaus ist so einer. Er ist groß gewachsen, teigig, ein sanfter Riese. Wenn er redet, versteht man ihn kaum. Schnell geraten ihm die Silben durcheinander, seine Stimme verschwindet irgendwo. Sein breites, freundliches Gesicht ist mit allerlei Hautunreinheiten übersät. Das Haar dünn, halblang, gepflegt, sein ganzer Stolz. Kleidung interessiert ihn wenig. Trainingshose, T-Shirt, unsäglich schlappende Badelatschen. Er geht wie auf brüchigem Eis. Seinem Körper scheint es ständig peinlich zu sein, daß er da ist.

*Klaus (32)*
Aufgewachsen im Oldenburgischen. In einfachen ländlichen Verhältnissen. Das Leben wird ihm in dieser Enge unerträglich. Die Sehnsucht nach Kunst, nach Welt, nach Sinn treibt ihn nach Berlin.
Sein Facharbeiterbrief als Fernmeldetechniker genügt ihm nicht. Er möchte mehr Geld verdienen. Die reichen Angebote der Theater, der Buchläden wahrnehmen. Er beginnt ein Abendstudium. Das Lernen macht ihm Spaß. Er geht ins Kino, konsumiert Kunst wie andere Zigaretten. Er rennt ins Theater. Schauspieler ist für ihn ein Traumberuf. (»Alles mal sein dürfen.«)
Das Studium bringt ihm keine Verbesserung. Entsprechende Vereinbarungen mit seinem Arbeitgeber sind versäumt worden. Es kommt zum Abbruch.
Er dümpelt weiter in dem verhaßten Betrieb, repariert marode Telefonleitungen. Er findet nirgends Anschluß. Seine Arbeitskollegen sind ihm in ihrer Anspruchslosigkeit zuwider. Seine Schüchternheit verwehrt ihm den Eintritt in die Kreise der Kunst, der Literatur. Mehr und mehr wird er zum Einzelgänger. Er fühlt sich minderwertig und überflüssig. In der Arbeit wird er unzuverlässig, macht Fehler, wird von Außenstelle zu Außenstelle geschoben.

Fühlt sich auch hier abgelehnt. Hinzu kommt eine Isolierung im privaten Bereich. Es gibt keine Freunde, für die Frauen fehlt ihm der Mut. Die Familie meidet er aus Stolz. Schließlich hat er keine Erfolge vorzuweisen. Das Leben spielt sich fast ausschließlich in seinen bescheidenen vier Wänden ab. Er liest, sieht Sport im TV und schläft.

Durch häufige Krankmeldungen versucht er den Arbeitsplatz zu meiden. Er versteckt sich. Er versucht sich zu töten. Wie alles mißlingt ihm auch das, er kommt in dic Bonhoeffer-Klinik.

Er landet in der Station 9. Das ist ein Auffangbecken, hier wird eingesammelt und sortiert. Nach einer ersten Rundumbehandlung werden die Kranken auf die entsprechenden Therapiebereiche verteilt. Klaus meint, eine Therapie mit links absolvieren zu können. Mißt ihr nicht allzuviel Bedeutung bei. Für ihn ist seine Erkrankung eine Art Grippe, sagen wir Heiserkeit. Eine Infektion hat seine Stimme gelähmt, es ihm unmöglich gemacht, sich mitzuteilen. Nach erfolgter Heilung werde alles ins Lot kommen und seine Lebensmisere beendet sein.

Es kommt anders. Kleine Anfangserfolge hatten ihn übermütig gemacht.

Der Absturz widerfährt ihm auf der neuen Station. Die Menschen bedrängen ihn, er fühlt sich vereinnahmt. Die Therapiegespräche verstärken sein Chaos. Jahrelange partnerschaftliche Abstinenz machen ihm das Einleben unmöglich. Er versteckt sich wieder. Bleibt eine Woche lang in seinem Zimmer. Wagt sich nicht in den Aufenthaltsraum, geschweige denn in den Park.

Einmal treffe ich Klaus auf dem Gang, erkundige mich nach der Schwester. »Sie ist vorn auf ihrem Beobachtungsposten. Du wirst hier immer beobachtet. Ein Teufelsbau. Ausgeklügelt, damit der Mensch nicht mehr Ich sein kann. Damit er in der Gesellschaft funktioniert. Entsprichst du nicht mehr der gesellschaftlichen Norm, bist du deren Feind, mußt du umgekrempelt werden. Dazu bedarf es einer ständigen Kontrolle. Kennst du Orwell?«

Klaus gibt sich intellektuell überlegen. Möchte gern ein Zyniker sein. Versucht damit seine Ratlosigkeit zu überspielen. Seine Hände sind immer in Bewegung. Mit der einen fährt er sich ständig durch die Haare, die andere wischt mit einer Zeitung fahrig durch die Luft, als wolle er Fliegen fangen.

Ich frage ihn, ob er mit zum Sport kommt. Wir könnten eine Partie Badminton spielen. Dieser Vorschlag scheint ihn zu überraschen. Er weicht aus, schiebt Verpflichtungen vor, ist aber schließlich einverstanden. Er spielt überraschend gut. Zeigt bald Ehrgeiz. Es gibt sogar Temperamentsausbrüche. Er macht einen ulkigen Sprung. Ich taufe ihn Rösselsprung. Als wir uns trennen, sage ich: »Auf Wiedersehn, Herr Rössel.«

Beim Abendessen wird er verschiedentlich mit Herr Rössel angesprochen. Er lacht, mit einem hohen meckernden Ton, fährt sich durch die Haare. Lehnt sich zurück. Plötzlich sieht er zufrieden aus.

Freitag, 23.4.93

Ich bleibe hartnäckig. Ich möchte den Nachweis erbringen, daß die Krankheit nicht nur eine Krankheit der Patienten ist. Warum sollte es meiner Psyche schaden, wenn ich einen mein ästhetisches Empfinden verletzenden Mißstand beseitige. Es geht um das Unkrautbeet.

»Dafür sind andere Abteilungen zuständig.«

Das ist stupides Ressortdenken. Außerdem höre ich Überheblichkeit heraus. In den Gartenanlagen sieht man nur chronisch Kranke arbeiten. Unheilbare, Schwerstbehinderte, die ihr Leben in dieser Einrichtung beenden werden. Hätte das also mit Abstieg zu tun? Ist es unter der Würde eines Patienten der psychosomatischen Station?

In der Klinik-Hackordnung rangieren wir ganz oben. Unter den Blinden ist der Einäugige König.

Die Aktion wird zum Ventil meiner Frustrationen. In meinem ureigenen Interesse und im Interesse einer Belebung der Strukturen mache ich dieses Gefecht zum Tagesprogramm. Ist der Selbsterhaltungstrieb im Spiel, werden scheinbare Nichtigkeiten zu Schicksalsereignissen.

Mich wundert, daß viele den Kasus Knacktus erst jetzt zu bemerken scheinen: »Ach so, das Gebüsch.«

Gleichgültigkeit, tägliche Selbstanalyse führen zur Lethargie. Narzißhaft wird in sich herumgeschwelgt. Wo bleibt das Training der Lust an der Auseinandersetzung, der Teilnahme am Leben, Vorausetzungen für ein Bestehen draußen?
In der Gruppentherapie kommt es zu einer Diskussion über die Gartenarbeit. Nicht ich war der Initiator. Der schweigsame Thomas zeigt sich erstaunlich beharrlich. Die Antwort bleibt höflich bestimmt: Kein Thema.

Sonnabend/Sonntag, 24./25.4.93
Mine und ich haben ein Picknick geplant. Ausflug nach Lübars. Das hört sich ländlich-romantisch an. Mine wird einen leckeren Imbiß vorbereiten. Wir werden die Reizthemen meiden und nur den Frühling und unser Zusammensein genießen.
Als ich ins Auto steige, habe ich das Gefühl, entronnen zu sein, als tauchte ich in einen angenehm milden See. Vor mir nur Weite und Frieden. Lübars stellt sich als verwinkelte Gartenkonstruktion heraus. Überall Festivitäten. Unzählige sonnenhungrige Menschen. Gerät die Szene bukolischer, handelt es sich immer um einen Reiterhof mit den entsprechenden Einschränkungen. Das stille, ungestörte Plätzchen finden wir nicht. Wir hasten von Gestade zu Gestade. Wir fühlen uns abgewiesen. Wir sind Störfaktoren.
Bei unserem Herumirren wechseln wir über die Grenze. Die vielen Versuche, den Westen kennenzulernen, führen uns immer wieder in den Osten. Welche Symbolik!
Den Täter treibt es...
Wir landen in Glienicke. Alles andere als das Traumziel Erholungssuchender. Hier finden wir zwar Weite und Abgeschiedenheit, aber auch Müll. Müll in allen Variationen. Vom Autokadaver bis hin zu Matratzen, Kühlschränken, Küchenmöbeln, Sesseln, Bierbüchsen, Joghurtbechern, Fernsehgeräten. Mirallesegal-Mentalität legt sich lähmend über das Land.
Da ist sie wieder, meine Trauer, die tückische Lähmung an Geist und Seele. Ich will heute nicht erliegen. Ich will unseren Tag. Wenn es sein muß, mit Gewalt.

Mine gibt sich gelassen. Über den Dingen stehend. Ordentlich drapiert sie Speis und Trank. Werkelt an der Idylle.
Ich kämpfe gegen einen lästigen Fliegenschwarm und meine schlechte Laune. Die Sonne brennt mittäglich – ich ziehe das Hemd aus, lüfte den verbiesterten Körper. Ein schneller Blick verrät mir, daß sich das Picknick aus hastig zusammengekauften Supermarktartikeln zusammensetzt. In meiner Vorstellung hatte der selbstgebackene Kuchen eine Rolle gespielt, die langwierig zubereitete Lieblingsspeise.
Was maße ich mir an? Habe ich überhaupt Anspruch auf Wünsche? Ich grüble.
Mine reagiert ungeduldig.
»Geht es um die Zukunft oder Vergangenes?«
»Es geht um die Zukunft.«
»Spielt das Theater dabei eine Rolle?«
»Nein.«
Der Rotwein stimmt mich milder. Wir schaffen es, viel Zeit einer graugrünen Raupe zu widmen. Sie hat akkurate rote Pünktchen am Kopfteil und überall Babyflaum.
Am Abend machen wir einen langen Spaziergang. Um uns nur Rieselfelder. Mit dem dazugehörigen Duft.
Wir sind ruhig. Der Himmel zeigt ein spannungsvolles Licht. Nachtvögel stoßen Warnrufe aus, Blätter rascheln.
Wir halten uns fest umarmt, stolpern von Feldrain zu Feldrain.
Keiner redet.
Ich empfinde Alter.
Aber nicht unangenehm.

Montag, 26.4.93
Kalt erwischt mich die Montagklatsche.
Die Musiktherapie bringe ich, ohne auffällig geworden zu sein, hinter mich. Niemand fühlte sich irritiert. Bin auf dem besten Wege, ein Gruppenmensch zu werden.
Zum Wohle der Gruppe. Der Begriff Gruppentherapie erfährt für mich neue Bedeutung. Es gilt, die Gruppe zu therapieren. Ich hatte immer gedacht, es ginge um mich.

10 Uhr Gruppentherapie.
Das Thema Unkrautbeet entwickelt sich zum Dauerbrenner. Neben der Masse der Gleichgültigen gibt es inzwischen einige Mitstreiter. Frau Doktor gerät in die Enge.
»Natürlich finde ich die Idee gut. Aber allein die Tatsache, daß, solange ich hier tätig bin, nie ein solches Ansinnen an mich herangetragen worden ist, bestätigt doch, daß es sich um einen ungewöhnlichen Vorgang handelt, der entsprechend bedacht werden muß.«
Mir platzt der Kragen.
»Könnte man nicht zur Abwechslung mal eine Sache so einfach sehen, wie sie ist: Da ist ein Schandfleck, der weg muß. Also tun wir's doch.«
»So einfach ist das eben nicht.«
»Außerdem täte uns das sehr gut. Die Faulenzerei grenzt ja schon ans Unmoralische. Wir leben wie in einem Gewächshaus. Beim ersten Windhauch draußen fallen wir um. Körperliche Arbeit bringt auf andere Gedanken. Und ein kleines Erfolgserlebnis kann auch nicht schaden.«
»Wobei wir beim entscheidenden Punkt wären. Dieses Erfolgserlebnis lenkt von Ihrer eigentlichen Arbeit ab. Sie müssen zu sich finden. Dieser Prozeß ist langwierig und bedarf großer Geduld und Konzentration. Über Jahre hat sich ein Defizit angehäuft, bedingt durch vielerlei Ablenkung, ähnlich dem Beispiel unseres Gartens, im Augenblick immer der einfachere Weg. Momentane Befriedigung schnell herstellbar. Ich denke mal, was Ihnen im Moment lächerlich erscheinen mag, hat durchaus Berechtigung.«
Eine überraschende Wendung. Ein Gedanke, über den sich nachzudenken lohnt.
Trotzdem muß ich weiter dagegenhalten. Ich bin es mir schuldig.
»Also, wenn ich rumsitze, kommt es zu keiner Konzentration. Im Gegenteil. Da kann ich mich nicht finden. Vielleicht habe ich noch nicht die notwendige Reife des gestandenen Patienten.«
»Ich werde über den Fall nachdenken. Außerdem gilt es, Vereinbarungen zu überprüfen. Ich denke mal, daß die Abteilung Gartenbau das als einen Eingriff in ihre Kompetenz verstehen wird. Das unterliegt alles gewissen Absprachen.«

»Unkraut vergeht nicht«, sage ich, um eine freundliche Pointe zu landen.
Keiner lacht.

Dienstag, 27.4.93
8 Uhr, Beschäftigungstherapie.
Ich habe mich als einziger ganz auf Tonarbeiten verlegt. Es gibt keine störenden Vergleiche. Es ist Neuland für mich, und wenn ich durchhalte, kommt sogar noch etwas dabei heraus.
Nach der Pause entsteht Bewegung. Ich erfahre, daß der zweite Teil der Therapie als Gruppenarbeit angelegt ist. Mit ihrem Junge-Gemeinde-Charme verkündet 's Mädel, daß heute gemeinsam ein Bild gemalt werden soll.
Das sind die Dinge, vor denen ich den größten Horror hatte. Die heiter beschwingte Gemeinsamkeit. Ich weiß, es könnte mir nicht schaden, auf diesem Gebiet etwas aktiver zu sein, aber auch Rhizinus soll nützlich sein, trotzdem versucht man es möglichst zu meiden. Ich kriege wieder meinen Koller.
»Ich werde nicht mitmachen. Ein Bild kann man nicht im Kollektiv malen, das ist ein Widerspruch. Ich bin ein nervöser Mensch. Ich kann das nicht ertragen, wenn neben mir einer mit dem Stift rumkratzt und mir womöglich mein Gemaltes versaut. Außerdem bin ich kollektivgeschädigt. Ein Leben lang hat der Appell zum ›kollektiven Denken‹ wie eine fette Kuh auf meinen Nerven herumgetrampelt. Davon habe ich die Nase voll.«
Wieder alles zu wild und unverhältnismäßig. Versuche zu kitten.
»Zusammen etwas zimmern oder bauen, das könnte ich mir eher vorstellen.«
»Was zum Beispiel?«
»Zum Beispiel einen Tisch.«
»Dazu fehlt es an Material.«
»Eine Unruhe, Figuren an Schnüren, die sich bewegen.«
»Was könnten das für Figuren sein?«
»Eine Schafherde. Hirte, Hund, vielleicht ein Kirchlein, Wolken, eine Sonne.«

»Dann machen wir doch das.«
Die Reaktion der Gruppe: Desinteresse. Parole: Über die Runden kommen.
's Mädel hat geschickt einen Renitenten besänftigt, ihn unauffällig zum Mitmachen verpflichtet.
Skizzen werden angefertigt.
»Hat ein Schaf hängende oder hochstehende Ohren?«
»Hat's überhaupt welche?«
»Bist du blöd, der Schwanz reicht nicht bis in die Kniekehle, ist doch nur ein Stummelschwanz.«
»Peter, mal mal 'n Hirten.«
»Das Ganze übertragen wir dann auf Sperrholz und sägen es aus.« –
Eine komische Situation. Ein halbes Dutzend erwachsener Menschen sitzt stundenlang um einen Tisch und verfertigt Holzschäfchen.
Immer noch besser als Schießgewehre.

Eine Sensation!
Herr E., sympathischer Herr mit Nickelbrille und Pfeife, Oberpfleger in der unteren Abteilung, schreitet mit einer Hacke und einer Harke über den Innenhof. Feierlich lehnt er die Geräte an die Gartenmauer. Blickt hoch zu unserer Terrasse.
»Ihr wollt doch wat machen.«
Das hört sich bei ihm an, als würde er sagen, ihr wollt doch mit Pflastersteinen eine Suppe kochen.
Immerhin ist er einiges gewöhnt und zeigt Gelassenheit.
Ich empfinde Genugtuung. Gleichzeitig kommt mir das Ganze reichlich kindisch vor. Ich laß Hacke Hacke sein und verstecke mich hinter einem Buch. Vielleicht fängt ja ein anderer an. Aber keiner hat das Bedürfnis, unseren Sieg in die Tat umzusetzen. Schließlich halte ich es nicht mehr aus, steige die Treppe runter, greif mir die Hacke und fange an zu arbeiten.
Sicher wird mein Beispiel Schule machen.
Nichts rührt sich.
Ich arbeite schweißtreibend.
Fülle blaue Foliensäcke mit Unkraut.

Das Haus ist ausverkauft, das Publikum schweigt.
Ist das Kritik an meinem Aktionismus?
Desinteresse?
Oder einfach nur Faulheit?
Man konzentriert sich auf das »Sichfinden«. Bei Marlboro und »Funk-Uhr«.
Die Arbeit macht mir Spaß.
Nach einer Stunde sind erste Erfolge erkennbar. Schwester P. bringt mir eine Flasche Mineralwasser.
»Ich dachte, es käme noch jemand dazu.«
In ihrer Stimme klingt Mitleid.
»Habe ich auch gedacht.«
Zuruf von der Terrasse: »Na, Kollege Gärtner, schon Blasen?«
»Vielleicht. Jedenfalls nicht am Hintern wie andere Herrschaften!«

15 Uhr Kunsttherapie.
Ich male ein angstverzerrtes Gesicht. Um den Hals ein kurzer Strick. An einem Baum befestigt. Der Mensch versucht, sich zu befreien. Diesmal kein künstlerisches Motiv. Das ist meine Situation.
Das Bild stößt auf Ablehnung. »Sieht ja gräßlich aus.«
Beschließe, das Malen zu lassen. Komme damit nur in zusätzliche Zwänge. Was soll das?
Frau M. ist gelernte Keramikerin. Ich will mich auf den Ton konzentrieren. Werde die Augen offenhalten und mir Kenntnisse aneignen. Frau M. zeigt sich erfreut. Keiner müht sich in ihrem Metier. Die Frau ist eigentlich ganz nett. Wenn sie lacht, sieht man einen schiefen Zahn.

17 Uhr Einzeltherapie.
»Sie haben gesagt, als Ihre Frau Sie nach dem Picknick hergebracht hat, hätten Sie sich wie abgeliefert gefühlt. Erklären Sie das genauer.«
»Die Ausschaltung meines Willens. Man geht mit mir um. Wenn man etwas abliefert, ist man es los. Das hat auch was mit Pflicht zu tun. Einer lästigen.«

»Wie hat Ihnen das Picknick gefallen?«
»Gut.«
»Haben Sie auch früher ähnliche Ausflüge unternommen?«
»Massenhaft.«
»Ich habe mir Ihre Bilder angesehen. Ist der schwarze Mann Ihr Vater?«
Diese Therapeuten! Können nicht anders. Papa und ein schwarzer Mann!
»Nein, Roberto Blanco. Entschuldigung, war blöd.«
»Find ich auch.«
»Ist der Lagerkoller.«
»Wie kommen Sie denn auf so was?«
»Keine Ahnung.«
»Ich denke mal, das müßte man genauer untersuchen.«
»Haben Sie das Beet gesehen?«
Sie tut überrascht.
»Ach so, ja... Hat es also geklappt?«
»Alles in Ordnung.«
»Keine Klagen mehr?«
»Wunschlos glücklich.«
»Das hört man selten. Übrigens, es hat keiner mitgeholfen?«
Schade, daß sie ihren Triumph nicht ganz verbergen kann.
»Doch, Schwester P., sie hat mir Mineralwasser gebracht.«
»Sie sagte, daß Sie traurig darüber waren, daß niemand mitgemacht hat.«
»Da irrt sie. Übrigens... um Mißverständnissen vorzubeugen, ich habe unverändert die Absicht, *mich* zu therapieren, nicht die Gruppe.«
»Dann sind Sie ja auf dem richtigen Wege.«

Mein »Garten« verschafft mir ein gutes Gefühl. Interessante Pflanzen sind zum Vorschein gekommen. Einige zarte Blüten. Die Resonanz könnte größer sein.
Ein tuckerndes Fahrzeug erscheint. Ein introvertierter Jesuskopf lädt einen fünfzehn Meter langen Gartenschlauch ab.
»Zum Sprengen.«
»Moment, der ist viel zu lang für unseren kleinen Hof.«

Schweigen.
Folgt jetzt die Bergpredigt?
Nach einer halben Stunde liegt ein neuer Schlauch auf dem Hof.
Er ist zehn Meter lang.
Ich sprenge.
Kräftig sprudelnder Regen.
Die Pflanzen singen.
Ich empfinde den Vorgang wie eine Dusche nach dem Fünf-Kilometer-Lauf.
Am Nachmittag Besuch meiner Schwester.
Als sie in einer Ehekrise steckte, habe ich mich ins Flugzeug gesetzt und sie besucht. Das fand ich normal. Gerettet habe ich nichts, ihr vielleicht einen guten Nachmittag verschafft.
Sie ist durch Zufall in Berlin.
Ich bin nervös.
Wie wird ein Mensch von »draußen« diese Welt verkraften?
Wie wird er *mich* verkraften?
Ich zimmere mir Konzeptionen zurecht. Verwerfe sie.
Zimmere neue.
Bereite mich vor wie auf eine Rolle.
Rasiere mich.
Deo.
Creme.
After shave.
Bloß keinen Krankenhausmief.
Immer wieder der Blick zur Uhr.
Endlich Mines Autohupe.
Zwei fröhlich winkende Frauen unter blühenden Apfelbäumen.
Alles ist gut, ich bin nicht mehr allein.
Mines Blick ist vorsichtig prüfend. Meine Schwester gibt sich heiter gelassen. Alles ganz normal.
Wir lagern im grünen Gras.
Wie von einem französischen Impressionisten gemalt.
Der Hund stöbert unter der Hecke.
Auf der ausgebreiteten Decke Kuchen und Obst.
Ich erzähle ununterbrochen. Von Therapiegesprächen, Musik, vom Bildermalen, skurrilen Käuzen, Keramikarbeiten, Anekdo-

ten. Von einer bewegten Welt. Nichts von Einsamkeit, Selbstzweifeln, Zukunftsängsten.
Verteidige ich schon etwas?
Gehöre ich schon hierher?
Meine Erzählungen geraten unter der Hand zum Urlaubsbericht.
Gern hätte ich Ballast abgeworfen. Meine Schwester bleibt mir fremd.
Beginne die Schwierigkeiten zu ahnen bei Begegnungen mit »draußen«. Die Schere zwischen Wollen und Können.
Wir verabschieden uns.
Der erste wahre Moment unserer Begegnung. Beide spüren wir das Defizit. Jeder hatte es anders gewollt.
Auch in Mines Blick Enttäuschung, Ratlosigkeit. Wie soll man's machen?
Ich hoffe auf Aktivitäten meiner Verbündeten, möchte an die Hand genommen werden, und meine Verbündeten scheuen sich, möchten mich nicht bedrängen oder kränken.
Einem Menschen, der immer die Fäden in der Hand gehalten hat, kann man doch jetzt, da er wankt, nicht einfach in die Parade fahren. Diskretion ist angesagt.
O Diskretion. Ein scheußlich Ding!
Mine hat mir einen Brief von Sascha mitgebracht. Rührend täppisch versucht er mir Mut zu machen. Sehe förmlich, wie er beim Schreiben gelitten hat.
Und ich muß heulen. Ich freue mich so sehr über seinen Mut.
Waidwund erreiche ich das sinkende Schiff der Station.
Ausgiebiges Sprengen des »Gartens« verschafft mir Befreiung.
Mir wird der Doppelsinn des Wortes Sprengen bewußt. Mir hat das Sprengen den eisernen Ring um die Brust weggesprengt.
Ich freue mich, Menschen um mich herum zu wissen.

Mittwoch, 28.4.93
Der Morgen des Stühlerückens. Die allseits gefürchtete Vollversammlung. Der Bannkreis des Schweigens.
Nach reichlich zehn Minuten wage ich die Frage, ob eine Vollversammlung immer »ausgesessen« werden müsse.

Die knappe Antwort lautet: »Ja.«
Nach weiteren zehn Minuten erlöst uns Klaus. Er hat eine interessante Idee. Er möchte einen Theaterbesuch organisieren. Eine freie Theatergruppe, zu der er Kontakt hat, spielt »Ella« von Achternbusch. Er könnte billige Karten besorgen.
Die Aktion möchte ich gern unterstützen, zumal gerade Klaus der Initiator ist. Aus seiner trostlosen Passivität ist er aufgewacht, hißt Flagge, das erfordert Respekt.
Aber mein Knacks, das Theater betreffend, ist zu groß. Ich schaff es nicht, mich einzutragen. Die lustlose Reaktion tut weh. Mit gespaltener Seele versuche ich dagegen anzugehen. Gratuliere Klaus zu seiner Idee. Schildere die gemeinsame Unternehmung in den schönsten Farben. Das verfehlt nicht ganz seine Wirkung. Um Mißverständnissen vorzubeugen, melde ich aber Zweifel am Stück an. Immerhin geht es um die trostlose Lebensbilanz einer Frau, einen Horrortrip durch Knast und Nervenkliniken, um Gift und Tod, gespickt mit dem makabren Humor des Herrn Achternbusch. Vielleicht nicht ganz geeignet als positive Stimulanz für eine zerrüttete Seele. Ob man nicht über ein anderes Stück nachdenken sollte. Eine neue Erfahrung: Die Uhren auf Station zwo gehen gemächlicher. Entscheidungen brauchen ihre Zeit. Es wird vertagt.
Das Problem ist zum tiefsinnigen Überlegen freigegeben.
Nach endlich überstandener Versammlung gehe ich zu Klaus, erkläre ihm noch mal meine Bedenken, möchte ihn zum Disput herausfordern, das zarte Pflänzchen seiner Menschwerdung nicht schon wieder verkümmern lassen. Ob mir das gelungen ist, kann ich nicht feststellen. Sein sibyllinisches Grinsen gibt keine Auskunft.
Bis zum Essen ist viel Zeit. Ich geh in den »Garten«.
Erhebliches geht hier vor sich.
An einem ungestüm wuchernden Busch, einer exotischen Fliedervariante, steht ein Mann. Grüner Overall, Strohhut, blitzende Heckenschere. Er scheint just aus einem Gartenkatalog entsprungen zu sein. Im Zeitlupentempo schnippelt er an den trockenen Dolden herum.
Ist hier eine Kamera versteckt? Vorsichtig pirsche ich mich heran. Der Mann ist tatsächlich echt.

»Guten Tag, können Sie mir einen Spaten borgen?«
Auf dem gepflasterten Hof ist ein Sandhaufen. Ich konnte ihn nicht beseitigen, da mir ein entsprechendes Gerät fehlte.
»Da müssen Sie zur Gärtnerei gehen und sich eine Erlaubnis holen, daß Sie die Anlage bearbeiten dürfen. Dann kriegen Sie einen Spaten. Ich brauche meine Geräte.« Schnipp–schnapp.
Ich lege mich unter einen japanischen Kirschbaum und beginne mit der Lektüre des »Zauberbergs« von Thomas Mann.
Meine Mutter hatte mich auf die Idee gebracht: »Es hat viel mit dir zu tun.«
Am Nachmittag kehre ich zurück.
Jemand sprengt den »Garten«. Ich verspüre einen Stich. Eifersucht.
Herr E., Tabakwolkenhersteller und Oberpfleger von Station I, hat sich der Sache angenommen. Er trägt einen schlohweißen Anzug.
Herr John, mein ostpreußischer Nachbar in Seehof, hätte gesagt: Er trägt einen lichten Rock.
Mit Hallo-Nachbar-Timbre rufe ich: »Wie gefällt Ihnen das Beet?«
»Wunderbar. War ja ein Schandfleck. Übrigens, die Gärtnerei hat angerufen, ›Ihr habt da 'n Schauspieler aus dem Osten?‹ Stimmt das?«
»Möglich.«
»Wir hatten hier schon viel Prominenz. Bin schon dreißig Jahre hier. Millöcker war hier. Vorn im alten Klinkerhaus, wo jetzt die Buchhaltung sitzt, hat er ›Gasparone‹ geschrieben. Chet Baker, der Jazzmusiker, war hier, alle war'n se hier.«
Frau M., die Leiterin der Kunsttherapie, naht. In düsterem fußlangen Gewand.
»Kann ich Sie einen Moment sprechen?«
Ihr Ton ist streng dienstlich. Etwas scheint sich zusammenzubrauen. Die Verweigerung der kollektiven Betätigung?
»Ich habe Ihre Plastik abgedeckt. Heute wird es heiß, sie könnte Risse kriegen.«
Sie ist tatsächlich rot geworden.
»Kennen Sie Supervision?«

»Kenne ich von meiner Tochter. Sie ist Lehrerin.«
»Dürfte ich dort Ihre Zeichnungen zeigen?«
»Von mir aus, wenn es Ihnen etwas nützt.«
Na bitte, war doch ein erfolgreicher Tag. Erst in einem Atemzug mit den geisteskranken Genies des Hauses genannt, dann Vorzeige-Irrer bei der Erwachsenenqualifizierung. Es geht aufwärts.

## *Der Zoo*

Unter uns, in der ersten Etage, befindet sich die Station I. Abteilung für chronisch Kranke. Die Raumaufteilung ist identisch mit unserer. Ursprünglich waren beide Etagen mit chronisch Kranken belegt. Die Psychosomatische Abteilung ist das jüngste Kind der Psychiatrie, existiert erst einige Jahre.
Wenige der Patienten in dieser Station I bekommen eine geregelte Therapie. Einige arbeiten auf dem Gelände. Die meisten verbringen einfach ihren Tag. Sie dürfen sich frei bewegen, nur die Mahlzeiten werden gemeinsam eingenommen. Um achtzehn Uhr wird die Tür zum Hof geschlossen.
Im Hof spielt sich in den Sommermonaten der größte Teil des Lebens der Patienten ab. In diesem Mikrokosmos kann man das ganze Spektrum menschlicher Beziehungen studieren. Schrulligkeiten, Primitivitäten, Harmonieversuche, Dissonanzen, Vereinsamungen, grelle Selbstdarstellung. All das wird zum unerschöpflichen Material für stille Beobachtung.
Da gibt es Stars, mittlere Rollen, kleine Rollen, Kleindarsteller und Volk. Ungekrönter Star des Ensembles ist Herr Sigi P. Sigi ist siebenundvierzig Jahre auf »Bonnys Ranch«.
Den größten Teil seiner Jünglingsjahre verbrachte er im Krieg. In Frankreich und Rußland. Danach blieb ihm nicht viel Zeit. Bald landete er in Wittenau. (Lag übrigens in den ersten Jahren in meinem Bett. Welch aufbauende Parallele.)
Sigi ist ein Mann der Tribüne. Wenn er in Form ist, unterhält er mit Stentorstimme in unverfälschtem Berlinerisch die ganze Terrasse. Und er hat es mit der oberen Etage, nicht nur, weil dort hin und

wieder ein Markstück abfällt, auch vom sozialen Anspruch her. Sigi hat es immer in die höheren Kreise gedrängt.

Überraschende Literaturzitate und allerlei Bildungsschnickschnack weiß er publikumswirksam zu verkaufen. Sein zahnloser Charme den Damen gegenüber ist berühmt. Er steht kurz vor seinem fünfundsiebzigsten Geburtstag. Über kühnem Piratenprofil weht eine verwegene, immer noch rotblonde Stirnlocke.

Das zahnlose Schandmaul ist kaffeeverschmiert. Den Kaffeepott trägt er ständig »am Mann« unter dem T-Shirt, immer zum Schnorren bereit. Das T-Shirt zeigt mittig einen mächtigen Kaffeefleck. Die Aufschrift ist vom vielen Waschen kaum noch lesbar. Miami-Beach-Club.

Auf spatenstieldürren Altmännerbeinen, die Hose bis zum Knie hochgeschoben, stolziert er gockelhaft durchs Gelände. Begegnet ihm jemand, kommt der selten ungeschoren davon. Von der launigen Anpflaumerei bis hin zur bissigen Aggression.

Sigi ist ein Original. Man kennt ihn auf dem Campus. Man nennt ihn »Bratkartoffel«. Sein Lieblingsimbiß in der Cafeteria, dem Café »Wahnsinn«. Bekommt er ein Zweimarkstück zugesteckt, leuchten die Augen: »Nachschub für die wunde Seele.«

Henry gehört zu den friedlichen Insassen. Klein, dicklich, Alter etwa dreißig, dichte schwarze Haare, Bubengesicht, wuselt er den ganzen Tag mit Trippelschritten auf dem Hof herum. Zu seinen Verpflichtungen gehört es, den Müllsack zum Container zu schaffen. Das verrichtet er mit heiligem Ernst.

Gyros ist Türke. Er will so gar nicht in den Kreis der illustren Gesellschaft passen. Mittelgroß, untersetzt, ein gutaussehender Mann, der schweigsam seine Tage mit Rauchen und Kaffeetrinken verbringt. Begegnet man ihm, grüßt er höflich und plaudert über das Wetter. Sein Schicksal gibt Rätsel auf.

In einem separaten Teil der unteren Etage befindet sich eine Wohngemeinschaft. Versuchsweise hat man ein halbes Dutzend Patienten zusammengefaßt, um »Draußenleben« zu trainieren. Man versorgt sich weitgehend selbst, kauft mit einem Betreuer zusammen ein, reinigt die Zimmer, plant selbständig.

Die Ausstrahlung der Station I ist niederschmetternd. Es waltet primitive Brutalität. Geringfügiger Anlässe wegen, meist geht's

ums Essen, wird geschrien, auch geprügelt. Das enge Zusammenleben von Männern und Frauen bringt Spannungen. Die Kontrollmechanismen sind verkümmert, das Leben verläuft tierhaft, eben »Zoo«.
Zu allem schreien in unsäglicher Lautstärke Wellensittiche.
Herr E. erzählt mir, zeitweise hätte es dreißig Kaninchen gegeben.

*Dialog im Liegestuhl*

Im Liegestuhl liegt M., eine vollbusige Dreißigerin.
Sigi stolziert heran.
M.: Herr P., wer ist schöner, ich oder mein Freund?
Sigi: Dein Freund.
M.: Sie sind ein Idiot, Herr P.
Sigi: Deswegen bin ick ja hier.

Grundsätzlich wird lamentiert. Die Ärzte sind heimtückisch, die Schwestern habgierig, das Essen ungenießbar. Nie ein Wort der Dankbarkeit. Dabei könnte keiner mehr als einen Tag selbständig »draußen« leben. Neid und Mißgunst sind an der Tagesordnung. Oft kommt es zu spontanen Haßausbrüchen. Die Insassen werden verpflegt, ärztlich betreut, haben ihr Dach über dem Kopf, aber keine Aufgabe. Viele stehen unter Medikamenten. Die Stimmungslage wechselt extrem.
Das ungeschminkte Abbild der Gesellschaft.

Donnerstag, 29.4.93
10 Uhr Gruppentherapie.
Nach überstandenem Töneblabla der Musiktherapie ergibt sich eine Diskussion über deren Sinn und Wert.
Zu meiner Genugtuung stelle ich fest, daß die Irritation nicht nur mein Problem ist. Es herrscht allgemein Ratlosigkeit.
Der Kreis findet sich in der Früh' zusammen. Ziemlich beliebig werden Töne mit allerlei Instrumenten fabriziert. Kommt es zu einer Art »Zusammenspiel«, wird das meist sehr schnell durch die

nächste Beliebigkeit abgelöst. Es gibt keine Stille. Es gibt keine Themen.
Überhaupt fehlt offensichtlich eine Konzeption. Es fehlt das Gespräch. Anfänglich macht Klamauk Spaß, die ersten Ansätze von Kreativität stimmen neugierig. Fehlt jedoch eine Führung, ein Anreiz, Beharrlichkeit, die Suche nach einer Form, stellt sich Ermüdung ein. Das Ergebnis ist das allmorgendliche Schrumm-Schrumm, ein Klingelingeling-Akkustikteppich. Die Zusammenarbeit zwischen Therapeutin und Gruppe ist in einem miserablen Zustand. Unlust und Resignation sind Bremsen jeglicher Kreativität. Die Kommunikationsform Musiktherapie könnte ungemein spannend sein. Wie ich die Stunde momentan erlebe, gibt es nur eine Schlußfolgerung: Weiträumig umfahren.

14 Uhr Einzeltherapie.
»Ist die Tatsache, nicht mehr der bekannte Schauspieler zu sein, ein Grund Ihrer Trauer?«
»Nein. Viel hat mir nie daran gelegen. Manchmal war's ganz nützlich, meist peinlich. Die neue Anonymität empfinde ich so, als hätte ich eine Jacke liegengelassen. Ich stelle den Verlust fest und nehme eine andre. Der Verlust ist erkannt, aber nicht schmerzlich, da genug Jacken da sind.«
»Bei welcher Jacke würde der Verlust schmerzlich empfunden?«
»Bei der allerersten. Der zur Konfirmation geschenkten. Die ist abgewetzt, ausgebeult, speckig, hat alles mitgemacht, die Lebensjacke...«
»Ich denke mal, wir ziehen die Jacke wieder aus und werden etwas deutlicher?«
»Gewissermaßen nackter?«
»Gewissermaßen ja. Ein Feigenblatt ist Ihnen erlaubt.«
»Wie war doch gleich die Fragestellung?«
»Ursachen Ihrer Trauer.«
»Daß ich hier bin.«
»Ich meine, nach der sogenannten Wende.«
»Da war erst mal Freude.«
»Sie sagten, Sie waren bei vielen Beerdigungen.«

»Stimmt. Es gab Enttäuschungen.«
»Enttäuscht über sich?«
»Das sowieso. Ich meine es noch anders. Dinge, die man für vertretbar gehalten hatte, waren in Wirklichkeit schäbig. Nirgends Niveau, nirgends Würde. Wie der Briefträger, der ein gewichtiges Schreiben auf ein entlegenes Berggehöft bringen soll. Den ganzen Tag kämpft er sich durch meterhohen Schnee, klettert steile Felspfade hoch, vorbei an schwarzen Schluchten. Total erschöpft kommt er in der Berghütte an. Der Bauer reißt den Brief auf, wirft einen Blick auf den Inhalt, schmeißt ihn ins Kaminfeuer: ›Eine Reklamesendung.‹«
»Der Briefträger hat seine Pflicht erfüllt. Er hat sich nichts vorzuwerfen.«
»Sein Herz ist kaputt.«

Die Menschen stürmen durch das Stasi-Tor. Sie schlagen die Glastüren kaputt, besetzen das Gebäude. Der Mob tobt.
Ich versuche einen brennenden Sessel zu löschen.
Eine Stimme: »Im Keller ist italienischer Wein!«
Aktenberge auf den Korridoren.
Ich verteidige mit einem Forum-Mann die Hauptkasse gegen eine Überzahl. Meine Waffe ist die Schärpe. KEINE GEWALT.
Ein paar Tage später.
Wir besetzen zu fünft eine Stasi-Dependance in Hohenschönhausen. Die Verantwortlichen beteuern ihre Unschuld.
Wir lassen uns überzeugen. Es handelt sich um internationale Terrorismusabwehr. Sie bitten um Fürsprache. Ich schreibe eine Eingabe an den Runden Tisch. Später werden sie vom Innenministerium übernommen werden. Heute weiß ich, daß dieselben Herren für den RAF-Transfer verantwortlich zeichneten.
Der Chef wurde erst jetzt in Griechenland dingfest gemacht.

In der Erfassungsstelle verstecken sich die Mitarbeiterinnen auf dem Klo. Sie haben Angst vor dem Bürgerkomitee. »Das wird wieder so wie gestern in der Normannenstraße.«

Nachts Wache vor dem gestürmten Stasi-Gebäude. Ich weiß nicht, was ich vor wem beschütze. Mir ist ein Volkspolizist beigegeben. Der sagt: »Noch sieben Tage, dann ist mein Dienst beendet.«

Ein paar Tage später. Zwanzigtausend Stasi-Mitarbeiter müssen entlassen werden. Wie macht man das? Ich kontrolliere Geldtransporte, sorge dafür, daß ein Staatssiegel nach Schöneweide befördert wird, und spreche mit hohen Funktionären.
»Endlich jemand, der mit uns redet.«
Und, die dicke Frau vom Schreibtisch. »Wir haben doch von allem nichts gewußt. Wir haben in unserer Siedlung gewohnt, die übrige Zeit gearbeitet, oft zwölf bis vierzehn Stunden lang. Unsere Kinder haben wir kaum gesehen. Wir dachten, das wär für eine gute Sache. Sehen Sie, ich arbeitete beim Personenschutz. Das gibt's in der ganzen Welt. Ich habe niemandem etwas zuleide getan. Jetzt grüßt mich keiner mehr, ich weiß nicht, was werden soll.«

Ich öffne eine Stahltür im Keller. Eine Sirene ertönt. Flüchte wie ein Hase über die Gänge. Denke, es kommt jeden Moment zu einer Selbstentzündung.

Ich kontrolliere Geldtransporte in Millionenhöhe.

Ich sichere Westgelder.

Ich prüfe ein Siegel des Bürgerkomitees.

Warum tue ich das alles?

Es ist mir immer gelungen, weitgehend das Leben eines Individualisten zu führen. Glück und Sturheit ermöglichten mir die Klippen Parteizugehörigkeit, Gewerkschaftsarbeit, gesellschaftliche Betätigung zu umschiffen. Ich hielt mich für einen unpolitischen Menschen. Seit den Novembertagen weiß ich, daß das nicht stimmt. Ich empfinde Freude und Selbstverwirklichung. Verantwortung. Meine erste Aktivität mußte der Vernichtung eines Apparates gelten, der mir, und das von Kindesbeinen an, zutiefst verhaßt war. Diesen Haß hatte ich dermaßen verinnerlicht, daß ich nach dem Befreiungsschlag förmlich süchtig war. So war mein Engagement nur folgerichtig. Über die Tiefe des Abgrundes, der sich mir auftun sollte, war ich mir nicht im klaren.

Ich lese den »Zauberberg«. Verblüffende Parallelen. Der junge Hans Castorp besucht seinen tuberkulosekranken Vetter Joachim Ziemßen in der schweizerischen Nobelklinik »Bergblick«.
Amüsiert beobachtet er die bunt zusammengewürfelte Schickeria-Patientenschaft. Ihr tragisches Schicksal treibt ihm heimliche Schauer über den Rücken. Schauer des Mitleids. Es ist das Mitleid des Außenstehenden, des Gesunden. Immer verbunden mit der kleinen Häme, nicht ein Betroffener zu sein. Fast zufällig gerät H. C. in die Fänge des Direktors mit dem Resultat, die nächsten sieben Jahre seines Lebens als tuberkulosekranker Patient im »Berghof« verbringen zu dürfen. Die auftauchenden Parallelen finde ich amüsant. Lediglich der Zeitfaktor beunruhigt mich.
Exkurs über die Langeweile: In der Rückschau scheinen Phasen der Langeweile die kürzesten Zeitabschnitte. Diese Zeiten erscheinen widersinnigerweise »im Fluge vergangen«. Die wenigen Ereignisse spulen in rascher Folge ab, da die Abschnitte der Langeweile vergessen werden. Dann scheint das hier der flotteste Abschnitt meines Lebens zu werden. Leider nur in der Rückschau.
Ein anderer Gesichtspunkt wird bei der Lektüre bedenkenswert: Nach jahrelangem Aufenthalt wird ein Patient entlassen. Zu Hause hat er ständig das Thermometer im Mund. »Das machen wir da oben so, davon versteht ihr nichts.«
Er findet sich nicht zurecht. Schließlich schickt ihn seine Familie wieder ins Heim, sein wirkliches Zuhause.

Ich hatte einen Traum. Ich bin beim Arzt. Meine Körperhöhe wird vermessen. Ich bin geschrumpft. 1,70 Meter.
»Messen Sie bitte noch mal, ich hatte den Kopf gesenkt.«

Sonnabend, 1.5.93
Sitze im Park. Im äußersten Winkel. Hier grenzt der Drahtzaun an das stillgelegte S-Bahn-Gelände. In den verbliebenen Gebäuden hat sich eine Reichsbahnreparaturwerkstatt etabliert. Ab und an hämmert's und brummt's. Hinter ehrwürdigen Eichen. Ein erfrischendes Zeichen von Normalität.
Um mich Rudimente des alten Klinikfriedhofs. Umgesunkene Grabsteine, kaum leserliche Hieroglyphen. Einen Steinwurf entfernt dampft still ein Misthaufen. Frisch bestückt. Von der Reitanlage der Körperbehinderten. Am Drahtzaun sind unzählige Zettelchen und Schnipsel befestigt. Auf dem Boden Papierfetzen, sorgfältig mit Steinen beschwert. Hier wurde planvoll gearbeitet. Die Zettel werden Wind und Wetter widerstehen. Botschaften. Mitteilungen aus einer anderen Welt.
Vor Jahren hatten wir eine Grabstelle auf dem Jüdischen Friedhof in Weißensee in Pflege genommen. Im Abstand von vierzehn Tagen zogen wir mit Hacke, Spaten und Farbtöpfen nach Weißensee, um Baumwurzeln, Unkraut und Rost zu Leibe zu rücken. Angefangen hatte das Ganze mit der Grabstätte der Fanny Ehrensal. Ein schwungvoll gestaltetes, lichtes Mauergeviert, efeubewachsen, eher an E. T. A.-Hoffmann-Märchen erinnernd als an Krankheit und Tod. Der Zustand der Nachbargräber zwang uns bald, unser Aufgabengebiet zu erweitern. Schließlich betreuten wir dreißig Gräber.
Oft war ich dort allein und verbrachte ganze Tage im Dialog mit Zeit und Vergängnis. Ich fühlte mich dort wohl. Die Landschaft der Säulen und Steine wurde mir vertraut. Ein Gefühl der Betroffenheit bis hin zu Schuldgefühlen lassen mich Friedhöfe sonst meiden. Hier ist das anders. Die ehrwürdigen Steine, halb umgesunken, dicht aneinandergedrängt, manche dösig, andere aufgeschreckt, scheinen manchmal ihre Klienten kopieren zu wollen. Obwohl beide Seiten nie das Vergnügen hatten, einander gekannt zu haben. Ich verlebte dort glückliche Stunden. Ein Gefühl der Geborgenheit, von Nachhausekommen.
Wenn ich kam, schien sich die Grabsteingemeinde wichtigtuerisch um mich zu scharen, onkelhafte Fürsorge wurde mir zuteil, ja, zeitweise meinte ich aufgeregtes Geschnatter zu hören. Zweifellos das

Ergebnis meiner zum damaligen Zeitpunkt intensiven Beschäftigung mit jüdischer Literatur.
Leider waren unsere Nachforschungen über die Sippe Ehrensal nicht erfolgreich. Der Leiter des Friedhofs hatte uns die Grabstätte ausgesucht, verbunden mit der Hoffnung auf Aufklärung einer rätselhaft versandeten Familiengeschichte. Irgendwo spielten in der Saga künstlerische Aktivitäten eine Rolle. Kurz, beide Seiten waren neugierig.
Andere Aufgaben beanspruchten uns jedoch zu der Zeit, so gerieten die Nachforschungen in Vergessenheit. Die lichten Mauern über Fanny E. kann das nicht erschüttert haben. Im Gegenteil, ein bißchen Verfall steht ihr sehr gut zu Gesicht, der morbide Charme einer vergangenen Zeit...
Aber die schnatternden Gevattern möchte ich wiedersehen. Möchte wieder einmal Zeit gutmachen gegen verplemperte Stunden, Depots anlegen, Fort Knox für Zeit. Einmal wieder eine Stätte verlassen mit dem guten Gefühl, ein Soll erfüllt zu haben.

Sonntag, 2.5.93
7 Uhr 30.
Die Sonne wärmt bereits.
Ein Schrei aus der Etage unter uns.
»Frauenscheiße ist schlimmer als der Dot!«
Ich stehe auf, wasche mich, ziehe mich an. Die Station ist wie ausgestorben. Alle im Ausgang.
Der Gutenmorgengruß von Schwester H. trifft mich wie ein überraschender Wasserstrahl.
Ich gehe auf die Terrasse. Noch ist hier Schatten. Die Morgensonne steht hinter einer Gebäudeecke. Ich friere. Stolpere über eine vergessene Kaffeetasse.
Unten im ZOO herrscht Ruhe.
Am Tisch sitzt Karajan. Ein junger Mann mit unkontrollierten Armbewegungen. Er hat einen Irokesenschnitt. An den kahlgeschorenen Stellen Ekzeme. Er ist ein Mann aus der WG. Ein ruhiger Bursche, der sich viel Mühe gibt.

Er sitzt tief über den Tisch gebeugt. Dächte man sich den Tisch weg, erinnerte er an die berühmte Pose des Auguste Rodin.
Er spricht immer den gleichen Satz: »Ick laß mich nich durch Mordmedizin vergiften.«

Sonntage konnte ich noch nie leiden.
Ein schöner Spaziergang im Tegeler Forst und ein Abendessen beim Italiener richten mich wieder auf.

Am Abend habe ich den Jackpot geknackt!
Mein rätselhafter, schweigsamer Zimmergenosse redet.
Aufgekratzt war er von einem Ausflug zum Bahnhof Zoo zurückgekehrt. Als ich wegging, hatte ich ihm ein Stück Schokolade ans Bett gelegt. Seine Einsamkeit war mir plötzlich nahegegangen.

*Peter E. (51)*
Ausdrucksstarke, melancholische Gesichtszüge. Das rechte Auge driftet nach außen. Seine Worte sind gewählt, die Bewegungen bedächtig. Akzent und Temperament lassen auf einen Geburtsort im Norden schließen.
Seine Biographie läuft zunächst in geordneten Bahnen. Äußerlich »normale« Familienverhältnisse. Schule. Ausbildung als Textilingenieur. Längerer Aufenthalt in den Staaten. Leidet unter Kontaktschwierigkeiten. Einzelgänger. Endlich längere Beziehung zu einer Frau aus der ehemaligen DDR. Das geht in die Brüche. Ein anderer Liebhaber verdrängt ihn. Das verwindet er nicht. Isoliert sich noch stärker. Alkohol wird sein zentrales Thema, das Leben zur Qual.
An einem Tiefpunkt meldet er sich in der Bonhoeffer-Klinik.
Sein Zustand wird erkannt, er landet auf der Psychosomatischen Station. Seitdem ist ein halbes Jahr vergangen. Mechanisch absolviert er die Therapien (oder auch nicht), schläft viel, raucht, liest Zeitungen, seine sonstigen Aktivitäten erschöpfen sich im Scrabble-Spiel.
Sein Auftreten wirkt blasiert, abgehoben. Die anderen Patienten bezeichnet er als »Holzköpfe«. Sein Verhalten zu den Ärzten ist überkorrekt, fast devot. Er möchte nicht seinen Platz verlieren.

Seine Interessengebiete sind Psychologie, Horoskope, allerlei Esoterik, Fernsehen.
Er ist ohne jeden Antrieb. Von der Familie hat er sich tief enttäuscht getrennt. Er möchte seinen Familiennamen ändern. Ich habe selten einen Menschen getroffen, der soviel Kälte um sich verbreitet.

»Hat sich die Zeit hier für dich gelohnt?«
»Absolut. Ich habe mich erholt und einiges begriffen. Hoffe, in zwei, drei Monaten rauszukommen.«
Zwei, drei Monate. Welch deprimierende Perspektive.
Thomas Mann schreibt, daß auf dem »Bergblick« die kleinste Zeiteinheit der Monat ist. Ich habe das für eine satirische Überspitzung gehalten.
Peter wiederholt sich ständig. Identische Sätze tauchen nach wenigen Minuten wieder auf. Ich denke, Folge langen Grübelns und fehlender Kommunikation.
»Weißt du, ich zweifle den Sinn der Therapie an. Man setzt zu sehr auf Selbstheilung.«
Beide freuen wir uns über unsere Begegnung. Ausgedörrt in unserem »Ferienlager«.
Peter ist nicht der Mensch, zu dem man sich spontan hingezogen fühlt. Er schafft sich und dem Partner ständig neue Barrieren. Es braucht Zeit und Toleranz, ehe man zu seinem guten Kern vorstößt.
»Ich bin ein intellektueller Mensch. Viel intellektueller als meine Familie.«
»Die Holzköppe hier langweilen mich zu Tode.«
»Wenn ich mir Mühe gebe, kann auch die Gruppentherapie für die anderen von Nutzen sein.«
Auch er leidet unter der Unterforderung. Zuviel Leerlauf. Warum ist der Stundenplan des Einjährigen identisch mit dem des Neueinsteigers? Gewohnheitstrott oder Zweifel an einem Entwicklungsprozeß?
Warum gibt es z.B. abends nicht die Möglichkeit, auf freiwilliger Basis Gesprächskreise zu besuchen, Vorträge zu hören?
Der Tagesablauf hier ist wie eine Droge. Er läßt sich relativ unauf-

wendig bewältigen, stellt kaum Anforderungen, führt abends zu einer Pseudozufriedenheit, sprich Verblödung. Dem müßte man etwas entgegensetzen. Zumindest die Voraussetzung dafür schaffen.

Wir entdecken eine Menge Übereinstimmungen. Peter blüht auf, kommt ins Schwadronieren. Mit den Frauen tut er sich schwer. Sehnsucht und Schüchternheit liegen ständig im Clinch.

Mehrfach hat er auf Annoncen geantwortet, selbst aufgegeben. Einmal hatte er ein gutes Gefühl. Die Frau war groß, attraktiv, sehr nett. P. ging aus sich heraus, witterte die Chance, lief zu großer Form auf. Mitten in einem seiner Sätze sagte sie plötzlich: »Ich glaube, Sie sind nicht der Mann.« Diese Wunde leckt er noch heute.

In Fellinis »Amarcord« gibt es eine rührende Szene. Die Familie holt den Onkel Theo aus der Nervenklinik zu einem Ausflug aufs Land ab. Dort angekommen, steigt der freundliche Mann, der beim Pinkeln immer vergißt, die Hose aufzuknöpfen, auf einen Baum und schreit: »Ich will eine Frau.« Immer wieder. Den ganzen Tag. Niemand kriegt ihn vom Baum runter. Der herbeizitierte Irrenarzt, die Wärter, alle kapitulieren. Man sieht nur immer den riesigen, kugelförmigen Baum und hört die einsame Fanfare: »Ich will eine Frau!« Schließlich gelingt es einer winzigen Nonne, ihn herunterzuholen.

Peter erinnert mich an diesen Mann. Auch äußerlich. Die hagere Gestalt, die Lockenpracht. Und sicher auch seine Situation.

»Ich will eine Frau!«

Peter kennt den Film nicht.

Er sagt mir, daß er sehr glücklich über unser Gespräch sei. Fühle sich wie aus langem Schlaf erwacht.

Ich erfahre, daß unser Zimmer »Kriegsschauplatz« war. Golanhöhe. Mein Vorgänger, wohl ein komplizierter Charakter, brachte alle zur Weißglut. Besonders Peter.

Mitunter kam es zu dramatischen Auseinandersetzungen bis hin zu Tätlichkeiten. Alle waren zerstritten. Welten prallten aufeinander. Die Bohemien der Jungen auf die des Peter E., wo Disziplin und Akkuratesse, ein gewisser Konservatismus den Tagesablauf bestimmten.

Mir war aufgefallen, daß unter meinen Zimmergenossen gerade das Nötigste an Dialog ausgetauscht wurde. P. schien nicht besonders darunter zu leiden. Waren doch alle für ihn »Holzköpfe«.
Es ist spät geworden. Peter raucht die dritte Zigarette. (Das Rauchen in den Zimmern ist streng verboten.)
Sorgfältig drückt er die Kippen aus. Tröpfelt Wasser drauf. Wirft sie aus dem Fenster. Auf das darunter befindliche Rosenbeet.
Wir erzählen Schnurren. Ich komme auf unsere »Novemberrevolution«. Das gerät zu einer einzigen Lachnummer. Ich weiß nicht, wieso, alles ist komisch.
Peter ist wie ausgewechselt. Erzählt von seiner Familie. Er hat einen trockenen Humor. Obwohl das alles sehr trostlos ist, kommen wir aus dem Lachen nicht heraus.
Weit nach Mitternacht beschließen wir, schlafen zu gehen.
Vor dem Ausziehen macht Peter das Licht aus. Er pfeift leise vor sich hin.

Wie macht man eigentlich Demonstration?
Wenn alles bereitsteht, die Straße frei ist?
Bis zu diesem Zeitpunkt war alles bedacht. Was jetzt, einfach losgehen?
Es ist so still. Wir unterhalten uns mit gedeckten Stimmen. Wie in der Kirche.
Wir verteilen uns über die Liebknechtstraße. Entrollen die zehn Meter lange Losung. PROTESTDEMONSTRATION.
Ein Japaner möchte ein Interwiew in Englisch. Niemand traut sich.
Ein Hiesiger fragt: »Herr Reusse, was sagen Sie zur Erklärung von Krenz?«
Ich antworte ähnlich verworren wie jener vor den Fernsehkameras.
Beinahe verlegen schleichen wir los. Wie Apfeldiebe in Nachbars Garten.
Es ist so still.
Es fehlt die Marschmusik.
Kommt es zu einer Schlacht?

Wir tragen selbstgemalte Schärpen, grün-gelb mit der Aufschrift: KEINE GEWALT.
Geschrei kommt auf. Wir sind zu schnell gegangen.
Folgen uns überhaupt Gleichgesinnte?
Vielleicht sind wir nur ein Häuflein.
Ich klettere auf einen Papierkorb.
Hinter uns Tausende und Abertausende.
Am Marx-Engels-Platz raune ich Tommy zu: »Stell dir vor, wir gehen geradeaus zum Brandenburger Tor?«
Er sagt: »Das wäre der Krieg.«
Am Alex steht unsere Tribüne. Sie ist viel zu klein.
Auf dem Platz eine halbe Million Menschen. Einträchtig und selbstbewußt.
Niemandem geht es um Vereinigung oder Westgeld.
Ich helfe dem schwer gehbehinderten Stefan Heym auf die Tribüne.
Schorlemmer ruft Schabowski zu: »Herr Schabowski, benötigen Sie meinen seelsorgerischen Beistand?«
Antwort. »Danke, Herr Pfarrer, mit Sicherheit nach meiner Rede.«
Es ist ein großer Tag.
Ich bin stolz. Wir sind besser, als wir dachten.
Es wird gut werden. Mit diesen Menschen allemal.
Irgendwo in der Masse weiß ich Mine. Mit unserem Kissenbezug.
Den ganzen Abend hatten wir gemalert: Herr Krenz, das Neue daran ist nicht gut, und das Gute daran ist nicht neu.
Bei ihr ist Tini mit Lele. Und Sascha steht mit seiner Schärpe in der Mollstraße.
Über uns am blauen Himmel ein Hubschrauber.
Hoffentlich nur aus organisatorischen Gründen.

Ich habe Schwierigkeiten mit dem Einschlafen. Das Korridorlicht sticht unter unserer Zimmertür hindurch.
Durch die verschossenen grünen Vorhänge am Fenster die Lichtreflexe der Lampen im Park. Die Äste der Bäume zaubern Muster an die Zimmerdecke. Aus der unteren Etage rasselt ein

schauderhafter Raucherhusten. Immer in gleichen Abständen. Köööch, Köööch einundzwanzig, zweiundzwanzig, dreiundzwanzig Kööööööööch.
Was mache ich hier?
Warum bin ich hier?
Was ist mit mir geschehen?
Bin ich noch Ich?
Wird einmal wieder alles so sein, wie es war?
Werde ich wieder arbeiten?
Mich auf meine Arbeit freuen können?
Abends, vor der Nachtruhe, gehe ich immer in den Gruppenraum. Dort trainiere ich Texte. Problemlos. Komme in Schwierigkeiten, wenn ich mir die Reproduktion vorstelle. Schweißausbrüche. Alzheimer oder Neurose?
Kann ich den Kampf gewinnen?
Ich laß meinen »Arbeitstag« Revue passieren.
Werden eine Stunde Trommelschlagen, eine Stunde Diskussion um eine Gartenhacke, eine Stunde Biographiezusammenbasteln die Heilung bringen?
Als ich herkam, hatte ich Angst. Angst vor rätselhaften Detektoren, das Innenleben aufdeckenden Computern. Angst vor hochqualifiziertem Personal, vor auf chromblitzenden Drehstühlen thronenden Ärzten. Aber ich hatte auch eine Hoffnung: Daß ich nach dieser Tortur tatendurstig und gereinigt die Klinik verlassen würde.
Mit diesem naiven Glauben war ich angetreten. Mit jedem Tag wird es mir schwerer, daran zu glauben. Es ist alles so über- und durchschaubar. Gibt eine Sache mir Rätsel auf, kann ich, sollte mein Glaube ins Wanken geraten, wenigstens über das Prinzip Hoffnung weiterkommen. Auf was soll ich nach einer Stunde Trommelschlagen hoffen?
In der Psychiatrie spielt der Faktor Zeit eine entscheidende Rolle. Ich will geduldig sein. Ich muß durchhalten. Mir bleibt keine andere Wahl. Ich will die Zeit nutzen. Nicht verplempern. Ich will lernen. Lesen. Die Menschen studieren. Mich kennenlernen.
Ich bin kostbar. Mich gibt es nur ein einziges Mal auf dieser Welt. Was ich tue, ist einmalig. Ich muß mich annehmen, wie ich bin.

Und besser werden. Ich muß Bescheidenheit lernen und Maßlosigkeit. Von der Ferne träumen und wissen, »woran man ist«. Lernen zu kämpfen und lernen zu schweigen. Was habe ich eigentlich ein ganzes Leben lang gemacht? Nur in der Sandkiste gesessen?
Habe das Gefühl, das Gehen neu lernen zu müssen. Rechts ein Strohbüschel, links ein Heubüschel. Im Hintergrund flüstert ein Therapeut: Heu-Stroh, Heu-Stroh.
Was soll ich hier?
Wo sind meine Verbündeten?
Habe ich die überhaupt?
Nach den Turbulenzen des »deutschen Herbstes« waren wir aus den Eischalen des Tiefschlafs in die Welt gestolpert. Staunend und freudig.
Uns wurde ein Neubeginn verordnet. Alles und noch viel mehr war die Devise. Ich machte Filme, die meist wenig mit mir zu tun hatten, mit Menschen, die vom Mond zu kommen schienen. Alles wurde mir fremd. Ich eingeschlossen. Die vertrauten Freunde und Mitstreiter waren mit sich beschäftigt. Zu allem Überfluß hatte mir mein Theater eine Auszeit verordnet. In meinem Zimmer baute ich mir drei Nischen. Eine Nische zum Arbeiten, eine Nische zum Lesen, eine Nische zum Schlafen. Meine Tochter war hochschwanger. Da die Geburt kompliziert zu werden drohte, die Charité gleich um die Ecke ist, wohnte sie bei mir mit unserem ersten Enkel. Die Wohnung glich einer Kinderstation.
Ich richtete mich auf dem Dachboden in einer freistehenden Kammer ein. Dem »Turm«. Dort schloß ich mich ein. Hoch über den Dächern. *Bitte nicht stören*.
Linn Sara wurde glücklich geboren. Alles schien ins Lot zu kommen. Bettina bekam Kindbettfieber und mußte wieder in die Charité. Nun waren zwei Kinder zu betreuen. Die Muttermilch mußte aus dem Krankenhaus geholt werden. Nachts fegte ich mit dem Fahrrad am schlafenden Theater vorbei, in der Hand die Milchflasche, die Verschlüsse waren nicht dicht, der »Bolle der Reinhardtstraße«.
Mine ging völlig in ihrer Arbeit auf. Bis an die Grenzen ihrer Leistungsfähigkeit gefordert.
Ich verkroch mich im »Turm«.

Las oder schrieb oder döste. Ohne es zu merken, wurde meine Einsamkeit zur Marotte. Das Gefühl des Abseitsstehens ist mir nicht fremd. Es gehört zu meinem Leben. Ich habe darunter gelitten und habe es kultiviert. Aber ich hatte Fixpunkte, Menschen, die von mir verlangten, den Bannkreis zu durchbrechen.
Die Krankheit meiner Tochter verschlimmerte sich. Die ärztliche Fürsorge war schlampig. Wir machten uns große Sorgen.
Vom Fenster des »Turms« konnte ich in der Ferne im großen Kasten der Charité das Fenster des Krankenzimmers sehen. Ich betete: »Laß es gut werden.«
Niemanden ließ ich an mich heran. Im Theater und im Freundeskreis spielte ich die Rolle des Sonnyboys. Den Rest erledigte ich im »Turm«.
Es gab auch Momente des Glücks.
Meine Tochter brauchte dringend eine Blutkonserve.
Eine skandalöse Zeitungsgeschichte über aidsverseuchtes Blut in der Charité beunruhigte uns. Diesbezügliche Gerüchte in den weißen Korridoren gaben den Ausschlag.
Ich spendete Blut für meine Tochter.
Durch einen Kraftakt, bis hin zu verbalen Attacken, gelang es mir, trotz chaotischer Organisation in der Klinik, daß das Blut schließlich auch in die Venen meines Kindes gelangte. Das Gefühl, mit meinem Lebenssaft dem eigenen Kind zu helfen, machte mich stolz. Eine mystische Verbindung. Blutsbande.
Die gesunde Mutter kam wieder zu ihrem Neugeborenen. Noch pflegebedürftig. War unsere Wohnung bis dato eine Kinderstation, wurde sie nun zur Rehabilitationseinrichtung.
Und ich zog wieder in meinen »Turm«. Mein Abseits schien wenig beachtet. Und wenn, als nicht unpraktisch empfunden.
Die Bilanz des »Türmers«: ein paar brauchbare Gedichte, ein angefangener Englischkurs, ein paar leere Rotweinflaschen und die Erkenntnis, entbehrlich zu sein.
Nietzsche sagt: War ich als Kind einsam, nannte ich es als Erwachsener Distanz.

Sonntag, 2.5.93
Wir fahren aufs Land. Die Stimmung ist gut. Wir nehmen eine

Auszeit. Komme mir vor wie auf dem Trip mit einem gestohlenen Auto.
Mine hat ein Tuch um den Kopf gebunden. Sie sieht unternehmungslustig aus.
Motzen ist verwildert. Der Frühling wütet in schönster Anarchie.
Wir werfen uns in die wadenhohe Wiese und lassen uns von der Sonne bescheinen. Das Gras ist saftig. Am Morgen ist ein kurzer Regen niedergegangen. Die Blätter der Büsche tropfen. Nebelschwaden in den Tannen. Zeit, bleib stehen.
Warum schließt man in solchen Augenblicken die Augen? Man versäumt so vieles.
Die Arbeit im Garten fällt schwer. Etwas fremd und steifbeinig irre ich herum. Geringe Anstrengungen nehmen mir die Luft.
Ich fange etwas an, lasse es fallen, beginne etwas Neues. Gescheites kommt dabei nicht heraus.
Nachmittags Gewitter. Blitze lassen die Linden auf unserer Straße gleißen. Dahinter ein schwarzer Himmel. Der Wind zerrt am Haus. Irgendwo klappert ein Blech. Vögel werden durch die Luft getrieben. Wie Brotkrümel über den Tisch gepustet.
Endlich fallen die ersten Tropfen. Auf dem ausgetrockneten Sandboden bilden sich kleine Staubwolken.
Schließlich die große Befreiung, der erlösende Guß.
Wir stehen am Fenster und schweigen.
Am Tag, als der Regen kam.
Abends heim ins Heim.
Das quälende Ritual des Ablieferns.
Da sitzen sie, die Heimkehrer, die Traurigen, sich sieghaft gebend. Die Enttäuschten, hinter wildem Geschnatter versteckt sich die Niederlage. Hinter erfundenen Abenteuern die gähnende Langeweile.
Einige sind vorzeitig zurückgekommen. Sie waren ehrlich, brauchen keine Schminke. Andere schweigen.
Steffen hat nach einem halben Jahr einen ersten Zeltausflug mit Freunden gewagt. Fröhlich war er am Freitagabend mit Schlafsack und Kraxe gestartet. Alles ging schief. Es gab Streit. S. findet sich im Alltag nicht mehr zurecht.

Als er mir vom Wochenende erzählt, stottert er, atmet falsch, die Hände zittern. Kein breitbeiniger John-Wayne-Gang, keine frech wippende Haartolle. Das Gesicht wirkt schmal, die Augen böse.
»Ich weiß nicht mehr, was ich machen soll. Es wird immer schlimmer.«

Montag, 3.5.93
Das Wetter ist umgeschlagen. Der Himmel dicht bewölkt. Es ist kühl. Eben Montag.

Musiktherapie.
Ich habe beschlossen, mit einer Verweigerung meinen Protest anzumelden. Ich werde kein Instrument anrühren. Vielleicht kommt es dadurch zu einem Gespräch.
Die Stunde wird unendlich lang. Immer wieder findet sich ein neues Plim-Plom, ein Bum-Bum, ein Tralala. Mich befällt die Befürchtung, daß meine Verweigerung nichts bewirkt. Stell dir vor, du verweigerst, und niemand kriegt es mit.
Deshalb greife ich zu einem Schlegel und schlage mitten in eine zufällige Stille, fünf-, sechsmal auf eine Trommel. Dröhnend. Bin selbst erschrocken.
Ich blicke in verzerrte Gesichter.
Rosi ist ganz weiß.
Thomas hat's Maul offen.
Markus, immer bemüht, abgeklärt zu wirken, glotzt, als hätte man ihm das Bett angezündet.
Die Therapeutin lächelt abgeklärt.
Mühsam rappelt sich das Musikstück wieder auf, dudelt noch ein paar Minuten, ist nicht lebensfähig und verendet weit vor dem Zielband. Schweigen.
Die Therapeutin: »Es kann geredet werden.«
Nanu, ein erster Erfolg?
Niemand sagt etwas.
Was sind acht Minuten in Castorpscher Zeitrechnung?
Nur eine von vielen Unendlichkeiten.

10 Uhr Gruppentherapie.
Wir warten auf Frau Doktor.
Rosi sagt: »Peter, eröffne doch mal die Gruppenstunde.«
Ich imitiere einen Weinkrampf, heule herzzerreißend: »Ich hab's doch nicht mit der Psyche, ich hab's mit dem Sexus!«
In das frenetische Gelächter platzt Frau Doktor. Eisesstille. Schweigen. Zehn Minuten. Zwanzig Minuten.
Schließlich erbarmt sich Erika.
»Peter, warum wolltest du, daß man uns nicht hört?«
Endlich Breitseite.
»Ich wollte Protest anmelden. Obwohl wir dauernd über die Musiktherapie diskutieren, ändert sich nichts. Die Stunde bleibt unproduktiv.«
»Das finde ich nicht. Frau Sch. hat am Ende der Stunde gesagt, es kann geredet werden.«
»Haben wir geredet?«
Schweigen.
Frau Doktor: »Ich denke mal, daß das im Moment das Problem der Gruppe zu sein scheint. Obwohl ich am Anfang der Stunde einen anderen Eindruck hatte. Da ging es ja ganz munter zu. Als ich kam, war schlagartig Ruhe. Liegt das an meiner Person?«
Rosi: »Ich fand's einfach lustig, hab so gelacht. Jetzt ist schon wieder alles so ernst.«
Frau Doktor: »Wobei zu überlegen wär, ob nicht der, der Weinen imitiert, damit seine Unfähigkeit, weinen zu können, überspielen möchte. Die Stunde ist beendet.«
Peter teilt mir mit, daß er morgen zu einem Vortrag in die Urania geht. Ein bekannter amerikanischer Professor spricht zu dem Thema: Motivation. Peter berichtet das mit dem Stolz des Jägers. Als hätte er ein Rebhuhn geschossen. Ich freu mich mit ihm.
Erika erzählt eine schlimme Geschichte.
Nach einem Ischiasanfall hatte Frau Doktor ihr ein Medikament gegeben, das ihrem Kreislauf hart zusetzte. Nach der Massage im Hauptgebäude war sie nicht in der Lage, allein zurückzugehen. Der Masseur mußte sie bringen. Es ging ihr schlecht. Sie gab das im Aufenthaltsraum klar zu erkennen. Trotzdem leistete Schwester I. keine Hilfe. Mitpatientinnen mußten sie ins Zimmer bringen.

Die Stimmung in der Runde ist emotionsgeladen, eigentlich eine Wunschvorstellung des Therapeuten. Aber nicht, wenn er selbst Anlaß für die Emotionen ist. Frau Doktor bleibt kühl.
»Es handelte sich um keine kritische Situation. Die Reaktion auf das Medikament war kalkuliert. Ansonsten sind die Schwestern gehalten, die Patienten nicht zu verwöhnen. Selbständigkeit und Eigeninitiative sollen trainiert werden.«
Aber der Mob fordert den Kopf von Schwester I.
»Unterlassene Hilfeleistung!«
»Desinteresse!«
»Da kann man ja in irgendeiner Ecke verrecken, und keiner merkt's.«
Frau Doktor gelingt es immer wieder, therapeutische Gesichtspunkte in den Vordergrund zu stellen. Damit entzieht sie sich dem Vorwurf, als Chef versagt zu haben.
Erika schildert den Vorgang zum wiederholten Male. Inzwischen gerät er so dramatisch, daß man nachträglich um ihr Leben bangen mußte.
Die ich rief, die Geister...
Die therapiemäßig geförderte Selbstbespiegelung führt zur Verzerrung der Realität. Ständig daran gewöhnt, angehört zu werden, unterliegt der Patient dem Irrtum, Dinge von großer Wichtigkeit von sich zu geben, er gefällt sich in der ungewohnten zentralen Position. Harmlosigkeiten werden zu Schwergewichtigem, notwendige Distanz geht verloren.
Logisch, daß euphorische Starts im Klinikbereich dem Alltag nicht standhalten.
Frau Doktor: »Ich denke mal, die geballte Kritik gilt indirekt meiner Person.«
Die lautstarke Verneinung ist echt.
War da ein kleines Lächeln der Genugtuung?
Beim Rausgehen schwingt ihr geblümtes Sommerkleid.
Wie beim Foxtrott.

Frau Sch. von der Buchhaltung des Deutschen Theaters auf Mines Anfrage nach einer Bescheinigung: »Kommt der denn überhaupt wieder?«

## *Scheiße, daß du so gut aussiehst*

Dienstag, 4.5.93
Mein »Lebenskünstler« ist in den Ofen gekommen. Ich bin gespannt. Ich beginne einen weiblichen Akt. In weißem Ton. Betreibe die Arbeit mit Vehemenz. Entdecke ungeahnte Gestaltungsmöglichkeiten.
Die etwa 15 cm hohe Figur erfordert technische Fertigkeiten. Um ihr Halt zu geben, muß sie um eine Holzstütze geformt werden. Nach der ersten Trocknungsphase wird die »Seele« herausgezogen, die endgültige Gestaltung beginnt. Nach etwa einer Woche wird die Figur mit einem Draht vertikal getrennt. Beide Hälften mit einer Schlinge ausgehöhlt. Die Wandstärke darf höchstens 2 cm betragen. Nach der Aushöhlung werden beide Hälften zusammengefügt. Nach etwa zwei Wochen Trocknung wird gebrannt.
Ich arbeite wie ein Besessener.
Eröffnet sich mir ein neues Betätigungsfeld?
Oder wieder nur eine Selbsttäuschung?
Egal. Ich habe einen Strohhalm für Selbstverwirklichung gefunden. Es gibt wieder eine Chance, sich auf einen Tag zu freuen.
Meine intensive Arbeit an dem weiblichen Körper gibt in der Runde reichlich Anlaß für lüsterne Kommentare.
Ich denke, ein Teil der Gruppe ist nicht ungern in der Klinik.
Der Tag ist karg an Pflichten. Launen werden akzeptiert, gehören sie doch zum Krankheitsbild, ein Fauxpas wird diskret übergangen. Faulheit wird »Ausruhen« genannt.
Das Fernsehinteresse reicht allemal bis zu »Derrick«, Anspruchsvolleres »ist im Moment zu schwer«, gutgemeinte Toleranz erlaubt es, nachts bis in die Puppen zu palavern. Hat man morgens einen schweren Kopf, wird die Therapie geschwänzt. »Ich bin nicht gut drauf« genügt als Alibi.
Peter E. hat »draußen« keine Wohnung, keine Familie, keine Arbeit. Was soll er da?

Mary kann hier stundenlang duschen, sich schminken, zum drittenmal die Kledage wechseln, anschließend auf der Terrasse über Phil Collins disputieren. »Draußen« hätte sie in der Zeit Hunderte von Zigarettenschachteln füllen müssen. Eine harte Knochenarbeit.
Wenn die Schwestern sich von ihrem Dienst verabschieden, rufe ich ihnen nach:
»Grüßen Sie die Welt!«
Das löst Unverständnis aus.
»Fühlst du dich hier so verloren?«
»Ja.«
»Oh – das ist schlimm.«

*Dialog auf Station I*

Sigi (sitzt vor der Tür und raucht): »Haste mal 'ne Zigarette?«
Henry: »Du hast doch eine.«
Sigi: »Ist nich meine.«

14 Uhr Einzeltherapie.
»Waren Sie in Ihrem Beruf zufrieden?«
»Ach Gott, zufrieden. Es klaffte immer eine Schere zwischen Anspruch und Realität. Aber das war auch produktiv. Ich hatte oft Glück, manchmal Pech. Irgendwie ziemlich normal.«
»Nach der Wende war das sicher nicht ganz einfach für Sie?«
»Das stimmt. Aber ich hatte Glück, machte ein paar Filme, drehte mit Stars, die ich schon in meiner Jugend angehimmelt habe: Charles Aznavour, Nadja Tiller. Ich drehte im Ausland, Dinge, die mir bis dato unerreichbar waren. Nein, ich kann nicht klagen, außerdem hatte ich ja mein Theater. In unkündbarer Stellung, wer hat das schon in diesen Zeiten?«
»Fühlten Sie sich dort zu Hause?«
»Ein Künstler darf sich nie zu Hause fühlen. Dann wird er faul.
Im Ernst. Ich bin jetzt fünfundzwanzig Jahre an diesem Haus. Es hat mich in letzter Zeit ein bißchen stiefmütterlich behandelt. Aber ich stand gerade in den Startlöchern, um dies zu ändern. Dummerweise...«

»Ist es nicht eine große Anstrengung, dem Vater dauernd etwas beweisen zu müssen?«
»Meinem Vater? Nein. Da liegen Sie wieder ganz schief. Im Psychologieseminar hätte Ihnen das sicher eine gute Note eingebracht, aber ich muß Sie leider enttäuschen, dieses Problem bestand nicht. Falsche Fährte.
Vater verstand so gut wie nichts von meinem Beruf. Das beruhte auf Gegenseitigkeit. Akzeptiert hat er mich, als er meine Vita im Künstlerlexikon nachlesen konnte. So etwas hatte er nicht geschafft. Das hat ihm imponiert. Ansonsten hatte er die umfangreichste Materialsammlung über meine Arbeit: Zeitungsausschnitte, Fotos, Kritiken, Interviews. Und er war stolz, als Nachbarn ihn fragten, ob der Schauspieler gleichen Namens sein Sohn sei.«
»Fehlt Ihnen das Spielen?«
»Ja und nein. Ich denke daran wie an das zertrümmerte Auto nach dem Totalschaden.«
»Kann man es reparieren?«
»Ich hänge sehr an dem Aschenbecher. Deshalb werde ich es wieder aufbauen. Mit einem guten Monteur zusammen werde ich es schaffen.«
»Der steht bereit.«

Im Chinesischen gibt es für Krise und für Chance das gleiche Wort.

*Versuch einer Bilanz*

Die Hoffnung auf Heilung ist bei den meisten Patienten gering. Die Zweifel dominieren. Durchschnitt des Aufenthalts liegt bei vier Monaten. Helga ist mit dreizehn Monaten die Älteste. Nach meinen Beobachtungen ist ein Verbleiben über drei Monate hinaus wenig sinnvoll. Zumindest müßte zu diesem Zeitpunkt die Therapie überprüft und individuell verändert werden. Gleichmaß und Langeweile können nicht produktiv auf einen Genesungsprozeß wirken.

Die Einrichtung ist ideal für die Aufnahme von Gestrandeten. Man findet Ruhe und Betreuung. In den behutsamen Gesprächen kann man Ballast abwerfen. Die Gedanken ordnen. Alle Widrigkeiten und Verpflichtungen werden ferngehalten.
Kuratmosphäre.
Hat man auf diese Weise zwei Wochen verbracht, verändern sich natürlich die Ansprüche. Der Tagesablauf fängt an, Routine zu werden. Man entwickelt eine gewisse Geschicklichkeit, es allen recht zu machen. Wie in der Schule. Macht man alles brav mit, wird man in Ruhe gelassen. Tut man das nicht, gibt es eine leise Mahnung. Mehr nicht. Die Anforderungen sind gering. Der dürftige Stundenplan erledigt sich nebenbei. Ansonsten vertreiben sich die Probanden die Zeit wie Urlauber. Und das nach einem halben und nach einem ganzen Jahr. Wie soll so ein Mensch wieder in einen Arbeitsrhythmus hineinfinden? Wo bleiben Angebote für die langen inhaltslosen Abende? Seminare, Vorträge, Konzerte, Räume für eigene Betätigungen, sei es in der Musik oder den darstellenden Künsten?
Das kann ja auf freiwilliger Basis geschehen. Und komme man mir nicht mit dem Geld, einer in Zweifelsfällen immer gängigen Ausrede. Ich habe den Eindruck, man ist hier von seiten der Therapeuten bequem geworden. Es läuft alles. Man hat an diesem Konzept mit Sicherheit sorgfältig gearbeitet, und bestimmte Abläufe haben sich bewährt. Aber der Zug ist stehengeblieben. Kritische Überlegungen werden höflich zur Kenntnis genommen. Und dabei bleibt's. Hat sich eine Sache zugespitzt, wird nach meiner Beobachtung therapeutisch reagiert. Für mich ist der Anblick von Menschen unerträglich, die nach Einbruch der Dunkelheit nichts anderes machen, als vor einer Mensch-ärgere-Dich-nicht-Pappe zu hocken oder mit Kinderspielkarten Türmchen zu bauen, und das monatelang. Und noch etwas: Ich habe in meiner Umgebung nie den Ausspruch gehört: Wenn ich doch bloß wieder zu Hause wär.
Ich werde in der nächsten Gruppentherapie den Vorschlag machen, einen Experten für unsere Krankheit zu einem Seminar einzuladen. Vielleicht auch Ehemalige, die uns über ihre Erfahrungen beim Neueinstieg berichten.

Karl-Heinz ist ein besonders tragischer Fall aus der unteren Etage. Sein Körper ist vollkommen entstellt. Die einzig beweglichen Teile sind die Arme. Mühsam kann er einen Löffel bewegen. Der Kopf steht ständig schräg. Die Augen blicken trüb in weite Ferne. Sein Leben verbringt er im Rollstuhl. Er plappert vor sich hin, fast immer giftig. Heute sind Bruder und Schwägerin gekommen. Auf dem Rollstuhltisch steht ein Blumenstrauß. Karl-Heinz malmt schon das dritte Stück Streuselkuchen. Eine Verständigung scheint möglich. Der Bruder redet viel. Es liegen wohl Klagen der Pfleger vor. Der Bruder mahnt eindringlich. Karl-Heinz reagiert abweisend. Die »Graue« naht. Sie ist etwa um die Fünfzig. Groß, füllig, mit enormen Brüsten, mächtigem Hintern, mit rundem, freundlichem Mädchengesicht, grauen kurzen Haaren. Die »Graue« lebt in der WG, sie ist ruhig, lebt unauffällig. Heute, am Besuchstag, obwohl sie nie Besuch kriegt, hat sie ihr Sonntagskleid angezogen. Rote Mohnblüten auf schwarzem Grund. Im üppigen Ausschnitt steckt eine kleine Fliederdolde. Niemand scheint das zu bemerken.

Vorsichtig trippelt sie heran, nimmt einen Stuhl, setzt sich, in diskretem Abstand, neben Karl-Heinz mit seinem Besuch. An den Füßen trägt die »Graue« wadenhohe Fellstiefel. Sie scheint den verwunderten Blick des Bruders bemerkt zu haben, sagt sie doch:

»Ich habe zwei Paar Turnschuhe, aber die sind mir zu sommerlich.«

Es ist Mitte Mai, 28 Grad Außentemperatur.

Mittwoch, 5.5.93

Sabine hat uns verlassen. Die kleine, nervengeschüttelte Kettenraucherin. Alles kam überraschend. Unstimmigkeiten mit Zimmergenossin Gerda, erhitzte Auseinandersetzungen mit Frau Doktor, schließlich eine verquaste Beziehungskiste waren Auslöser für den Abbruch. Ich traf Sabine eine Stunde vorher im Park. Sie sah verstört aus, von irgend etwas getrieben, auf der Flucht.

Sabine war beliebt. Sie konnte auf ansteckende Weise fröhlich sein. Das wird hier fehlen.

Abends findet sich eine Fünferrunde im Aufenthaltsraum zusammen. Peter ist mit neuem Elan von seinem Vortrag gekommen. Der hat ihm wohl nicht sonderlich helfen können, aber die Begeisterung über seine Aktivität scheint ihm Flügel zu verleihen. Gefreut hat mich, daß Klaus mitgegangen ist. Der scheue, in Lethargie versunkene Verweigerer. Das sind doch Lichtblicke, die einem selbst Mut machen.
Neben Klaus sitzt Anita, kurzhaarige Intellektuelle mit Männerhosen, und Gerda. Eine Sekretärin, Mitte Fünfzig, mit gut frisiertem Haar und schwingenden Röcken. Es geht um Befindlichkeiten. Einig ist man sich in der geringen Hoffnung auf Heilung. Zu viele Zufälligkeiten. Zuwenig Konzept. Das Beispiel Sabine kommt ins Gespräch. Gerda, Zimmergenossin von Sabine, berichtet von deren Hektik, dauernder Unruhe. Das Thema kommt auf meinen Vorgänger Andreas. Wohl ein exzentrischer Mensch. Homosexuell, klein gewachsen, geltungsbedürftig. Es gab wüste Beschimpfungen, bis hin zu Tätlichkeiten. Peter sagt, er hielte Andreas für nicht therapiefähig. Ich freue mich, endlich ein brauchbares Gespräch führen zu können. Die Leute sind entspannt. Wir denken eine Geschichte aus: Nächtliche Orgie auf der Psychosomatischen Station. Um ein riesiges Bowlefaß toben ekstatisch Verzückte, sternhagelbesoffene Patienten. Die Nachtschwester geknebelt am Boden, Peter hat sich an den Heizkörper gekettet, öffnet erst das Schloß, wenn man ihm eine Frau besorgt. Das Ganze vor den Objektiven laufender Kameras. Wir haben natürlich Reality-TV bestellt. Zum Finale wird Frau Doktor gerufen, mit Blaulicht, und sie erscheint sturzbetrunken in Strapsen und Lackleder. Es gibt großes Gelächter. Plötzlich schießt Steffen aus einer dunklen Ecke auf Peter zu und schreit: »Du kotzt mich an!«
Allgemeine Betretenheit. Ich erkundige mich bei Steffen. Es handelt sich um eine monatelange Fehde. Steffen wirft Peter Arroganz, intellektuelle Überheblichkeit vor. Die Bemerkung über Anita habe ihm das erneut bewiesen. So könne man nicht über Menschen herziehen. Er hat nicht ganz unrecht. Ich versuche zu vermitteln. Peter ist nicht bereit. Steffen bemüht sich, wird aber abgewiesen. Zumindest bleibt mir die Genugtuung, ein wenig be-

friedet zu haben. Kein Frieden, aber Waffenstillstand. Der Parlamentär fällt in einen tiefen Schlaf.

Donnerstag, 6.5.93
Gruppentherapie.
Großes Palaver.
Unser gesamtes Nachtgespräch ist von dem Rest der Gruppe mitgehört worden. Überall Empörung. Protest. Ich verstehe die Welt nicht mehr. Es war doch ein ganz harmloser Plausch. Gerda mit ihren angeblich abfälligen Äußerungen über Sabine steht allgemein im Brennpunkt der Kritik. Peter wegen seiner arroganten Äußerungen, ich, weil ich gesagt habe, daß ich Sabine im Park getroffen und sie einen gehetzten Eindruck auf mich gemacht hätte. Den Vorwurf kann ich nicht verstehen.
Frau Doktor fragt behutsam Wortführerin Erika, warum sie denn nicht in ihr Zimmer gegangen sei, um sich diese Zumutung zu ersparen.
Erika: »Ich war so erschüttert. Ich war nicht in der Lage zu reagieren.«

Sonnabend/Sonntag, 8./9.5.93
Das erste Wochenende zu Hause.
Da ich jede Gelegenheit nutzte, den Grad meiner Erkrankung herunterzuspielen, konnte ich nie verstehen, warum die Mehrzahl der Patienten Schwierigkeiten hatte, nach Hause zu fahren. Ich dachte, mit einiger Disziplin und unter Mines fürsorglichem Mantel den Wiedereinstieg meistern zu können. Mir gelang es, einen kleinen Umweg einzubauen.
Ich schlage vor, den Sonnabend in Motzen zu verbringen und erst abends reinzufahren.
Ich stürze mich mit Feuereifer in das winterlich verschlampte Gehöft. Alles schreit nach meiner tätigen Faust. Wohltat nach wochenlanger Bedeutungslosigkeit. Die wenigen Frosttage des letzten Winters haben ein Wasserrohr gesprengt. Steffen hatte mir Dichtungsmaterial besorgt. Eine satte Stunde Beschäftigungsthe-

rapie war zur Herstellung einer Blechmanschette umfunktioniert worden.
Jetzt galt es, die Reparatur zu bewerkstelligen.
Die Arbeit geht nicht gerade flott von der Hand. Mein Elan ist forciert. Ich möchte bei Mine den Eindruck erwecken, es sei alles wie sonst. Schließlich schaff ich's. Ich bin stolz.
Mine ist etwas verschlossen. Motzen in diesem verrotteten Zustand deprimiert sie. Ihre Sympathien wachsen mit dem Fortgang der Reinigungsarbeiten.
Der Abend naht und mit ihm meine wachsende Unruhe. Es gelingt mir, einen Spaziergang zu inszenieren, der sich lange hinzieht. Schließlich fahren wir nach Berlin.
Gut, daß Mägi nicht da ist. Nach vernunftbestimmter Absprache ist sie zu meiner Schwester in die Schweiz gereist. Mine ist so beweglicher. Gut, daß in der Wohnung Zweige in die Vase zu befördern sind. Gut, daß der Hund gefüttert werden muß. Gut, daß ein Essen zubereitet werden muß. Ich stolziere durch unsere Räume wie ein Museumsbesucher.
Stehe wieder neben mir.
Mine beobachtet mich aus den Augenwinkeln. Ich tue das gleiche mit ihr. Eine vertrackte Situation. Ich kann mich nicht entspannen. Meine Bücher, meine Theaterfotos, ein Sturm der Gefühle.
Ein prächtiges Gewitter und der tröstende Hund füllen entstehende Leerräume, retten mich hinüber in einen Rekonvaleszentenschlaf. Der Morgen trifft mich wie eine Keule.
Es müssen bestimmte Geräusche gewesen sein, die entsprechende Reaktionen ausgelöst haben. Vielleicht die Kirchenglocken, vielleicht die spielenden Kinder auf dem Hof, das Vogelgezwitscher. Angstvoll starre ich an die Decke, auf den Bücherschrank.
Mein Absturz ist tief. Ich kann ihn mir nicht erklären. Ich hole die Tabletten aus dem Versteck. Ich bin enttäuscht. Über meine Niederlage. Ich wähnte mich stärker.
Mine gelingt es mit ihrer wohltuenden Ruhe, dem gestürzten Krieger aufs Pferd zu helfen. Ihren Hinweis, Geduld zu lernen, höre ich beinahe täglich von Frau Doktor, den Therapeuten, den Schwestern, den Mitpatienten. Aber bei Mine hört es sich sinnvoll

an, verschafft neue Energien. Schon als Kind habe ich den Sonntag gehaßt. Das Besondere, das Feierliche, die lahmen Pausen zwischen Kirchgang und Mittagessen, der endlose Nachmittag im Sonntagsstaat, Ausflüge und scheußlicher Höhepunkt: Kaffeetrinken; ich war immer froh, dem Tag entronnen zu sein. Dieses Grundgefühl ist geblieben. Wundervoll ist der Sonnabend. Das große Saubermachen, die frischen Zweige in Vasen, Geruch von Gebackenem, Freude auf Bevorstehendes. Das betrifft auch Weihnachten. Die aufregende Zeit der Adventstage, das Rascheln und Flüstern, der sehnliche Wunsch, »wenn es doch endlich ...« Und dann das eigentliche Fest, immer eine Enttäuschung, das Gefühl der Leere.

Mit einem Frühstück, Toast und Ei, Mittagessen, Gulasch mit Klößen, gelingt es uns, den Harmonielevel einer TV-Familienserie zu erklimmen.

Besuche und Begegnungen hatten wir von Anfang an ausgeschlossen. Die kleinen Schritte schienen ratsam.

Dann am Nachmittag.

Mine sagt, daß ich nach der Heilung nicht mehr der sein könnte, der ich war. Das ist für mich nach dem Morgen die zweite Keule.

Wie soll ich das verstehen? Sieht sie mich als debilen Pflegefall, als Unperson, der man nur noch mit Mitleid begegnen kann? Klingt da Resignation an?

Ich will den Tag nicht noch mehr belasten. Gehe darüber hinweg. Setze mich an den Schreibtisch, schreibe Überweisungen, Briefe. Danach todmüde. Mine wird mit ihrer Prognose wohl recht haben. Die Klinik ist weit weg. Irgendein aufdringlicher Traum. Man möchte ihn wegwischen.

Ich packe das Fahrrad ins Auto. Es soll meinem Freiheitsdrang in Wittenau dienlich sein. Bücher werden eingepackt. Ich will die Zeit nutzen, den Kopf offenhalten.

Heute abend bin ich optimistisch. Man lasse mir Zeit.

Die Vorbereitungen für die Abfahrt gestalten wir betont beiläufig. Routiniert. Ein bißchen kann ich mir einreden, ich fahre zu Außenaufnahmen, habe aber den Vorteil, daß mich Mine jeden Tag besuchen kann. Ich drehe einen Film in einer Nervenklinik. Spiele einen amorphen Künstler, sehr widerspruchsvoll, muß achtgeben, daß ich nicht outriere. Natürlich ohne Gage. Für einen guten Zweck. Heim ins Heim.

Platze mitten in eine stimmgewaltige Diskussion. Es geht um die Freitagnacht, unser belauschtes Gespräch. Im Kreuzfeuer stehen Peter mit seinem abfälligen Satz und Gerda wegen der Äußerungen über Sabine. Ich komme glimpflich davon, wahrscheinlich fehlt der Mut.
Am Anlaß gemessen ein Sturm im Wasserglas. Diese kleinkarierte Diskussion, Gerda muß sich zum wiederholten Male dazu äußern, scheint ein Dauerbrenner zu werden. Mein Elan ist dahin. Die Kläglichkeit, die Hoffnungslosigkeit, das Niveau; der Finger, der abwärts zeigt.
Ich haste in meinen Schlafsaal und verstecke mich hinter »Narziß und Goldmund«. Bis hinter die klösterlichen Mauern der Mönchszelle des Narziß höre ich die wichtigtuerischen Tiraden vom Gang her, ich kann mich nur schwer auf das Gelesene konzentrieren. Der literarischen Meisterschaft des Poeten aus dem Schwabenland ist es zu danken, daß es mir endlich doch gelingt, zu entkommen.

> »Daß das Leben auf Erden harmonisch und gerecht und daß der Mensch gut sei, dies, mein Lieber, hat noch nie ein echter Denker behauptet. Daß viel mehr das Dichten und Trachten des Menschenherzen übel sei, steht ausdrücklich in der Heiligen Schrift und wir sehen es jeden Tag bestätigt.«
> (Hermann Hesse, Narziß und Goldmund)

Montag, 10.5.93
Ein Neuer ist in der unteren Etage eingeliefert worden. Ein hochgewachsener Mittfünfziger, mit schönem Altmännerkopf. Das rechte Bein ist kürzer, er hinkt stark, ebenso ist der rechte Arm ab Ellenbogen bis zur Hand verkrüppelt. Bekleidet ist er mit einem leuchtendroten Polohemd und blauer Trainingshose. Unruhig geht er auf dem Hof auf und ab. Im Abstand von etwa fünf Minuten stößt er einen markerschütternden Schrei aus. Aus tiefster Seele. Eine Anklage.

Abends wird es schlimmer. In immer kürzer werdenden Abständen dringen die Schreie aus der unteren Etage. Ich gehe die Treppe zum Hof hinunter. Über mir ein gestochen scharfer Sternenhimmel. Ein Himmel, wie es ihn nur zu dieser Jahreszeit geben kann. Der Hof ist von den Laternen im Park matt erleuchtet. Ein dreckiger Tisch, übervolle Aschenbecher, ein umgestürzter Sonnenschirm. Zwischen den Pflastersteinen kniehoch Unkraut. Uringestank.

Wenn ich den Hof betrete, habe ich immer das Gefühl, etwas Verbotenes zu tun. Es erinnert mich an meine Kindheit, wenn wir in fremden Gärten Kirschen klauten. Alles sah so anders aus. Das Gras war anders, die Zweige, die Bäume.

Ich gehe zur Glastür, blicke in den Tagesraum. Es brennt eine Notbeleuchtung. Die Tische sind an die Wände geschoben. In der Mitte bildet sich eine Art Arena. Dort liegt Herr B. Wie Lazarus. In kurzen Abständen richtet er sein Haupt zur Decke und stößt seinen Klageruf aus. Rundum an den Wänden, teils auf Stühlen hockend, teils stehend in merkwürdiger Erstarrung, die Leidensgenossen.

Niemand schimpft, niemand protestiert, kein Hohn, eher Ratlosigkeit. Vielleicht Respekt vor dem Leid des anderen.

Die Szene könnte aus einem Fellini-Film stammen.

Karajan mit seinem Irokesenkamm, Henry mit der Latzhose, Gyros, die »Graue«, Karl-Heinz im Rollstuhl. Es ist still. Unterbrochen von der Fanfare des Leids.

Ich steige die Treppe hoch. Aus einem versteckten Klofenster kringeln sich einsame Rauchfahnen. Die Aufregung hat Sigi P. dorthin getrieben. Er muß »eene roochen«.

Niemand kann schlafen. Ich bitte die Nachtschwester, telefonisch nachzufragen, wie dem Mann zu helfen sei. Die Antwort lautet, man wartet auf den Arzt.

Die Schreie hört man bis weit nach Mitternacht. Sie begleiten mich in einen unruhigen Schlaf. Ich träume von Ackerfurchen, aus denen Blut quillt.

Mittwoch, 12. 5. 93
Mein Vorschlag, ein Abendseminar auf freiwilliger Basis ins Leben zu rufen, wird höflich zur Kenntnis genommen.
Kommentar einer Patientin: »Das wird mir zuviel. Ich bin von den Therapien bis an die Grenze meines Leistungsvermögens ausgelastet.«

Herr B. liegt den ganzen Tag auf der Wiese im Park. Manchmal reißt es ihn hoch, und er hinkt als traurige Don-Quichotte-Silhouette hundert Meter weiter, stürzt ins Gras und sendet seine Leidensbotschaft in den Himmel. Zu essen scheint er nie.
Gegen Abend lasse ich mir von der Schwester ein Wurstbrot zubereiten. Herr B. steht auf einem kleinen Hügel wie der Imperator vor seinem Volk. Vorsichtig trete ich näher.
»Sie werden sicher Hunger haben, essen Sie.«
Aus der Nähe sieht man die Spuren jahrelangen Leids. Kerben im Gesicht, allerlei Narben von ungezählten Stürzen. Seine Augen sind erstaunlich klar. Vorwurfsvoll blickt er mich an. Als wäre ich die Ursache seines Leids. Das Brot nimmt er gierig, verschlingt es wie ein Tier. Ich nehme seinen Arm.
»Sie müssen zurück zur Station, gleich wird die Tür zugeschlossen.« Gehorsam folgt er mir. Auf halbem Weg schreit er. Der Kopf fliegt in die Höhe, das Gesicht verzieht sich schmerzvoll zur Grimasse, der Schrei.
Ich bringe ihn zur Tür. Ohne Regung schlurrt er zu seiner Zimmertür, verschwindet dahinter.
Nach wenigen Minuten ertönt wieder sein Schrei.

In unserer Station geht unverändert die Diskussion um unsere nächtliche Gesprächsrunde weiter. In der Vollversammlung wurde ein Schlichtungsgespräch zwischen Peter und Steffen vereinbart. Angesichts des wirklichen Leids des Herrn B. ist das hier der reine Kinderkram. Mißverhältnis zwischen Anlaß und Aufwand. Das ist alles zutiefst deprimierend.

Im Zentrum einer westdeutschen Großstadt hatte ein internationaler Konzern ein Bürohochhaus errichtet. Gegen den stö-

renden Verkehrslärm hatte man, keine Kosten scheuend, modernste Isolierungstechnik installiert. Das Ergebnis war überzeugend. Im Gebäude war es still. Das Personal konnte ungestört arbeiten.
Nach einiger Zeit tauchten Krankheitssymptome auf. Die Angestellten bekamen Fieber, Magenbeschwerden, Migräneanfälle. Die Ärzte waren ratlos. Nach der Verlegung einer Abteilung kam jemand auf die Lösung.
Im Gebäude war es zu still. Den Menschen fehlte der vertraute Geräuschpegel. Kurzerhand wurde eine Beschallungsanlage installiert und die Belegschaft mit Verkehrsgeräuschen vom Band berieselt. Der Gesundheitszustand besserte sich schlagartig. Das Betriebsklima war wieder normal.

## *Die Pause muß so groß sein, daß eine Schulklasse darin übernachten könnte*

Donnerstag, 13.5.93
14 Uhr Einzeltherapie.
Ich erzähle Geschichten aus meinem Leben. Das ist ganz amüsant, das kann ich gut. Es fehlt die gezielte Hinterfragung. Und sei sie noch so schmerzlich. Ich erzähle aus der Verklärung der Erinnerung. Das ist geeignet für die abendliche Runde bei Kerzen und Wein. Hier geht es aber um die Erforschung eines Lebens.
Wir verbleiben im Anekdotischen. Mühelos gelingt es mir, heikle Bereiche zu meiden, ich wähle »Schmankerln« aus. Die jeweiligen Schlußfolgerungen der Therapeutin fallen pauschal aus. Mit Verlaub, das hat mitunter die Qualität des *Kummerkastens*. Fragen Sie Frau Susanne.
Mir fehlt die Quälerei.

»Meine Frau hat gesagt, daß ihr Mann nach seiner Heilung ein anderer sein wird, als er war.«
»Das hat Sie schockiert.«
»Natürlich. Sie meint, mit einem Pflegefall leben zu müssen.«
»Hat sie das so gesagt?«
»Nicht direkt.«
»Was hat sie noch gesagt?«
»Der eine Satz hat mir genügt.«
»Warum sind Sie so dünnhäutig? Sie hat doch recht. Was nützt es Ihnen, wenn Sie mit dem Reusse von vor einem Jahr identisch wären? Sie müßten Ihre Katastrophe noch einmal durchstehen.«
»Sie sehen die Veränderung positiv? Na gut, das beruhigt. Außerdem ... ist der Mensch aufgrund der Schlachten in seinen Körperzellen schon nach jeder Sekunde ein anderer.«
»Das auch. Ich sehe keinen Grund für Ihre Bedenken.«
»Sind Sie sicher?«

Bilder tauchen auf:

Das staatlich angeordnete Feuerwerk zum Jahrestag. Niemand sieht es sich an.
Feuerwerk unter Ausschluß der Öffentlichkeit. Geheim.

Die wütenden Augen des Offiziers, als ich die Absperrung vor der Gethsemane-Kirche durchbrochen hatte.
»Von Ihnen als Schauspieler hätte ich das nicht erwartet!«
»Von Ihnen als Volkspolizist hätte ich das auch nicht erwartet.«

Das nächtliche Gerücht, die Grenze sei geöffnet: Ein Mann rennt im disziplinierten Joggingstil über den Alex. Die Frau folgt mit Riesenabstand. Sie rennt auf Strümpfen, die Hackenschuhe in der Hand.

Ich schreie den Posten in der Chausseestraße an: »Menschenskind, machen Sie auf, in der Bornholmer rennen die Leute schon seit einer Stunde durch.«
Einer ruft: »Am Checkpoint Charly kann man durch!«
Ein Wartburg quetscht beim Zurückstoßen einen Trabant an die Mauer. Der Fahrer scheint das nicht bemerkt zu haben, er rast davon.

Ein Mann hängt schluchzend über seinem Trabant. Er hat ihn an einen Laternenpfahl gekracht. Nun kommt er nicht weiter. Er ist sturzbesoffen. Er lallt: »Ick will endlich frei sein.«

Ein Mann schreit von seinem Balkon: »Bürger dieser Welt, schaut auf diese Stadt!«
Der erste Schritt in den Westen.
Stapelweise Sektflaschen. Johlende Menschen. Wir landen in einer Nebenstraße.
Kein Jubel.
Ich habe Angst.

Freitag, 14.5.93
8 Uhr Beschäftigungstherapie.
Ich beginne eine Plastik Don Quichotte. In einem Anfall von Größenwahn beschließe ich, ihm die Rosinante beizugeben.
Das Problem sind die Pferdebeine. Wie kriegt man sie stabil. Habe mir aus Motzen einen Satz Schlüsselfeilen mitgebracht. Ich denke, daß sie die Hitze des Brennofens überstehen. Ich werde sie als Stützen in die Beine einarbeiten.

Bei Gesprächen untereinander dominiert das Wort *ich*. Es werden Monologe aneinandergereiht. Solidarität bleibt so ziemlich außen vor. Ich erinnere mich an die nächtliche Szenerie in der unteren Etage, als Herr B. auf dem Boden lag und schrie. Der schweigende Chorus um ihn herum.

Zwei Niederlagen habe ich anzumelden.
Ich bin im Besitz eines Fahrrades und eines Miniradios mit Kopfhörer. Beide Dinge hatte ich vor nicht so langer Zeit als Beweise des Seßhaftwerdens bezeichnet und deshalb zutiefst verachtet. Jetzt sehe ich das anders. Das Fahrrad ermöglicht mir eine kleine Freiheit. Ich bin beweglich, kann die Gegend erkunden, mich unter die Menschen mogeln. Das Radio ermöglicht mir, bei dem unsäglich banalen Gequatsche wegzuhören, außerdem ist es ein Draht zum »Draußen«.
Werde ich zum Castorp? Beginne ich mich zu arrangieren?
Mine reagiert entsetzt, als ich mich Hans Castorp nenne. Eigentlich sollte das ein Witz sein. Vorsicht mit Witzen. Zur Zeit hab ich damit meine Schwierigkeiten, meist kommt es zu Mißverständnissen. Ein Kranker wird immer wörtlich genommen. Humor traut man ihm wohl nicht zu.

Morgen verläßt uns Vera. Mein Schmerz hält sich in Grenzen. Sie ist eine gewaltige Nervensäge. Aber sie ist die zweite nach Sabine, die geht, seit ich hier bin.
Ich wollte der erste sein.
Soll ich abbrechen? Finde ich hier meine Chance? Beginne ich nicht, mehr und mehr einer Selbsttäuschung zu unterliegen? Aus Bequemlichkeit? Alternativen gibt es nicht.

Ich muß die Strecke zu Ende bringen, darf nicht ausscheren. Ungeduld darf nicht zum Motor meiner Entscheidungen werden.
Ich darf mich nicht arrangieren. Muß mir mehr abverlangen. Die Meßlatte höher legen, als für ein gutes Zeugnis erforderlich ist. Mir meinen Stolz, mein Selbstwertgefühl erhalten. Die Zeit als sinnvolles Training auch fürs Zusammenleben nutzen. Ich habe Muße, im Buch des Lebens blättern zu dürfen. Nicht nur im Familienalbum, auch in der Enzyklopädie.

Die Anteilnahme meines Arbeitgebers ist phänomenal. Außer einem Anruf vom KGB, den Stand der Dinge betreffend, hält man sich diskret zurück. Ach, die Diskretion.
Wenn man allabendlich auf der Bühne hehre Gefühle produzieren muß wie Liebe, Treue, Menschlichkeit, bleibt wohl tagsüber kein Raum, selbige zu praktizieren. Ich will mich darüber nicht erheben, habe ich doch in ähnlicher Situation ebenso kläglich versagt.

Im Park geht der Zettelkleber um. An Bäumen und Zäunen befestigt er Botschaften. Ich hab ihn in Anlehnung an »Wie es Euch gefällt« Orlando getauft. Heute fand ich am Steg des Ententeichs folgenden Aufruf: »Wo sind eigentlich in dieser Angelsaison die Angelboys mit ihren dicken geilen Schwänzen?«

Tief im Laub vergraben, habe ich Herrn B. gefunden. Beim Spaziergang am Teich sah ich unter den Büschen sein rotes Hemd leuchten. Ich habe ihn gesäubert und auf die Wiese gebracht. Er legte sich hin. Ich legte mich neben ihn, betrachtete lange sein Gesicht. Er sah mich ruhig an.
Ich habe ein bißchen Detektiv gespielt und einiges in Erfahrung gebracht. Herr. B. ist Musiker. Lange Jahre war er Solo-Flötist unter Karajan. Eines Tages holte er bei einer Probe eine Blockflöte hervor und spielte, während die Kollegen das Pensum absolvierten, eigene Kompositionen. Das war der Beginn seiner Krankheit. Nach seiner Einlieferung in die Bonhoeffer-Klinik konnte er parallel dazu seine Arbeit als Musikpädagoge fortsetzen. Ich habe Leute gesprochen, die ihn in dieser Zeit als höflich plaudernden, angenehmen Menschen erlebt haben.

Von Zeit zu Zeit zog er sich zurück, man hörte aus einem abgelegenen Raum die Schreie. Es gab auch lange Phasen der Ruhe, Besserung schien in Sicht. Aber die rätselhafte Zerstörung breitete sich sukzessiv aus. Bald konnte er die Klinik nicht mehr verlassen. Seine Mitteilungen reduzierten sich auf die Schreie.
Hier auf Station I scheint er sich selbst überlassen. Sein Zustand ist verwahrlost, er ist schmutzig, wirkt trostlos vereinsamt. Seine Mitpatienten hassen ihn, seine Schreie treiben zum Wahnsinn. Die Pfleger sind überfordert, eigentlich brauchte er persönliche Betreuung.
Wir liegen wie Zwillinge im Mutterleib. Auge in Auge. Ein interessanter, gut aussehender älterer Herr mit klugen, grauen Augen. Im nächsten Moment könnte er den Mund öffnen und mir die komplizierten Gesetzmäßigkeiten einer Bachschen Fuge erklären.
Ich versuche ihn zu Reaktionen zu bewegen.
Ich sage: »*Ka-ra-jan.*«
Ich sage: »Sie müssen Ihr Instrument holen, Sie haben Probe.«
Ich sage: »Ich liebe Gustav *Mah-ler*.«
Vielleicht verstellt er sich. Versteht alles, spielt nur die Rolle des Verwirrten. Amüsiert sich über mich.
Ich frage ihn, ob er Kinder hat, Weihnachten liebt.
»Haben Sie alles vergessen, Herr B.?«
Er nickt.
So kann sich niemand verstellen. Und hätte er den Iffland-Ring.
Ein Mann naht. Teigiges Gesicht, starke Brille, ausgebeulte Hose, kurzärmliges Hemd über der Hose getragen.
»Herr B., es ist Zeit, wir müssen gehen.«
Es ist der Therapeut von Herrn B. Er wirkt unsicher, durch meine Anwesenheit irritiert. Seine Aufforderung klingt matt, eher mechanisch. Lange steht er schweigend vor unserem »Lager«.
»Möchten Sie nicht, Herr B., wir haben doch jetzt unseren Termin.«
Herr B. blickt mich unverwandt an: Hannemann, geh du voran.
»Gut, Herr B., wenn Sie nicht wollen, gehe ich wieder.«

Sagt's und verschwindet. Sichtlich erleichtert.
Das Gesicht des Herrn B. bleibt maskenhaft starr. Sein Blick ist nicht unangenehm. Er scheint ständig etwas sagen zu wollen.
Man sagt, daß Augen reden können: Sein Blick spricht Bände. – Können diese Augen lügen. – Sein beredter Blick. Mir fehlt das Talent, seinen Blick zu übersetzen. Ich stehe auf.
Herr B. wird unruhig. Er richtet sich auf. Ich spüre sein Bedürfnis, sich mitzuteilen. Ich möchte ihm helfen. Rede ihm gut zu. Tritt er aus seinem geheimnisvollen Schweigen?
»Geben Sie mir eine Zigarette.«
Der Satz steht klar und prononciert im Raum. Wenn denn einer da wäre.
Ich erinnere mich an eine Szene in »Einer flog übers Kuckucksnest«, als der stumme Indianer zur allgemeinen Verblüffung seinen ersten Satz ausstieß.
Da ich nicht rauche, muß ich eine Zigarette holen. Ich renne, als gälte es, ein Menschenleben zu retten.
Seit wir auf der Wiese sind, hat Herr B. nicht ein einziges Mal geschrien.

14 Uhr Einzeltherapie.
Ich erzähle von Herrn B. Frau Doktor hat ihn noch gar nicht wahrgenommen. Das Leid des Menschen läßt mich nicht los. In meiner Arbeit habe ich oft menschliches Leid darstellen müssen. Habe den Fundus meiner Erfahrungen geplündert, die Literatur zu Rate gezogen, mitunter Fachbücher studiert. Das fand ich ausreichend. Angesichts meiner Erlebnisse in der Klinik erscheint mir das alles vermessen. Meine gewohnten Kriterien geraten in Bewegung.
Ich bewundere die Therapeuten.
»Ist ein harmonischer Feierabend mit diesen Belastungen eigentlich möglich?«
»Ich denke schon. Es gibt Zeiten, da fällt es schwer. Da hilft die Erfahrung.«
»Wie verhalten Sie sich, wenn innerhalb einer Therapie ein Mord gestanden wird?«
»Ich muß zugeben, allzu häufig war das noch nicht der Fall. Da gibt es keine Verallgemeinerung.«

»Gibt es eine Schweigepflicht?«
»Es liegt im Ermessen des Therapeuten. Im streng juristischen Sinn nicht.«
»Das Opfer ist Ihre Tochter, der Mörder steht an der Dachkante des Wolkenkratzers. Sie müssen ihm versprechen, ihn nicht zu verraten. Sonst springt er.«
»Sie haben zu viele Krimis gespielt.«

Heute nacht haben sich Thomas und Steffen geschlagen. In dämmriger Morgenstunde gab es ein Riesengetöse. Stühle fielen um. Der Anlaß, neudeutsch würde man sagen: ungeklärte Besitzansprüche. Auf Sabine, die uns vor Tagen verlassen hat.
Die Station hat endlich wieder ein Thema. Wir steckten ein bißchen im »Sommerloch«. Man kann sich genüßlich auf dieses Ereignis stürzen. Tagelang diskutieren, spekulieren, verurteilen, verteidigen. Nach Herzenslust. Als gäbe es nichts Wichtigeres.
Ein unreifer Bubenstreich. Energieüberschuß. Reaktion unausgelasteter Jungmännerkörper. Wieso geschah das im Morgengrauen, nach durchgemachter Nacht? Sind wir im Ferienhotel?
Ähnlich wie vor großen Länderspielen, wenn ein ganzes Volk Trainer spielt und Mannschaftsaufstellungen vornimmt, wird jeder Patient zum Westentaschentherapeuten. Tiefsinnigkeit ist angesagt. Man hat ja schließlich was gelernt. Da wird ein klärender Faustschlag schon mal zur »befreienden Überreaktion«, zur »Kompensation eines Minderwertigkeitsgefühls«, »Spitze des Eisbergs«.
Meine Einschätzung des nächtlichen Ereignisses: Wir haben endgültig das Niveau einer Jugendherberge erreicht.

Abend auf der Terrasse.
Die Sonne verschwindet hinter dem Dach. Die Wiesen sind noch warm. Jeden Abend, pünktlich um sieben, setzt sich eine Amsel auf den Mauersims und schmettert ein Gutenachtliedchen.
Im Hof tropfen die Büsche. Ich habe gerade gesprengt.
Hätte man am Tag etwas Sinnvolles vollbracht, könnte man sagen, ein schöner Feierabend. Belassen wir es beim schönen Abend.
Rundum harmonisch könnte er sein, wären da nicht die Schreie des Herrn B. aus einer entlegenen Ecke des Parks.

Das Gefühl des Mitleids hat sich abgenutzt. Viele hören die Schreie nicht mehr. Ab und an: »Mein Gott, der Arme.«
Erika: »Ich bin nur froh, daß ich nicht mehr schreien muß. Ich bin zwar noch sehr unglücklich, aber ich muß nicht mehr schreien.«
Ich mache mich auf den Weg.
Im hintersten Winkel des Parks, direkt bei der S-Bahn, finde ich ihn. Lang hingestreckt. Wie der Vagabund Goldmund im hohen Gras. Neben ihm ein altersgebeugter Grabstein. Schadhafte Lettern: Irmgard Axt.
Schweigend marschieren wir unter Bäumen. Widerspruchslos trottet Herr B. hinter mir her. Als hätte ich mein Schaf auf der Weide abgepflockt und brächte es jetzt in den Stall.
Im Hof sind die Türen der Station I bereits geschlossen. Ich muß vorn rum und klingeln. Der Pfleger reagiert giftig. Kein Wort des Dankes. »Wir haben genug um die Ohren.« Ich hatte gar nichts gesagt.

> »In seinem Moosbett, vor dem Einschlafen, hörte er neugierig und ängstlich die vielen unverständlichen, rätselhaften Nachtgeräusche des Waldes. Sie waren jetzt seine Kameraden, mit ihnen mußte er leben, sich an sie gewöhnen, sich mit ihnen messen und vertragen; er gehörte zu den Füchsen und Rehen, zu Tanne und Fichte, mit ihnen mußte er leben, mit ihnen sich in Luft und Sonne teilen, mit ihnen den Tag erwarten, mit ihnen hungern, bei ihnen zu Gast sein.«
> (Hermann Hesse, Narziß und Goldmund)

Ich spiele Tischtennis mit Erika. Sie ist eine aparte Person. Ihre Füße sind zu groß, ihre lichte Höhe zu kurz. Der Körper ist knabenhaft. Ihr Gesicht erinnert an eine australische Tennisspielerin. Schöne Hände hat sie. Sie gibt sich emanzipiert, ist frappierend in ihrer Selbsteinschätzung. Sie hat leider, die Kindergärtnerin läßt sich nicht verleugnen, einen nervenden Tantenton.
Die Gründe für ihre Rückkehr in die Klinik sind symptomatisch für viele Fälle. In der Klinik ist man der Fall. Umgeben von Fachpersonal, ist man respektiert und akzeptiert. Man findet immer geduldige Zuhörer. Gerät dadurch leicht zu der Einschätzung,

Wichtiges zu verkünden zu haben. Draußen ist man wieder graue Maus, die niemanden interessiert. Logisch, daß man sich zurücksehnt.
Bei Erika besteht die Gefahr der Endlosschraube. Hier ist sie wer. Aufgrund ihrer Erfahrungen hört man auf sie. Ein bißchen Chairman, ein bißchen Frau Susanne. Das genießt sie. Sie ist eine Person, die mich interessiert.
Ständig das Gegenteil behauptend, ist sie beim Tischtennisspiel vom Ehrgeiz förmlich zerfressen. Gelassenheit, Selbstironie, Heiterkeit der Seele sind Fremdworte auf dem Campus. Das Häuflein ist angetreten, Defizite aufzuarbeiten. Ein harmloses Tischtennisspiel gibt darüber Auskunft.
Es wird dunkel. Ich bin froh, daß das ein Anlaß ist, das Spiel zu beenden. Die Verkrampfung ist lähmend. Kontraproduktiv. Es tut mir leid, wenn sie leidet, also versuche ich sie zu schonen.
Anschließend sitzen wir bei Mineralwasser auf der Terrasse. Der Mond ist gestiegen. Ein Entenpaar startet unten am Teich zum Brautflug. Ich habe dicke rote Kerzen von zu Hause mitgebracht. In den von ihren Etiketten befreiten Kaffeegläsern machen sie sich sehr gut als Windlichter.

Heute war ich Zeuge einer dramatischen Aktion.
Gegen Mittag stürmte ein Gartenkommando unsere Terrasse. Zwei bullig gewachsene Männer, in Stallone-Shirts und über und über tätowiert, enterten die Treppe, rissen die verwahrlosten Blumenkästen aus ihren Halterungen und verschwanden wieder. Schweigend, präzise. Professionell vorbereitet und durchgezogen. Wie ein Banküberfall. Nach wenigen Minuten, beinahe deckungsgleich der Vorgang noch einmal. Diesmal umgekehrt. Sie schleppten frisch bepflanzte Geranienkästen, befestigten diese am Geländer und huschten davon.
Und so sind wir in den Besitz einer Terrasse gekommen, die durchaus mit einer mittleren mediterranen Hotelanlage in Konkurrenz treten könnte. Dank unserer GSG 9 vom Gartenbau.
Ein stimmungsvolles Ambiente. Der Bilderbuchmond, die leise rauschenden Märchenbuchbäume im Park, die noch sonnenwarme Terrasse im Kerzenlicht.

Die Frau neben dir, den Pulli lässig über die Schultern geworfen, hat soeben die Marlboro TV-spotmäßig mit dem Rowenta-Snip angezündet...
Merkwürdig. Unser Zusammenleben hier ist bar jeder Erotik. Körperlich gesunde, ausgeruhte Menschen, Frauen und Männer mit unendlich viel Zeit, leben in einer Atmosphäre, die soviel erotisches Fluidum hat wie das Wartezimmer im Einwohnermeldeamt.
Erotik setzt Interesse für den anderen voraus. Hier ist jeder zu sehr mit sich beschäftigt. Die Blutdruckwerte des Tages sind wichtiger als der Wimpernschlag der Frau X.

Schönes Telefonat mit Mine. Wir freuen uns auf das Wochenende. Muß ja unbedingt mein Erotikdefizit aufarbeiten.

Sonnabend, 15.5.93
Mine hat ein Seidenband im Haar. Endlich mal wieder ein Kleid an. Fanny springt um uns herum.
Sigi P. sitzt auf einer kleinen Mauer am Eingang und raucht. »Komm bloß nich wieder zurück, hier machen se dir dot.«
Motzen ist sommerlich schön.
Wir haben uns viel vorgenommen.
Die romantische Bootstour.
Der Wind ist kühler, als wir dachten. Falsche Bekleidung. Es ist kalt. Das Wasser unruhig.
Die Radpartie durch den Kiefernwald. Die Wege sind sandig. Immer wieder müssen wir absteigen. Mine flucht. Ich habe einen lästigen Schnupfen.
Abends Grill. Das Fleisch ist gut, der Wein trocken.
Mine sagt, daß sie viel abschirmt. Den Alltag nicht an mich ranläßt.
Hier draußen habe ich es beinahe vergessen: Ich bin krank.

Sonntag, 16.5.93
Motzen zeigt sich von seiner besten Seite. Es ist nicht so warm,

daher wenig Besucher. Ich repariere das Dach. Mine kocht Spargel. Wochenendidylle.
Ich sage Mine, daß ich wohl nicht mehr Theater spielen werde. Bin überrascht, wie leicht mir dieser Satz fällt. Wieder das Gefühl: »Ich lasse sagen.«
Mine reagiert gelassen. Was kann sie noch überraschen?
»Was es auch sein wird, wir werden es gemeinsam machen.«
Ich fühle mich besser.
Nach unzähligen Fehlversuchen gelingt es mir, die elektrische Wasserpumpe auf Trab zu bringen. Klares Wasser aus eigenem Brunnen strömt aus allen Hähnen. Ich fühle seit langem erstmals wieder Zufriedenheit. Als hätte ich den Brunnen eigenhändig gebohrt.
Am Tag, als der Regen kam.

Montag, 17.5.93
8 Uhr Musiktherapie.
Nach langem Herantasten kommt es zu einem Dialog. Erika mit der Sopranflöte, ich mit der Tenorflöte.
Endlich einmal Ruhe. Konzentration.
Erst sind wir entfernt, dann zögernde Annäherung, schließlich Gemeinsamkeit. Dann Ablehnung, Kampf, Ermattung.
Eine spannende Geschichte. Eine Stunde, wie ich sie mir lange gewünscht habe.
Begriffen, was Musiktherapie sein könnte.

10 Uhr Gruppentherapie.
Achtzehn Minuten Schweigen.
Dann trage ich tapfer meine Vorschläge vor, die Erweiterung unseres geistigen Horizontes betreffend.
Erika: »Ich habe kein Bedürfnis danach. Wenn ich Fragen habe, beantwortet die mir mein Therapeut.«
Ich: »Du bist sein Partner in der Rolle des Patienten. Möchtest du nicht in einem, sagen wir mal normalen Rahmen Gespräche führen. Gewissermaßen als Mensch mit Bedürfnissen, Training des Kopfes oder so?«

E.: »Brauch ich nicht.«
Rosi: »Wenn ich zuviel weiß, ist das gefährlich.«
Ich: »Man kann nie zuviel wissen.«
Rosi: »Wenn ich versage, dann ist die Niederlage viel größer.«
Frau Doktor: »Ich denke mal, im sogenannten normalen Bereich ist das Bedürfnis verständlich, sicher auch nicht die Regel. Nur hier sollte die Zeit schon für die Beschäftigung mit sich selbst genutzt werden.«
Ich: »Vierzehn Monate lang?«
Frau Doktor: »Die Strukturen ähneln sich, aber die Inhalte verändern sich.«
Erika: »Es liegt doch an jedem selbst.«
Ich: »Erika! Am Dienstag haben wir von 8 bis 11 Beschäftigungstherapie. Dann beschäftigst du dich bis 23 Uhr mit dir selbst und Mittwoch nach der Vollversammlung ab 10 Uhr das gleiche. Das kann doch nicht gut sein!«
Erika: »Ich bin sehr schnell erschöpft. Oft deprimiert.«
Ich: »Du brauchst Anregungen, Impulse.«
Erika: »Glaub ich nicht.«
Ich: »Man könnte doch mal einen Versuch starten.«
Der Rest der Gruppe schweigt.
Sicherheitshalber.
Vox populi.
Als ich gesagt habe, wir müssen Lebenszeit nutzen, hat mich keiner verstanden.
Ich bin traurig über die Menschen.

Ich bin ruhig.
Ich bin offen.
Ich erlebe Natur mit andren Augen. Geräusche. Gesichter.
Ich habe keine Angst.
Ein Leben in Watte.
Sensibilisiert.
Das Draußen ist fern.
Hüte dich, Bruder.
Wie nach einem Glas Rotwein am Vormittag. In matter Augustwärme, milden Sand unter nackten Füßen, auf dem Weg zum See.

Die träge Katze unter der Wacholderhecke, das Tschilpen der Spatzen...

Mittwoch, 19.5.93
In der ARD läuft die Vanek-Trilogie. Eine meiner letzten großen Arbeiten. Sie hat Spaß gemacht und gute Kritiken eingefahren. Ein Zusammenhang, der nicht üblich ist. Der TV-Raum ist voll wie nie. Ausverkauftes Haus.
Nach fünf Minuten verschwinde ich. Geh in den Park. Der dort spielt ist mir fremd. Ein Gefühl, wie wenn ich Verstorbene auf dem Bildschirm sehe. Mir ist zur Zeit nicht nur meine materielle Basis genommen, meine Wohnung, Motzen, die Menschen, meine Familie, auch meine ideelle, meine Arbeit, mein Selbstverständnis. Ich lebe in der Emigration.

Donnerstag, 20.5.93
Ich forme eine Tongruppe. Ein Mann hält schützend seinen Mantel über drei singende Kinder.

Sonnabend, 22.5.93
Mine bringt überraschend Lea mit. Tini ist plötzlich krank geworden. Mine will mich nach Hause holen und dann mit Tini zum Arzt fahren. Fühle mich überrollt. Plötzlich vereinnahmt mich Alltag. Wie ein weltfremder Großpapa komme ich mit der Situation nicht zurecht.
Versuche mich zusammenzureißen, mich über mein Enkelchen zu freuen.
Mine setzt mich vor unserer Wohnungstür ab, wird in einer Stunde wieder zurück sein.
Ein grauer Tag. Es hat angefangen zu regnen.
Gewohnt, ein Mittelpunkt der Familie zu sein, fühle ich mich am Rande. Ein lästiges Requisit.
Die Wohnung ist in einem chaotischen Zustand. Lea hat hier geschlafen. Spielsachen, Stifte, Papier sind verstreut. Die Betten nicht gemacht. Auf dem Tisch Reste eines hastigen Frühstücks.

Ich mache einen albernen Besichtigungsrundgang.
Mir ist kalt.
An den Scheiben Regentropfen.
Ich warte.
Ich sollte etwas tun, mich nützlich machen.
Ich verspüre Ladehemmung.
In einer fremden Wohnung räumt man nicht auf. Das gehört sich nicht.
Es ist still.
Regentropfen im Stecknadel-Stakkato auf den Zinkblechdachrinnen. Wellenförmig. Wind ist aufgekommen.
Plötzlich sind sie da.
Die rasenden Pferde.
In vollem Galopp.
Über die Brust.
Ich versuche mich abzulenken. Lese in der Zeitung. Die Buchstaben rotieren. Fotos auf dem Verschiebebahnhof.
Ich öffne das Fenster in meinem Zimmer. Zug entsteht. Eine Tür schlägt krachend zu. Ich gerate in Panik, verheddere mich in der Gardine.
Die Tabletten!
Finde mich beim Geschirr nicht zurecht. Trinke Wasser aus der hohlen Hand. Bruchstücke eines alten autogenen Trainingsprogramms fallen mir ein: Ich bin ganz ruhig, der rechte Arm ist schwer...
Der Mantel, die Tür, die Schlüssel, die Treppe, der Hof, die wochenendbelebte Straße.
Ich stehe unter einem Baugerüst. Es geht mir besser.
Die Niederlage kommt nicht überraschend für mich, sie hatte sich angekündigt. Die Intensität ist neu. Übergangslos und grausam.
Was habe ich geschafft? Nichts. Die Ratlosigkeit wächst sich zu einem alles übergreifenden Popanz aus.
Ich ziehe die Kapuze tief ins Gesicht. Fürchte Begegnungen. Ich mime eine Verabredung, schaue häufig auf die Uhr, schüttele mit dem Kopf. Es wird noch lange dauern. Arztbesuch, Kinder versorgen, Mine hat keinen Grund, sich zu beeilen. Wähnt sie mich

doch im gemütlichen Heim. Vielleicht läßt sie sich absichtlich Zeit, um mir Gelegenheit zu geben, mich einzuleben.
Ich gehe zur nächsten Straßenecke, mache am Mitropa-Gebäude eine Kehrtwende, marschiere zurück zum Baugerüst. Das Ganze zehnmal. Danach die andere Richtung zur Spree. Und wieder zurück. Zehnmal. Unter dem Gerüst zähle ich bis hundert. Ganz langsam.
Endlich unten beim Uni-Club unser schmutziges Auto.
Mine ist erschöpft. Die Haare hängen ihr ins Gesicht. Wimperntusche ist verlaufen.
»Warst du spazieren?«
Sie erzählt vom Arztbesuch. Nichts Ernstes. Tini kann Linn betreuen, wir nehmen Lea...
»Bring mich bitte zurück.«
»In die Wohnung?«
»In die Klinik.«
»Nein!«
»Ich muß.«
Mine blickt mich lange an. Ihre Augen werden hart.
Sie legt den Gang ein. Mit einer kleinen blutleeren Faust. Sie fährt schnell. Wortlos.
Lea sitzt wie ein begossener Pudel auf dem Rücksitz. Sie spürt die Spannung.
Karger Abschied.
Das Haus ist menschenleer. Ich begegne niemandem. Schiebe den Passierschein durch einen Fensterschlitz im Cockpit. Erreiche unbemerkt das Zimmer. Es kommt mir vertraut vor. Die Neutralität tut gut. Wie nach einem Marathonlauf sinke ich aufs Bett. Liege unbewegt. Mein Kopf ist leer.
Die Schwester steht plötzlich vor meinem Bett. Sie hat den Blick, den man für Problemfälle parat hat.
»Brauchen Sie etwas, soll ich den Arzt rufen?«
»Danke, ich möchte nicht gestört werden.« Ein Satz wie aus einem Drehbuch.
Empfinde die Zurückhaltung als wohltuend.
Stunden vergehen. Man läßt mich in Ruhe. (Leider?)
Ich schlafe.

Abends Mines Anruf. Zum erstenmal habe ich nicht den Wunsch, mit ihr zu sprechen. Ich überwinde mich. Völlig zu Unrecht hat sich mein Groll gegen sie gewendet. Sie war mir weit entrückt. Sie mußte Entscheidungen treffen. Die nichts mit mir zu tun hatten.
Aber das Schlimmste: Beim Abschied spürte ich ihre Resignation. Hat sie mich aufgegeben?
Jetzt, mit einigem Abstand, versuche ich mein Gehirn zu ordnen. Wir sind beide wortkarg. Verstört und verloren. Wie elternlose Kinder, denen das Haus abgebrannt ist.
Mine wird morgen kommen. Wir müssen zusammensein.
Ich schleiche zurück in mein Loch.
Auf meinem Telefongang bin ich einigen Mitpatienten begegnet. Der Abend wird eingeläutet. Sprich: Das Mensch-ärgere-Dich-nicht-Spiel wird aufgestellt. Man betrachtet mich wie einen Außerirdischen.

Sonntag, 23.5.93
Mine gibt sich fröhlich, Lea weint.
Es regnet immer noch. Wir machen einen langen Spaziergang in unserem Park.
Auf den Wegen jede Menge Nacktschnecken. Tiefbraune und orangefarbene.
»Warum haben die kein Haus?«
»Wer hier ist, hat kein Haus.«
»Hör auf, du bringst das Kind durcheinander.«
Mine versucht mich aufzumuntern. Ein hoffnungsloses Unterfangen.
Ich bitte um eine Auszeit. Verabschiede mich schnell und flüchte in meinen Bau. Ich bin müde, so müde.
Bilder aus meiner Kindheit fallen mir ein.
Die ersten Schuljahre in Lichterfelde-Süd. Verwirrte Knabenliebe zur Klassenlehrerin Fräulein K. Nach einem beschwerlichen Wintermarsch zog sie im Klassenraum Trainingshosen aus.
Warum wurde mir so heiß. Ein Kribbeln und Rumoren. Mein Kindsein geriet aus den Fugen...

Dann gab es einen aufregenden Tag.
Man experimentierte in dieser Schule mit neuen Lernmethoden. Eine davon war zum damaligen Zeitpunkt eine Sensation: der Handarbeitsunterricht für Knaben. Dort erlernten wir das Anfertigen von Knopflöchern, von Ballnetzen, endlosen Würsten aus dem »Fleißigen Lieschen«, von Mausezahneinfassungen und vieles mehr.
Unsere Aktivitäten wurden zu einem Ereignis für die Medien, die man damals noch gar nicht so nannte. Rias-Reporter, allerlei Zeitungsleute und Männer vom Film gaben sich die Klinke in die Hand.
Und ich hatte meinen großen Auftritt.
Die »Fox Tönende Wochenschau« hatte von unserem Klassenzimmer mit umfänglichen Gerätschaften Besitz genommen. Eine Institution. Wenn damals etwas Große Welt assoziierte, dann war es die »Fox Tönende Wochenschau«.
Bei der Suche nach einer ulkigen Einstellung war die Wahl der Macher auf mich gefallen. Klein von Wuchs, agil und wichtigtuerisch, wie ich war, sollte sie ihr Instinkt nicht täuschen.
Ich wurde auf einem Stuhl postiert und bekam mein Häkelzeug in die Hand gedrückt. Bleiches Knäuel, Riesenhäkelhaken, schmuddeliges Maschenläppchen, Ergebnis wochenlanger Mühen.
Über die Filmprozedur ziemlich im unklaren, wußte ich gerade so viel, daß man das, was an diesem Vormittag produziert wurde, irgendwann vor einem kernigen Wildwestfilm anschauen konnte. Ansporn, die Sache gut zu machen.
Ich bereitete mich gründlich vor. Auf den rechten Zeigefinger wikkelte ich reichlich 30 cm Wollfaden. Das mußte genügen. Der Häkelhaken wurde parallel zu dem inzwischen blau angelaufenen wolleumwickelten Zeigefinger in Stellung gebracht.
Jemand gab einige Kommandos. Licht flammte auf. Eine unförmige Kamera blickte mich durch ein großes Objektiv ernst an.
Es wurde still. Bis auf ein leises Brummen.
Ich begann mit meiner Arbeit.
Der Haken war plötzlich so lang. Der Finger steif. Die Wolle schien festzukleben. Die Stille nahm mir die Luft. Hitze schoß mir in den Kopf, die Ohren glühten, vor den Augen drehten sich Woll-

faden und Häkelhaken. Ich stand vor einem Dilemma. Ich hatte die Kunst des Häkelns vergessen.
Haken in die Masche, Schlinge durchziehen. Das Ganze von vorn oder hinten durch die Masche? Mein Haken fuhrwerkte schauderhaft im Wollgespinst herum. Ich änderte die Taktik. Da mich niemand erlöste, legte ich alle zur Verfügung stehenden Finger schamhaft um den Ort des Geschehens und imitierte mit dem sichtbaren Teil des Hakens Häkelbewegungen. Mein erster Leinwandauftritt wurde ein voller Erfolg.
Die zur Premiere geladenen Eltern lachten sich scheckig über die Produktionsschwierigkeiten des Zweitkläßlers.

Alle zwei Stunden schleicht jemand fürsorglich an mein Bett. Krankenzimmeratmosphäre.
Ich bin krank.

> »Wer ist es, der mir sagen kann, wer ich bin?«
> (Das Lear-Motiv)

Montag, 24.5.93
Ich verweigere den Gehorsam.
Kann mich unmöglich vor die Trommel setzen oder zwanzigminütiges Schweigen ertragen. Außerdem möchte ich mich mit meinem Problem bemerkbar machen. Endlich einmal. Also doch etwas gelernt.
Aber ich bin kein Pflegefall. Also raus aus dem Bett. Mich zieht's in den Park. Meinem wichtigsten Therapieraum.
Von seiten der Behandelnden keine Reaktion. Hätte schon gedacht, daß der betreuende Therapeut nach dem Rechten schaut. Wahrscheinlich empfindet das der Betroffene dramatischer. Für den Therapeuten grauer Alltag. Einerseits bin ich erleichtert, andererseits enttäuscht.
Der Park wirkt wie eine Herz-Lungen-Maschine auf meinen fast erloschenen Körper. Ich mache Riesenschritte und schwinge meine Arme wie Popeye.
An den ehrwürdigen Baumriesen stehen Tafeln mit Informationen. Da sind Robinien, Spitzahorn, Eiche, Hainbuche, Roßkasta-

nie, Linde, Birke, Bergahorn. Der Farn steht meterhoch. Die Luft ist naß und faulig. Im nördlichen Zipfel des Parks befindet sich eine kleine Kapelle. Neben dem trutzigen Neubau der Forensik duckt sie sich tief unter Büschen. Eine Miniausführung der Kongreßhalle. Das Holz ist verwittert, der Beton rissig. Eine Anschlagtafel kündet von evangelischen und katholischen Gottesdiensten. Menschen habe ich dort nie gesehen.
Etwas abseits ein hölzerner Glockenstuhl.
Auf einer Tafel ein Bonhoeffer-Text:

»Von guten Mächten wunderbar geborgen
erwarten wir getrost, was kommen mag
Gott ist bei uns am Abend und am Morgen
und gewiß an jedem neuen Tag.«

Birkenzweige hängen tief herab. Ich sitze auf der kleinen Bank.
Über mir ohrenbetäubendes Krähengeschrei.
Auf dem betonierten Fahrweg an der Kirche vorbei herrscht reger Betrieb. Versorgungsfahrzeuge, Patienten, einzeln und in Gruppen. Gespenstische Erscheinungen. Kreischende, Lallende, stille Grinser, Spucker, Schlafwandler.
Jemand setzt sich zu mir.
»Guten Morgen.«
»Morjensiebenjahrebinichhierisdetnicheenskandaldieärztesindschweine.«

Kurz vor der Visite kommt Frau Doktor. Ich erzähle in groben Zügen von meiner Niederlage. Wie üblich keine sichtbare Regung. Sie bietet mir eine zusätzliche Therapiestunde an. Sie würde den Plan umstellen. Ich bin einverstanden.

13 Uhr Einzeltherapie.
»Zunächst einmal muß ich mich entschuldigen, daß ich so spät gekommen bin, ich habe das erst zu diesem Zeitpunkt erfahren.«
Alle zwei Stunden schlich eine Schwester um mein Bett und hielt besorgt Ausschau. Schon merkwürdig, daß der leitende Arzt und behandelnde Therapeut erst so spät informiert wird.
»Irgendwo war ein Knoten in der Leitung.«

»Das kann vorkommen.«
»Sind Sie wegen der Enttäuschung, daß ich nicht gleich gekommen bin, in den Park gegangen?«
Obwohl es nicht der Wahrheit entspricht, bejahe ich die Frage. Ihre Unsicherheit tut mir gut. Ich gehe in die Offensive: »Erklären Sie mir als Therapeut, wie es zu diesem Wochenende kommen konnte.«
»Sie mißverstehen meine Aufgabe. Ich bin nicht dazu da, Ihnen Ihr Leben zu erklären, ich möchte Ihnen dabei helfen, selbst zu Erkenntnissen zu kommen.«
»Also gut. Noch mal ganz von vorn: Als wir losfuhren, war ich bester Laune.«
»Was war mit Enkelkind Lea. War bei Ihnen nur Freude?«
»Natürlich, ich hatte sie ja eine Ewigkeit nicht gesehen... Es war schon eine Überraschung. Es war ja nicht abgesprochen.«
»Es war eine schöne Überraschung, aber nicht auch eine schöne Bescherung?«
»Verstehe ich nicht.«
»Hat es Sie nicht auch verärgert?«
»Verärgert? Wieso denn? Ich habe eine wundervolle Beziehung zu meinem Enkelkind.«
»Das hat ja damit nichts zu tun. Ihre Frau hatte doch ohne Ihr Wissen entschieden. Sie haben immer gesagt, Familie würde Sie im Moment überfordern.«
»Richtig. Na gut, da ist etwas dran. Ein bißchen bin ich ins Schwimmen gekommen. Meine Frau hat das auch gemerkt. Nachdem sie mir die Situation erklärt hatte, war ja dann alles in Ordnung.«
»Gut. Und weiter?«
»In der Wohnung hat es mich überrascht. Aus heiterem Himmel kam es über mich. Niemand hat etwas gesagt, niemand hat etwas nicht gesagt. Ich war ja allein in der Wohnung.«
»Sie sagten, die Wohnung war in einem chaotischen Zustand.«
»Das ist eine ganz falsche Fährte. Wie Sie unschwer an meiner Lagerstatt erkennen können, lebe ich selbst ziemlich chaotisch und habe eine eher legere Auffassung von Systematik. Also kann mich das nicht irritiert haben.«

»Sie sagten, daß Kindersachen herumlagen?«
»Ja. Da stand der Wäschekorb, das Bügelbrett, Geschirr und was weiß ich noch alles, aber das ist doch keine Katastrophe?«
»Eine ähnliche Situation wie im Sommer, als Ihre Tochter das Enkelkind erwartete und schließlich bekam?«
»Ja, das kann man sagen.«
»In dieser Situation haben Sie sich in Ihren Turm zurückgezogen?«
»Ja.«
»Sie waren wieder ausgeschlossen, scheinbar nicht beachtet?«
»Ja.«
»Hatten Sie am Sonnabend irgendeine Aufgabe, sollten Sie etwas erledigen?«
»Ich hatte nur zu warten.«
»Und es regnete.«
»Strippen.«
»Es war düster.«
»Am Himmel und in der Seele.«
»Logisch.«
»Was hätte ich tun sollen?«
»Ich könnte es mir leicht machen und sagen, Sie hätten bleiben müssen. Ob es besser gewesen wäre, kann ich nicht beurteilen.«
»Sie haben mir immer den Vorwurf gemacht, meine Trauer nicht konsequent auszuleben. Ich habe auf meine Trauer reagiert.«
»Was Sie getan haben, mußten Sie tun.«
»Ich danke Ihnen.«
An diesem Montagabend habe ich viel nachzudenken.
Auf dem Hof schmettert Sigi P. »Schwarzbraun ist die Haselnuß«.

Dienstag, 25.5.93
Schreibe für Mine das Gedicht »Der Dom der Bäume«:

Im Dom der Bäume klingt heut ein Choral
Gewaltig schwingen die Töne
Verloren steh ich im grünen Saal

Beweine was ich ersehne
Wo find ich mein Lied
Das einst ich besessen
Die Wolke sie zieht
Alles hab ich vergessen.

Nachmittags Gespräch Frau Doktor – Mine. Ich habe darum gebeten, nicht dabeisein zu müssen. Erhoffe beim Frau-Frau-Dialog eine größere Direktheit, damit neue Erkenntnisse.
Das Ergebnis ist ziemlich nichtssagend. Allgemein Bekanntes. Eine Negativerkenntnis bleibt unterm Strich: Ich werde noch einen Monat bleiben müssen. Es heißt, ich sei ein »schwieriger Fall«.

## *Im Film wirken Sie immer viel dicker*

Von meinem Fahrrad wurde der Sattel geklaut. So ein Ding kostet reichlich sechzig Mark.
Vielleicht ein scheuer Liebhaber, der jetzt mit meinem Sattel ins Bett geht. Wenn ihm das Spaß macht, könnte ich den Verlust verschmerzen.

Zwei Neue sind zu uns gestoßen. Schlicht wie ihre Namen. Klaus und Michael.
Klaus rennt im Turnhemd rum und hat sich nach der Beschäftigungstherapie erboten, den Fußboden zu fegen. Er kann nur aus dem Osten sein. Er ist umtriebig und mitteilsam. Noch am selben Abend weiß die Station, daß er Klempner ist und unter Depressionen leidet.
Michael ist zurückhaltender. Er ist Arbeiter, wirkt ausgeglichen, um die Vierzig und kann mit einer tiefen Stimme herrlich lachen und schwäbeln. Meine Jagd auf Gesprächspartner werde ich wohl aufgeben müssen.
Meine wichtigsten Aktivitäten liegen unverändert in den Arbeitstherapien. Meine Tonarbeit kommt gut voran. Mittels Literatur und Gesprächen, auch über Mißerfolge, lerne ich viel über Material und Technik. Kann inzwischen auf ein bescheidenes Œuvre schauen:

| | |
|---|---|
| Nr. 1 Lebenskünstler | Vagabund mit Flöte unter einem Baum. Farbig. Gebrannt. |
| Nr. 2 Don Quichotte | Ritter mit Lanze neben Pferd. Ungebrannt. Grün/grau Engobe. |
| Nr. 3 Zuwendung | Mutter und Kind. Gebrannt. Natur. |
| Nr. 4 Lazarus | Kriechender (Herr B.). Gebrannt. Natur. |
| Nr. 5 Bürgers Freud | Spießer auf dem Sofa. Gebrannt. Bemalt. |
| Nr. 6 Schutzengel | Mann breitet Mantel über drei singende |

| | |
|---|---|
| | Kinder. Gebrannt. Dunkelbraun. Bemalt. |
| Nr. 7 Torso | Frauenakt. Aufgeschnitten, ausgehöhlt. Gebrannt. Weiß engobiert. |
| Nr. 8 Mine und Fanny | Geschenk für Lea. Aus Zeitgründen nicht gebrannt. |

Ich plane demnächst Lear 93 und eine Vase für Motzen. Denke viel über die Arbeit nach, plane neue Projekte. Renne bei jeder Gelegenheit in den Arbeitsraum, kontrolliere Trockenprozesse, Brennabläufe. Wenn es sehr warm wird, müssen die Arbeiten abgedeckt werden; trocknen sie zu rasch, bilden sich Risse.
Finde den Schlager »Was wird aus mir, was soll nun werden?« passend. Werde ihn bei Sigi in Auftrag geben. Morgens, nach dem Wecken, gewissermaßen als Leitmotiv für den Tag. Und abends zum Zapfenstreich zu schmettern.

Donnerstag, 27.5.93
10 Uhr Gruppentherapie.
Mary, die fotogene Zigarettenarbeiterin, wird bald gehen. Eine freundliche, etwas verdrehte Person. Ein Jammer um jeden Tag, den sie länger hier ist. Sie fühlt sich stark und optimistisch. Würde mich sehr freuen, wenn sie's schaffte. Bei ihr besonders. Die Runde schweigt immer betreten, wenn einer seinen Weggang plant. Die Zurückbleibenden fühlen sich schuldig. Wie bei der Mathearbeit. Einer hat die Aufgabe vorzeitig gelöst, klappt sein Heft zu, gibt es ab und verläßt den Raum.
Mary ist glücklich. Es taucht die Frage auf, was ist Glück? Was ist Unglück? Wie schnell kann aus Glück Unglück werden und umgekehrt. Wunschlos glücklich. Eigentlich ein Widerspruch. Der Wunschlose ist unglücklich.
Michael, der Neue, berichtet, daß es ihm bereits sehr gut ginge. Er schwärmt vom zweiten Frühling seiner Ehe. Sie kommt jeden Tag, beide turteln wie zwei Teenager.
Ich melde an, daß ich einen Zustand der Stagnation erreicht habe. Mein Respekt vor der Wissenschaft sei geschwunden. Ich vermisse

den Mythos der weißen Kittel (vielleicht liegt das daran, daß hier keine getragen werden). Was ich erlebt habe, ist durchschaubar. Glaube an etwas beinhaltet ein Stück Unwägbarkeit.
Schlußwort von Frau Doktor: Von großer Wichtigkeit sei Geduld. Es gebe Leute, die in ihrer Ungeduld unfähig seien, die kleinen, bereits erzielten Fortschritte zu sehen, und sich so das Leben unnütz schwermachten.
Heute regnet es. Mein Problemwetter. Und der Tag ist noch so lang. Beginne Robert Musils »Mann ohne Eigenschaften«. Brillant geschrieben. Ein Meister des Fabulierens. Man braucht große Konzentration. Zur Zeit ein Problem für mich.
Aus Zimmer 207 erklingen Operettenweisen, im Aufenthaltsraum klickern Scrabble-Steine, im Gang Murmelgespräche über Estragon-Essig, aus 211 Rosis Bronchitishusten. Sie hat gerade zwei geraucht, da rasselt's am besten.
Mine kommt heute abend. Ein Hoffnungsschimmer.

Freitag, 28.5.93
Beschäftigungstherapie. Lerne die beiden Neuen im Töpfern an. Sie folgen mir willig, beinahe respektvoll. Für mich eine gute Gelegenheit, die neu erworbenen Fähigkeiten zu testen.

14 Uhr Einzeltherapie.
»Wie fühlen Sie sich vor dem langen Wochenende? Fürchten Sie sich vor etwas?«
»Vor Regen.«
»Haben Sie etwas aus dem letzten Wochenende gelernt?«
»Ich weiß nicht.«
»Wirklich nicht?«
»Ich weiß nicht, warum ich neuerdings in Schwierigkeiten gerate, wenn ich an meine Familie denke.«
»Sie waren immer stolz auf deren Stabilität?«
»Bin ich auch noch, aber ...«
»Aber?«
»Meine Kinder haben mich noch nie gefragt, ob ich Probleme, Sorgen, Ängste habe. Das liegt wohl in der Natur der Sache ...«

»Vielleicht haben Sie ihnen das Fragen schwergemacht?«
»Sicher, ich wollte immer stark erscheinen. Die Ambivalenz meines Lebens. Das Sehnen nach Zuwendung einerseits, andererseits die Kultivierung des Alleinseins.«
»In der letzten Gruppensitzung hatte ich den Eindruck, daß Sie sich erstmals ein wenig geöffnet hätten.«
»Meine Glücksdiskussion stieß auf wenig Echo.«
»Aber Herr M., in seinem Ehehimmel, hat Sie interessiert?«
»Menschen interessieren mich immer.«
»Warum öffnen Sie sich nicht mehr in der Gruppe?«
»Ich möchte nicht.«
»Warum haben Sie über Ihren Zustand am letzten Montag kein Zeichen gegeben, die Gruppe hat sich Sorgen gemacht.«
»Ich habe Zeichen gegeben.«
»Sie haben sich eingeigelt. Gut, eine Art Zeichen. Aber nicht gerade eine Ermunterung, auf Sie zuzugehen.«
»Mehr Instrumentarien standen mir nicht zur Verfügung.«
»Sie waren enttäuscht darüber, daß ich nicht gleich gekommen bin?«
»Enttäuscht ist mir zu dramatisch. Ich fand's mit Verlaub etwas schlampert. In den Park wäre ich sowieso gegangen.«
»Warum haben Sie sich nicht gleich bei mir gemeldet?«
»Das brauchte ich nicht. Ich hatte ja den Park.«
»Lag der Grund Ihrer Resignation in der Tatsache begründet, daß ich jetzt vierzehn Tage in Urlaub gehe?«
»O nein. Ehrlich gesagt, das hatte ich ganz vergessen.«
»Wenn Sie möchten, können Sie in dieser Zeit mit Dr. E. zusammenarbeiten.«
»Ich wünsche Ihnen einen schönen Urlaub.«
»Schon gut.«

*Klaus (40)*

Kältetechniker. »Fröhliches Haus«. Klein, gedrungen, O-Beine. Blaugraue Kinderaugen. Stirnglatze. Ein Typ wie aus einem Schukschin-Film. Grellbunte Schnäppchen-Klamotten. Eher für einen Oberschüler geeignet. Redet schneller, als er kann. Verhaspelt sich, kommt ins Stottern. Nach der Lehre ungebundenes Le-

ben eines Junggesellen. Auf ausgiebigen Montagetouren bieten sich reichlich Möglichkeiten, das Leben in vollen Zügen zu genießen. Irgendwann wird er seßhaft, landet in Weißensee. Er heiratet, bekommt eine Tochter. Sein Leben scheint in geordnete Bahnen zu kommen. Aber liebgewordene Gewohnheiten des Junggesellendaseins will er nicht opfern. Es kommt wieder zu Montagetouren, und Klaus läßt »die Puppen tanzen«. Seine Frau zahlt mit gleicher Münze zurück. Es kommt zur Scheidung. Er leidet zutiefst unter der Eifersucht. Der andere Mann war stärker. Schlecht und recht wurstelt er allein in seiner Wohnung weiter. Die frühere Unbekümmertheit will sich nicht wieder einstellen. Bei einem Unfall am Swimming-pool kommt seine Tochter ums Leben. Klaus ist tief betroffen. Dieser zweite Schlag macht ihm das Leben in seiner heimischen Umgebung unmöglich. Er beantragt die Ausreise. Das ist eine mühsame und demütigende Tortur. Schließlich gelingt es ihm. Im Westen findet er sich schnell zurecht. Seine verbindliche, offene Art findet überall Anklang. Arbeit, eine Wohnung, es geht ihm gut.
Nach dem Fall der Mauer strömen die alten Kumpel in seine Wohnung. Das irritiert ihn. Zunächst nicht erklärbare Ängste befallen ihn. Die alte Zeit kommt wieder hoch. Erneut versucht er zu fliehen. Eine Billigreise nach Südamerika. Mit vielen »Puppis«. Nach der Heimkehr holen ihn seine Depressionen wieder ein. Er begibt sich in Behandlung. Drei Monate versucht man es mit Spritzen. Ohne Erfolg. Er landet bei uns. Anfangs ist er munter, sprüht förmlich vor Energie. Inzwischen quält er sich. Langeweile. Angst vor den Therapiegesprächen.
»Det kommt allet wieder so hoch!«
Er muß viel telefonieren. Er hat eine Flamme in Prenzlau, eine in Neustrelitz.
»So irjendwat fürs Herz brauchste doch. Aber ick wees nich, ick wees nich.«
In der Kunsttherapie verfertigt er ein buntes Kinderbild mit Sonne, Sand und Meer. Auf die Frage, was er mit dem Bild ausdrücken möchte, antwortet er: »Det allet wieder ins Lot kommt, man wieder übern Berg ist, det Leben schön.«
Abends zeigt er mir stolz farbige Fotos von Cilla, seiner Flamme in

Brasilien. Bei einem Bild, wo Cilla den nackten Po ins Objektiv hält, kommt Klaus ins Schwärmen.
»Hätte ja Cilla aus Brasilien gleich mitnehmen können. Aber die Sprache, die Sprache...«

30.5./31.5. Sonntag/Montag, Pfingsten
Wir sind in Motzen. Bis auf ein paar Durchhänger (morgens) geht alles gut. Das Wetter hilft mir.
Montag in der großen Kirche des Paul Gerhardt in Mittenwalde. Predigttext Turmbau zu Babel. Der Pfarrer, älterer Herr mit der Routine des »Langzeit-Seelsorgers«, liefert eine Predigt, die er auch vor fünfzig Jahren hätte halten können. Im riesigen Kirchenschiff acht Besucher, davon vier Angehörige des Pastors. Der Gesang klingt entsprechend. In schönster Sonne relaxen wir auf Liegestühlen, Wiese und Terrasse. Reden viel, mitunter Schweigen. Mine hört sich mit Engelsgeduld den drögen Klinikquatsch an. Wir diskutieren über die Therapiegespräche. Bin überrascht, wieviel Zeit man mit meinem Seelenleben ausfüllen kann. Wir haben keinen Kontakt zur Außenwelt. Leben wie unter einer Käseglocke. Das Telefon schweigt meist, die Jasminhecke ist hoch, mein selbstgezimmertes Haziendator schützt wehrhaft. Ich fühle mich geborgen.
Ich hatte einen Traum: Ich bin im Theater. Alles ist fremd. Die Räume, die Menschen. Ich öffne die Tür im Foyer der Kammerspiele, blicke auf den Theatervorplatz. Überrascht stelle ich fest, daß der Platz tief unten ist. Eine Treppe mit über fünfundzwanzig Stufen. Ich denke, da ist man so lange in diesem Haus und hat das nie bemerkt. Wie schlecht man doch beobachtet. In einem Kantinenraum drängen sich viele mir unbekannte Menschen. P. kommt im picobello Jackett und macht etwas Small talk. Er sagt zu mir: »Es wird schon wieder.« Dann ist er weg. Ich komme mir einsam vor. Ich muß einen Journalisten suchen, der mich interviewen will. Ich finde ihn, er sitzt mit einem Schlagersänger zusammen. Ich haue ab. Denke an der Tür, so sang- und klanglos kannst du nicht weg. Ich gehe zurück. Ich ziehe mich nackt aus. Gehe durch die Kantine. Niemand bemerkt das.

Im Radio erzählt die Schauspielerin Jutta W. über gesundes Selbstbewußtsein in der Ex-DDR. Da ich befürchte, daß sie sogleich über das neugefundene reden wird, stelle ich ab.

Dialog Sigi P. – Karajan.
Sigi: »Wat jab et gleich heute mittag?«
Karajan: »Hering.«
Sigi: »Ach ja, der beißt jetzt.«
Karajan: »Ja, jetzt im Juni beißt der Hering. Gute Fangzeit.«
Sigi: »Nee, der beißt im Darm, Mensch!«

Dienstag, 8.6.93
Schlechte Phase. Frau Doktor in Urlaub. Vertretung des Dr. E. erweist sich als nicht sinnvoll. Ein freundlicher Mann, der geduldig zuhört, mit mir aber nichts anzufangen weiß. Mehr und mehr wird mir klar, daß die Einzeltherapiegespräche für mich zum Zentrum geworden sind. Fehlen sie, wird der Tag zu einer einzigen Beschäftigungstherapie. Die Stunde hat Flächenwirkung. Fehlt sie, fehlen Anstöße, Reibeflächen, das Gehirn droht endgültig zu entschlafen.

In die Gruppe ist Bewegung gekommen. Zwei »Alteingesessene« sind gegangen. Ute und Helga.

*Helga (55)*
Helga ist die tragische Figur der Gruppe. Sie ist Hausfrau und lebt an der Seite eines gut verdienenden Ehemanns. Ungeklärte Rükkenschmerzen haben sie von Arzt zu Arzt getrieben. Schließlich landete sie hier. Man versuchte die Ursachen im psychosomatischen Bereich zu finden, diese Prozedur zieht sich inzwischen fünfzehn Monte hin. Eine Heilung ist nicht in Sicht. Im Gegenteil, es gibt Tage, da rennt sie schmerzgeplagt den Gang auf und ab. Heimliche Konsultationen bei einem Homöopathen führen beim Bekanntwerden zu Mißstimmungen. Die Fronten verhärten sich. H. ist ein blonder, kühler Typ. Im schmerzfreien Zustand ist sie eine harsche, ziemlich selbstsichere Person. Kommt der Schmerz

über sie, ist sie kaum ansprechbar. Sie tigert zwischen Bett und Korridor hin und her, raucht ununterbrochen, kratzt sich, stöhnt und jammert. Diese Phasen machen die Hälfte ihres Tages aus. Ich habe Helga gefragt, was sich seit ihrem Hiersein verbessert habe. Die Antwort lautete: »Ich kann jetzt rausgehen, zumindest in den Park, und meinem Mann habe ich gesagt, daß es so nicht weitergeht. Jetzt ist er etwas netter zu mir.«
Vierzehn Tage vor dem abgesprochenen Ende ihres Aufenthaltes packt Helga plötzlich ihren Koffer, zitiert ihren Mann herbei und verläßt grußlos das Haus. Es heißt, sie will sich eine andere Klinik suchen.

*Ute (38)*
Verwaltungsangestellte. Ein Circulus vitiosus in Verbindung mit Alkohol hat sie hierhergebracht. Nach einem halben Jahr geht es ihr besser. Sie wirkt aufgekratzt, entwickelt Teenagerallüren. Freund, Feuerwehrmann Lutz, besucht sie fast täglich.
Ute ist ein Kumpeltyp, hilfsbereit, ein Mensch, den man nachts um drei aus dem Bett klingeln kann mit der Bitte: »Gib mir doch mal Feuer.« Ihr Abschied ist rührend. Tränenüberströmt redet sie von einer hier gefundenen Familie und Heimat, von Geborgenheit und Freundschaften. (Eigentlich müßte man sich glücklich schätzen, noch ein paar Tage in diesem Paradies verweilen zu dürfen.)

## *Ihr lungenkranker Dichter war aber niedlich*

Dienstag, 15.6.93
Bei einer unglücklichen Seitwärtsbewegung erleide ich einen Muskelfaserriß im linken Bein. Jetzt sitze ich in einem schmierigen Krankenwagen und bin auf der Fahrt ins Humboldt-Krankenhaus. Von der Straße kann ich nichts sehen. Milchglasscheiben. Komme mir vor wie auf einem Gefangenentransport. Nun bin ich völlig abhängig. Jeder Willkür überlassen.
In der Aufnahme ist reger Betrieb. Meine Sanitäter haben mich nach kurzer Absprache mit dem Aufnahmepersonal verlassen. Ich kann nicht gehen, muß auf einem Bein hopsen. Eine Tatsache, die meinen Auftritt nicht gerade souverän macht.
»Wooo wohhnäään Siiiie?«
Ich denke, daß es sich um eine Verwechslung handeln muß. Ich bin kein Ausländer.
»Warum schreien Sie so, ich habe ein kaputtes Bein, kein kaputtes Ohr.« Die Schwester, im Alter meiner Tochter, wirft einen gequälten Blick an die Decke.
»Seit wann berufstätig?«
»Weiß ich gar nicht, Moment, muß ich nachrechnen.«
Jetzt blickt sie beinahe entsetzt. Ich versuch's mit einem Scherz.
»Bei Ihnen ist das einfacher, bei mir liegt das schon ein paar Tage zurück.« Meine Art von Humor findet hier überhaupt keinen Anklang. Schlagartig wird mir ihr Verhalten klar. Ich bin ein Patient aus der Nervenklinik, alles, was ich sage oder tue, ist suspekt.
»Seit wann sind Sie krankgeschrieben?«
Um den letzten Rest Würde zu wahren, nenne ich irgendein Datum Mitte April. Als sie die Eintragung in die Akte vornimmt, hat sie eine steile Falte der Verantwortung auf der Stirn. Die Befriedigung einer gestrengen Mutter, deren Kind endlich den Brei aufgegessen hat.
Im Warteraum liegt auf einer fahrbaren Trage ein Mann mit frisch bandagiertem Arm. Er lacht immer in sich hinein.

Wir kommen ins Gespräch.
»Ick hing oben im Gerüst. Der Feuerwehrmann kam hochgeklettert. Irgendwer muß dem 'ne falsche Information gegeben haben. Jedenfalls haute der mir sofort 'ne Sauerstoffmaske ins Gesicht. Ick konnte überhaupt nischt sagen. Dabei war doch nur mein Arm kaputt.«
Ich werde in den Gipsraum gebracht. Die Behandlung ist korrekt und unpersönlich. Seit meinem Erlebnis in der Anmeldung bin ich auf alles gefaßt. Die Begegnung gibt mir zu denken. Immerhin die erste Konfrontation mit »Leben«.
Die Diagnose fällt ziemlich negativ aus. Der Riß scheint komplizierter Natur zu sein. Ich soll aber das Bein so bald als möglich belasten. Schonung würde den Heilungsprozeß verlängern.
Die nächste Zeit werde ich mich auf Krücken fortbewegen müssen. Da Erika vor einem Monat die gleiche Verletzung hatte, ebenfalls mit Verarztung und ähnlichen Erlebnissen im Humboldt-Krankenhaus, kann ich gleich ihre Gehhilfen »made in Denmark« benutzen.
Der Gipser macht einen intelligenten Eindruck. Wir wechseln ein paar sparsame Worte. Beim Abschied fragt er mit gedeckter Stimme, beinahe konspirativ: »Warum sind Sie denn bei Bonhoeffers?«
»Das ist eine lange Geschichte.«
»Alles Gute.«
Ich muß lange auf meinen Krankenwagen warten. Warum bin ich eigentlich so ungeduldig? Ich versäume nichts. Habe alle Zeit der Welt. Wie oft habe ich diesen Zustand herbeigesehnt.
Ich warte vor der Tür, halte Ausschau. Ein Feuerwehrwagen hält. Zwei Uniformierte steigen aus.
»Kiek mal, 'n Schauspieler aus'm Osten.«
»Mensch, kannste doch nicht einfach so sagen.«
»Ick find den ja jut, der spielt immer die Kernigen.«
Ich flüchte. Komme mir vor wie ein Enttarnter.
Die Anteilnahme der Mitpatienten ist minimal. Eine häufig beobachtete Tatsache. Wer selber leidet, hat kein Mitgefühl.
Mit Erika Erfahrungsaustausch. Ihr Erlebnis des Bonhoeffer-Outings ist ähnlich gewesen. Wir überbieten uns gegenseitig bei

der Schilderung der schließlichen Akzeptanz. Sie erzählt von charmanten Komplimenten des Gipsers. Ich male die Schauspielerepisode unnötig aus.

Meine Aktivitäten sind jetzt zwangsläufig eingeschränkt. Für mich eine Katastrophe. Der letzte Rest eines Selbstwertgefühls ist mir genommen. Mir bleibt nur noch das Lesen.
Neuerdings bin ich Nutzer der wenig frequentierten Klinikbibliothek. Diese befindet sich im weißen Würfelneubau gleich neben dem altersergrauten Klinkerbau des Hauptgebäudes. Um einen Innenhof mit Springbrunnen und verwahrlosten Pflanzen gruppieren sich eine Kantine, ein Secondhandladen mit Gratistextilien für Bedürftige, ein Basar mit Produkten aus der Arbeitstherapie und eben die Bibliothek. Der Bestand ist solide und bietet für eine gewisse Zeit ergiebige Auswahl. Leider sind die Bücher oft in so desolatem Zustand, daß einen schon beim Aufschlagen Übelkeit befällt. Das betrifft besonders sämtliche Solschenizyn-Ausgaben. Ich bedaure das, aus Zeitgründen habe ich mich nie mit diesem wichtigen Autor beschäftigen können. Hier wäre eine gute Gelegenheit. Ich überwinde mich zur Lektüre von »Der erste Kreis der Hölle«. Die Begegnung mit großartiger Literatur entschädigt mich für eine Woche Appetitlosigkeit.
Mit großem Interesse habe ich »Alltag in Moskau« von Lois Fischer-Ruge gelesen. Hier fand ich viele Parallelen zu meinen eigenen Moskauer Erlebnissen und neue Gesichtspunkte für das Verständnis des Phänomens Rußland. Das Buch erzählt plastisch und spannend, ohne zu agitieren. Die Autorin beginnt mich zu interessieren. Beschließe, ihr zweites Buch, »Alltag in Peking«, auszuleihen. Die Bibliothekarin ist eine grobkörnige Blondine mit Minirock und Krampfadern. Sie ist Patientin der Alkoholabhängigen-Station. Das Hobby steht ihr ins Gesicht geschrieben. Da sie oft fehlt, die Bibliothek dann geschlossen ist, neige ich zu der Annahme, daß sie ihrer Neigung noch nicht ganz entkommen sein kann. Auf meine Frage nach dem Buch reagiert sie unwillig.
»Is nich da.«
Meine wohl sichtbare Enttäuschung stimmt sie milder. Sie begibt sich nach Einsichtnahme ihrer Unterlagen erneut auf die Suche.

»Tut mir leid, ich find's nicht. Ausgeliehen ist es auch nicht.« Schade. Ich nehme mir einen Jahrgang »GEO«-Zeitschriften mit. Leider auch die nur lesbar mit Handschuhen.
Am Abend Anruf aus der Bibliothek, L. Fischer-Ruge habe sich angefunden. Morgen könne es abgeholt werden.
Ich freue mich. Nicht nur über das Buch.

Auf meinem Nachttisch, in einer Salatschüssel, eine Seerose. Mine hat sie mir heimlich nach dem letzten Motzen-Besuch in die Tasche geschmuggelt. Ein Gruß aus der Heimat. Von meinem Teich.
Der ist mein ganzer Stolz. Vor zwei Jahren habe ich ihn im Garten gegraben. Mit einer Folie ausgelegt und, unter tatkräftiger Mitwirkung von Enkelkind Lea, bepflanzt. Nachts wurde extra lange aufgeblieben, um die Spiegelung des Mondes auf der Wasseroberfläche zu beobachten. Da ein Gartenteich für ein Kind nach kurzer Zeit an Attraktivität verliert, fing ich in einem verschlammten Stichkanal drei Frösche. In Anbetracht ihrer grünen Farbe, tauften wir sie auf die Namen: BECK, TUBORG, JEVER. Ihr Quaken begleitete uns bis in unsere Träume.

Mägi ist aus ihrem nicht freiwillig gewählten Exil zurückgekommen. Ich habe ihr gegenüber ein schlechtes Gewissen. Sie hat sich bei meiner Schwester in der Schweiz wohl gefühlt, der Aufenthalt hat ihr gutgetan. Nun taucht sie wieder in die Verworrenheit ein, nichts hat sich geklärt. Ich wollte zu diesem Zeitpunkt weiter sein, mit ihr in Ruhe unser Zusammenleben besprechen. Ihre Anwesenheit ist für mich ständiger Vorwurf. Als treusorgender Sohn meine ich immer, Souveränität demonstrieren zu müssen. Ihre bewunderungswürdige Disziplin verhilft mir zu ständigen Minderwertigkeitsgefühlen. Und wie bei Vater führt uns Diskretion in die Stagnation. Es muß wohl an mir liegen.
Die Rückkehr meiner Mutter zwingt mich wieder zur Bilanz.
Viele Wochen sind vergangen. Außer einer weitgehend äußerlichen »Befriedigung« hat sich an meiner Situation nichts verändert. Ich habe einiges über mich erfahren, ein paar Zusammenhänge beginnen sich zu klären, aber der Umgang mit diesen

Erkenntnissen bleibt mir weitgehend rätselhaft. Das erinnert mich an einen Trinker, der in allen Facetten weiß, wie schädlich für ihn Alkohol ist, und trotzdem weitertrinkt. Meine Hoffnung auf medizinische Hilfe ist auf ein Minimum geschrumpft. Ich muß es allein schaffen.
Morgen habe ich meine erste Therapiestunde nach der langen Pause. Ich muß mein Dilemma auf den Punkt bringen. Das Palavern nützt mir nichts mehr. Ich muß mehr über den Defekt wissen.
Das Wetter ist kalt und windig. Ohne Heizung frieren wir erbärmlich. Ich habe keine warmen Sachen.

Tag- und Nachtvase
Torso
Vase mit Händen
Hirte
gehen heute in den Brennofen.
Eine spannende Phase.
Man ist nie gefeit vor Überraschungen.

Herr B. liegt auf der Wiese. Er ist naß vom Regen.
Als Mine kam, haben wir das Auto dicht herangefahren und eine Kassette mit Ludwig Güttler gespielt. Ich habe B. lange beobachtet. Keine Reaktion.
Herr E. hat mir erzählt, daß die Ärzte der Meinung sind, Herr B. leide unter einem krankhaften Geltungsbedürfnis. In allem, was er tut, liegt die Absicht, sich bemerkbar zu machen. Hilfe in Anspruch zu nehmen, Mittelpunkt zu sein. Das trifft sicher in Teilen zu. Ich meine aber, dafür gibt es Ursachen. Und da liegt die Tragik. Über den Grad der Kunst seiner Verstellung bin ich mir nicht im klaren.
Mein Gefühl sagt mir, daß ich es mit einer geschundenen Kreatur zu tun habe, und das erfordert mein Mitgefühl.
Ich habe eine Schachtel Zigaretten gekauft. Kann nicht mit ansehen, daß er jeden anfällt: »Kann ich eine Zigarette haben.«
Jetzt versorge ich ihn.
Herr E. sagt, daß Zigaretten für ihn von seinem Geld gekauft wur-

den. Er brauche sie nur bei der Schwester abzuholen. Sein Schnorren ist Wichtigtuerei.
Ich habe oft beobachtet, wie er die Zigarette nach zwei, drei Zügen wegwarf. Trotzdem versorge ich ihn weiter. Er soll spüren, daß sich jemand um ihn kümmert.
Nichts tut der Mensch uneigennützig. Natürlich profitiere ich von seiner Hilflosigkeit. Verschaffe mir eine Aufgabe. Mein Hinkefuß hat mich ihm auch optisch nähergebracht. Beobachte mich, wie ich seinen Gang imitiere. Aus den Krankengeschichten habe ich erfahren, daß der Weg von Station II zu I ein kurzer ist. Eine lächerliche Treppe zwischen zwei Etagen. Dieser Gedanke beschäftigt mich sehr.

»Im Meer ertrinkt man nicht, wohl in der Pfütze.«
(Russische Spruchweisheit)

*Über das Rauchen*

Eine der Hauptbeschäftigungen ist das Rauchen.
In der Chronischen Abteilung ist es die einzige Tätigkeit. Das Schnorren, das Drehen, das Feuergeben, das Geldorganisieren, das Demonstrieren von Kastenunterschieden füllt den Tag. Ersatzhandlung für vieles, was nicht möglich ist. Wie die tägliche Futterbeschaffung der Tiere.
Bei den Patienten der anderen Stationen kommt der Drang nach Emanzipation, nach Individualität hinzu. Unbekümmertheit soll ausgestellt werden. Vitalität. Man spricht auch auffallend laut und im Jargon. Niemand soll auf den Gedanken kommen, man hätte sich abgeschrieben. Die Therapien sind Demontagen. Dazwischen muß man sich aufbauen. Die Zigarette im Mundwinkel scheint dabei zu helfen.
Warum wird fast ausschließlich »Marlboro« geraucht? Inbegriff von Freiheit und Kraft.

Mittwoch, 16.6.93
Einzeltherapie.
»Ich halte mich nach wie für für unfähig, auf eine Bühne oder vor die Kamera zu gehen.«
»Beschreiben Sie das Gefühl bei diesem Gedanken.«
»Das Black-out-Erlebnis ist so stark, daß es eine Lähmung auslöst. Ich gerate in einen panikartigen Zustand. Es scheint mir stärker geworden zu sein. Ich sehe keine Zeichen, die Hoffnung auf Heilung versprechen. Warum ist das so? Meine Motivation geht in die Brüche.«
»Nun, wir haben eine ganze Reihe von Ursachen herausgearbeitet. Verschiedene Demütigungen in der Kindheit, Ihre übertriebenen Ansprüche an sich selbst, Ihre Tendenz zur Einigelung, der unkontrollierte Raubbau im mentalen Bereich, die gravierenden Verluste nach der Wende, die Enttäuschungen über die neue Lebensqualität, der Identitätsverlust, künstlerische Zweifel und schließlich der Kurzschluß, gewissermaßen das Durchbrennen der seelischen Sicherung.«
»Ich sehe das nicht so dramatisch. All das ist nicht falsch, aber doch nicht so existentiell. Das hört sich an wie das Psychogramm eines Paranoiden.«
»Ich gebe zu, das ist eine vereinfachte Darstellung, umreißt aber in etwa den Stand unserer Arbeit. Das gilt es natürlich zu vertiefen.«
»Mein Gott, wohin soll denn das noch führen. Ich will mir mein gelebtes Leben nicht zertrümmern lassen.«
»Davon kann ja gar nicht die Rede sein. Um einen Neueinstieg zu ermöglichen, müssen Sie Zusammenhänge erkennen.«
»Das ist alles so theoretisch, ich möchte endlich Erfolge; dieses Erlebnis vergessen.«
»Falsch. Das Eingeständnis Ihrer Niederlage war für Sie ein sehnsüchtig erwarteter Lösungspunkt. Mit Vergessen kommen Sie nicht weiter.«
»Mir wieder zu dramatisch. Sagen Sie mir doch nur, wie ich aus dem Loch rauskomme.«
»Sie müssen eine neue Einstellung finden. Dazu brauchen Sie Zeit.«

Man hat mit mir ein Experiment vor. Meine angemeldeten Zweifel scheinen die Überlegung ausgelöst zu haben, einen anderen Weg zu versuchen. Ich werde drei Wochen lang eine Tablettenkur machen. Gewisse seelische Attacken können Eiweißveränderungen im Gehirn auslösen und zu Depressionen führen. Dies könnte ein Medikament ins Lot bringen. Ich bin so deprimiert, daß ich meine grundsätzliche Aversion gegen Tabletten überwinde und mich bereit erkläre. Gravierende Nebenwirkungen oder gespenstische Veränderungen meiner Persönlichkeit werden ausgeschlossen. Ist das Resignation? Oder der Mut der Verzweiflung? Beides. Hat mich die ganze Zeit mein Hang zum Abenteuer, meine angeborene Neugier in dieser Einrichtung überdauern lassen, bin ich jetzt ziemlich mürbe, will aber nichts unversucht lassen.

Auf dem Hof singt Sigi:
»Küsch misch einmal, küsch misch schweimal
küsch misch dreimal heute nacht.«
Kein Zahn im Maul.

Schwester M. kommt ins Zimmer.
»Gleich kommt ein Elektriker, lassen Sie sich nicht stören, er ist etwas forsch.«
»Verstehe, er denkt natürlich, er kommt zu Idioten.«
»Na hören Sie mal, wir sind doch eine psychosomatische Abteilung.«
»Das müssen Sie dem mal erklären.«
»Das steht doch draußen auf dem Schild.«
»Und der weiß um die feinen Unterschiede?«
»Das merkt er doch, zum Beispiel an Ihnen.«
»Bin ich mir nicht so sicher. Ich bin Patient in der Bonhoeffer-Klinik. Das reicht.«
»Sie dürfen das nicht so negativ sehen.«
»*Ich* sehe nichts Negatives.«

In der I brüllt einer:
»Das ist ja nicht auszuhalten, hier wird man ja verrückt!«

Auf dem Vorplatz steht Frau Doktor und unterhält sich mit einer Kollegin. Sie ist heiter und lacht, gestikuliert, streicht sich die Haare aus dem Gesicht. Gut sieht sie aus.
Ich denke über meine Zukunft nach. Sehe mich mit Mine als Obdachlose durch das Land ziehen. Finde bei Solschenizyn Trost. Der Häftling Bobynin sitzt beim Minister für Staatssicherheit. Der ist sauer, daß der Häftling ihm nicht den gebührenden Respekt zollt. B. fläzt behaglich im kostbaren Sessel und dreht sich eine Zigarette. Tabakkrümel fallen auf den Teppich. Der Minister zeigt sich hochgradig empört. Darauf B.:

»Verstehen Sie und geben Sie es dort oben an die weiter, die es nötig haben, daß sie nur so lange mächtig sind, wie sie den Menschen nicht ALLES weggenommen haben. Denn ein Mensch, dem sie ALLES weggenommen haben, ist außerhalb ihres Machtbereichs, er ist wieder frei.«

Mein Sascha ist gekommen. Ein bissel blaß, schmal und groß. Da steht er, verloren und fremd. Wir begrüßen uns wie nach einer Urlaubsreise. Mine läßt uns allein. Ich rede wie ein Wasserfall, will wohl damit verhindern, daß er von »draußen«, sprich: vom Theater erzählt. Er hört zu. Sehr aufmerksam. Ganz vertraut. Ich versuche krampfhaft positiv zu wirken. Muß ständig irgendwas verteidigen. Darf keine Schwäche zeigen.
Sascha ist achtundzwanzig. Im saftigen Mannesalter. Für mich bleibt er das Kind, und ich spiele ein dämliches Vaterklischee vor. Und er ordnet sich brav in das Schema, lauscht folgsam, geduldig, im Inneren sicher heilfroh, es bald überstanden zu haben.

»Weißt du, warum Pferde so lange leben?
Weil sie nie ihre Beziehungen zueinander klären wollen.«
(Alte russische Spruchweisheit)

Ich führe meine »Einrichtung« vor. Wir machen eine Rundfahrt.
Wie ein Besitzer. »Nach Gutsherrenart.«
Was geht in meinem Jungen vor?
»Mein Sohn, ehrlich, habe ich mich verändert?«

»Nein, überhaupt nicht.« Ich glaube ihm. Oder muß ich das? Eins überrascht ihn. Er hatte gemeint, ich wäre in Anstaltskleidung. Brutal wird mir vor Augen geführt, welches Bild von mir »draußen« kursieren muß.
Die Verabschiedung. Lange halten wir uns in den Armen. Sicher wird er später einmal Ähnliches über seinen Vater zu Papier bringen, wie ich das über meinen getan habe. Sie kannten sich alle. Die verfluchte Sprache der Gene. Lieb hab ich den. Er hat so vieles von mir. Paradox: Dann müßte ich ihn eigentlich hassen.

In den sechziger Jahren habe ich einen schönen Film gedreht. Aus Hunderten von Bewerbern wurde ich für die Rolle ausgewählt. Eigentlich war ich zu alt für den siebzehnjährigen Oberschüler. Man schleppte mich in die Charité. Dort mußte ich mich einer Hormonbehandlung unterziehen. Ob's was genützt hat, kann ich nicht beurteilen. Experten müßten sich mal mit dem Zusammenhang beschäftigen, daß ich in dieser Zeit meine Zwillinge gezeugt habe. Die Rolle war eine sogenannte Traumrolle.
Ein Oberschüler gerät in Konflikt mit der Heuchelei der Erwachsenen und zieht sich in die Einsamkeit eines verfallenen Schuppens zurück. Dort will er aus eigener Kraft sein Abitur schaffen. Er bekämpft Lehrer, Mitschüler, Eltern. Ein einsamer Idealist. Eine Rolle nach meinem Gusto. Meine erste ganz große Filmrolle.
Mit Feuereifer stürzte ich mich in die Arbeit. Alles machte Spaß und schien das Tor für Weiteres zu öffnen. Es kam anders.
Im Dezember 1965 tagte das 11. Plenum des ZK der SED und hat den Film kurzerhand verboten.

> »In dem Film ›Denk bloß nicht ich heule‹ zeigen sich dem Sozialismus fremde, schädliche Tendenzen und Auffassungen.« (Walter Ulbricht)

Das war ein Schlag, über dessen Folgen ich mir damals nicht im klaren war. Daß Dinge verboten wurden, gehörte zu unserem Alltag. Diesmal hatte es mich besonders hart getroffen.
Das Leben ging weiter. Ich arbeitete fleißig am Theater. Im Film herrschte Funkstille. Heute weiß man etwas mehr über den dama-

ligen Kahlschlag. Kaum ein Genre der Kulturlandschaft wurde verschont. In unserem Fall waren die Sanktionen besonders hart, da der Film als Paradebeispiel ideologischer Verirrung hingestellt wurde. Die Schöpfer wurden entlassen, Disziplinarstrafen wurden ausgesprochen, Gelder eingefordert, schwarze Listen angefertigt.
Vierundzwanzig Jahre später erlebte ich tatsächlich noch die Premiere.
Anläßlich der Filmfestspiele in Berlin im Februar 1990 wurden die sogenannten »Regalfilme« uraufgeführt.
Auf diese Weise hatte ich das zweifelhafte Vergnügen, meine Premiere im von mir so geliebten Kino »Delphi« in der Kantstraße erleben zu dürfen. Vierundzwanzig Jahre nach der ersten Klappe sah ich meinen Film zum ersten Mal. Mein im Zuschauerraum sitzender Sohn war bereits älter, als ich es damals war. Anschließend gab es ein makabres Zuschauergespräch. Auf der Bühne saßen die zornigen »Jungfilmer«. Alle, außer dem Darsteller, um die Sechzig und älter. Der Kameramann, zum Zeitpunkt des Films hoffnungsvoller Senkrechtstarter, heute verbittert und mit eisgrauem Rauschebart. Er hatte nie wieder einen Film gemacht. Der Regisseur schwer gezeichnet von einem kürzlich erlittenen Herzinfarkt. Die kahlköpfigen Autoren, der sich »na und, Premiere wie andere auch«-gebende Jung/Alt-Star. Eine Leichenfeier. Immerhin, die TAZ verlieh mir posthum den Titel »James Dean des Ostens«. Leider hatten wir nicht so schnelle Autos.

Ich geh auf die Terrasse. Im strömenden Regen sitzt Sigi P. auf seinem Stuhl. Als er mich sieht, schmettert er: »Nie schollst du misch befraaaagen.«

Donnerstag, 17. 6. 93
Herr B. kommt hoch auf die Terrasse und setzt sich neben mich. Er seufzt mehrmals und blickt mich herausfordernd an. Dann erfolgt wieder sein Abstieg. Nach fünf Minuten wiederholt sich der Vorgang geradezu identisch. Die Schwester naht:
»Der Mann muß runter. Das ist verboten.«

»Soll ich ihn runterschubsen?«
»Sie ermuntern ihn, heraufzukommen.«
»Der Mann braucht Zuwendung. Er ist sehr krank. Ihm geht es schlechter als uns. Wir sind verpflichtet zu helfen.«
»Das verstehe ich, aber die Hausordnung...«
»Ist ja korrekt.«
Ich sage Herrn B., daß er gehen müßte, wenn er was möchte, solle er sich melden, ich käme dann runter. Gehorsam macht er sich an den Abstieg.
Erika beschwert sich, daß er den Stuhl beschmutzt habe. Ich hole aus der Küche einen Scheuerlappen und wische den Stuhl ab. Brauche einen Spaziergang.
Auf meinem Weg zum Park überfällt mich Sigi P. unten am Tor. Er ist aufgeregt, muß mir eine wichtige Mitteilung machen.
»Weeste wat, hier klauen se alle wie die Raben, weeste, wat ick dajejen mache? Janz einfach, ick habe einfach nischt.«

Ein Neuer hat sich eingefunden. Junger, ziemlich dicklicher Mensch mit Presley-T-Shirt und Coca-Cola-Hosen. Er will die Therapie abbrechen. Grund: Es gäbe zuwenig zu essen.

Ein weiterer Neuzugang:

*Marion (26)*
Stammt aus einer Gastwirtsfamilie. Alkohol und Schlägereien gehören zum Kinderalltag. Das Verhältnis Eltern–Kind ist gespannt. Viel Arbeit und Trubel. Niemand hat richtig Zeit füreinander. M. zieht sich zurück, verkriecht sich. Als Teenager lernt sie einen vierundzwanzig Jahre älteren Mann kennen. Der trennt sich daraufhin von seiner Familie. Anfangs geht es ganz gut, zwei Einsame hatten sich gefunden. Der Mann entwickelt sich zum Säufer. Kommt nur noch am Wochenende. M. verrichtet eine ungeliebte Arbeit, geht nach Hause, setzt sich vor den Fernseher. Die Wochenenden verbringen sie mit Essen und Fernsehen. Ist der Alkoholpegel entsprechend gestiegen, kommt es zu Tätlichkeiten. M. isoliert sich vollends. Weint viel. Sieht in ihrem Leben keinen Sinn. Sie hat Angst vor Menschen. Unsere Gruppe ist ihr zu groß.

Sie leidet unter starken Hemmungen. Sie ist stolz, daß sie in der Gruppe von sich erzählt hat. Sie fürchtet sich vor der Kunsttherapie. Sie könne nicht malen und schäme sich deshalb. Auch die Musiktherapie sei ihr ein Graus, sie könne kein Instrument spielen, und gesungen habe sie das letztemal in der Schule. Nach der Gruppentherapie sage ich ihr ein paar freundliche Sätze: »Du brauchst in der Kunsttherapie keine Leistung abzuliefern. Es schadet nichts, wenn du erst einmal nichts machst und dir den Betrieb in Ruhe anschaust. Das Wichtigste ist, daß du dich nicht schon wieder verbiegst. Dazu hast du draußen genug Gelegenheit.«
Sie tut mir leid. Ein verheultes Kind. Vielleicht hat's ihr geholfen.

Am Anfang der Stunde hatte ich Frau Doktor gefragt:
»Ist die Vollversammlung eigentlich unantastbar?«
»Als Einrichtung? Ja.«

Der Tag klingt aus mit einem Spruch von Sigi P.: »Weeste, warum ick mir die Hosenbeene hochkremple? Ick will austrocknen.«

Ein Ausflug ins Paracelsusbad wird in Angriff genommen. Das Projekt war lange Tagesgespräch. Nach gründlicher Erwägung hatte die Leitung ihren Segen gegeben, die Zeitplanung aufgestellt, den Freitagnachmittag festgelegt. Je näher der Termin rückte, desto mehr sprangen ab. Übriggeblieben sind Erika, Mary, Monika und Steffen. Rucksäcklein werden geschnürt, Handtücher eingerollt, Kosmetiktaschen kontrolliert. Anschließend würde es noch ganz groß ins Café gehen. Endlich wortreicher Abschied. Schwester H. umarmt jeden, als ginge es in die Fremdenlegion. Ein rührendes Grüppchen. Steffen als Leitwolf, schreitet wie John Wayne. Erika wirkt noch kleiner als sonst. Mary stakst wie eine Barbiepuppe, Monika macht viel zu kleine Schritte. Jeder hat Angst vor seinen Problemen in der Öffentlichkeit.
Als ich am späten Nachmittag aus dem Park zurückkomme, sitzen sie schon wieder alle da. Das Bad hatte geschlossen.
»Und der Cafébesuch?«

»Hatten wir keine Lust mehr.«
Sie sitzen da wie eine Fußballmannschaft nach einer Heimschlappe.

»Ich kämpfe ohne Hoffnung, daß ich siege
Und wußte, nie komm ich gesund nach Haus.«
(Heinrich Heine, Enfant perdu)

Das Wochenende wollen wir in Berlin wagen. Wir sind gespannt, welcher Art die Katastrophe diesmal sein wird.
Sigi P.: »Abends gehen die Leute otewolé suppieren und streicheln sich die Arme.«
Dann singt er: »Mein Vater war ein Wandersmann.«

Einzeltherapie.
Ich spiele ununterbrochen Rollen. Als Vater, als Freund, als Liebhaber, als gereifter Ratgeber, als Schelm, als Nachbar usw. Und entsprechend sind auch meine Reaktionen einstudiert.
Andre machen ihr Hobby zum Beruf. Ich meinen Beruf zum Hobby. Alles ist durcheinander. Wo bin ich eigentlich selbst?
Auch hier in der Klinik habe ich ein stattliches Repertoire aufgebaut.

Sigi P.: »Im Schumann-Theater bist du? Da hab ick Amphitryon gesehn. Der Zuschauerraum ist wie ein Kino. Laß mir doch bei dir Garderobjé in Amphitryon sein.«

Montag, 21.6.93
Gutes Wochenende. Monteverdi-Konzert im Dom mit gleichnamigem Chor. Der Dom ist monströs. Innen gediegen. Bis auf das Glasmosaik an der Decke ist alles fertig. Material vom Feinsten. Den Hohenzollern hätte es mit Sicherheit gefallen. Mir nicht.
Die Schloßattrappe auf dem Marx-Engels-Platz ist eine Sensation. Von der technischen Seite. Ansonsten Filmkulisse.
Die Diskussion läßt mich kalt. Wenn man Geld hat und es ausgeben möchte, ist der Bau eines Schlosses nicht die schlechteste Sa-

che. Kritisch wird es immer bei Imitaten. Gestandenes soll gehegt und gepflegt werden, koste es, was es wolle. Zerstörtes wieder nachzugestalten ist widernatürlich. Das erinnert mich an Zeitzurückdrehen. Irgend etwas Gewesenes soll Auferstehung feiern. Neben den Mauern auch Geist? Und da wird's heikel.

Mit Mägi erste Kontakte. Sie ist aufgeregt. Sie erwartet von mir Zeichen. Leider redet sie ununterbrochen. Und nur von sich. An jeden begonnenen Gedanken von mir knüpft sie sofort Erlebnisse aus ihrem Leben.
Es könnte alles so einfach sein.
Konkrete Frage, konkrete Antwort.
Und den anderen ausreden lassen.
Die einfachsten Grundregeln des Dialogs.
Das Einfache, das schwer zu machen ist.

*Ein Tagesablauf.*

6 Uhr 15
Der erste Duschgast. Mein Bett steht unmittelbar neben einer Verbindungstür zum Bad. Das Duschgeräusch ist so intensiv, daß ich meine, den Kopf einziehen zu müssen, um mich vor Spritzern zu schützen. Die Sonne knallt auf die verschossenen grünen Vorhänge. Heiß wird es werden.
7 Uhr 15
Die ersten Lieferfahrzeuge rollen an. Unmittelbar unter unserem Fenster werden Frühstück, Materialien für die Therapiearbeit, Möbel, Grünpflanzen usw. entladen. Die Motoren dieseln während dieser Zeit weiter. Dazu babylonisches Sprachengewirr: Deutsch, Türkisch, Vietnamesisch, Bulgarisch, Polnisch.
7 Uhr 30
Aufstehen.
Die morgendlichen Verrichtungen sind auf ein Minimum reduziert. Wir haben eine Technik entwickelt, daß immer nur einer am Waschbecken agiert. Man geht sich aus dem Wege. Ein murmeliges »Guten Morgen« ist die einzige Kommunikation.

7 Uhr 50
Spießrutenlauf durch die Reihen der Frühaufsteher im Tagesraum.
Frühstück.
Auf einem Servierwagen Schrippen, verschiedene Brotsorten, Butter, Käse, Marmelade. Hier in der Klinik habe ich für mich den Pfefferminztee wiederentdeckt.
Aus frühen Kindertagen kannte ich ihn als Heilgetränk bei verdorbenem Magen. Er schmeckt. Vermittelt einen Hauch Gesundheit.
8 Uhr Musiktherapie.
Über drei Treppen gelangt man in den Keller.
In einem bunkermäßig gesicherten Raum (berechtigt) findet die Musiktherapie statt. Im Raum befinden sich Instrumente, überwiegend Schlagwerke, Trommeln, Tamburine, Schlaghölzer, Xylophone, Marimbaphone, Vibraphone, Gitarren, ein Klavier, ein Harmonium, Flöten, eine Geige, Mundharmonikas, Kastagnetten. Unter Anwesenheit der Musiktherapeutin und der Oberschwester werden eine Stunde lang Improvisationsübungen veranstaltet.
9 Uhr
Pause.
2. Frühstück Obst oder Hanuta.
10 Uhr
Gruppentherapie.
Wenige Minuten vor zehn erlischt plötzlich das muntere Geplauder. Man erhebt sich mit einer gewissen Feierlichkeit und schreitet prozessionsartig zum Gruppenraum am Ende des Ganges.
11–11 Uhr 30
Visite.
Ein Überbleibsel der Krankenhauspraxis. Ärzte, Therapeuten und Oberschwester rauschen von Zimmer zu Zimmer. Jeder Patient hat sich an seinem Bett aufzuhalten. Dort wird ein individuelles Gespräch geführt.
Probleme, organisatorische Fragen können geklärt werden.
Ab 11 Uhr
Mittagessen. Anschließend Mittagsruhe.

15–17 Uhr
Beschäftigungstherapie Gruppe A und B. Das wird überhaupt nicht wahrgenommen. Ich bin dort meist der einzige.
17 Uhr 30
Abendbrot. Die Zeremonie gleicht der am Mittag.
Die Abende sind grundsätzlich frei. Im Aufenthaltsraum werden allerlei Spiele gemacht.
Ab 19 Uhr darf der Fernseher eingeschaltet werden. Es gibt Ausnahmen: Tennis, Pokalspiele, auch als mal ein Film von mir lief, konnte das früher geschehen.
Ich verbringe meine Abende meist im Speisewagen. Das ist der Korridor vor meinem Zimmer. Ich sitze auf einem Stuhl (in Fahrtrichtung), blicke in die Wolken, habe mein Buch vor der Nase und warte darauf, daß der Zug endlich mal abfährt.
Wenn es dunkel wird, gehe ich in den Gruppenraum, um zu schreiben. Am Gemeinschaftsleben nehme ich, von seltenen Ausnahmen abgesehen, nicht teil.
Wenn Mine mich besucht, gehen wir in den Park. Dort können wir bis 22 Uhr bleiben. Wenn wir das Gelände verlassen, müssen wir um 20 Uhr zurück sein. Dazu muß man sich einen Ausgangsschein holen. Ich mache das nie, dehne meine Parkspaziergänge einfach ein bißchen aus. Mitunter gehen die bis zum Bahnhof Zoo.
Für das Wochenende muß man bis zum Dienstag Urlaub eingereicht haben, das wird aber nicht allzu streng gehandhabt.
Der Urlaub beginnt Freitagnachmittag nach den letzten Therapiestunden und endet Sonntag 20 Uhr.
23 Uhr ist Nachtruhe.

Mittwoch, 23.6.93
17 Uhr Einzeltherapie.
»Es gibt ein Symbol der Macht, das das Personal von der Patientenschaft unterscheidet.«
»Ein Symbol der Macht? Das hört sich ja martialisch an. Was sollte denn das sein?«
»Der Schlüssel.«

»Was für ein Schlüssel?«
»Der Dreikantschlüssel, den Sie alle bei sich tragen.«
»Ach so. Was ist denn daran so bedrohlich?«
»Bestimmte wichtige Türen, sämtliche Fenster lassen sich nur mit diesen Schlüsseln öffnen. Das ist mir verwehrt. Ich habe keinen Schlüssel. Wenn ich das Fenster öffnen will, muß ich die Schwester darum bitten.«
»Immerhin hat das einen bestimmten Grund.«
»Natürlich. Alles hat einen bestimmten Grund. Verliert dadurch nicht an Bedrohlichkeit.«
»Bedrohlichkeit?«
»Ich empfinde es als eine Form der Bedrohung. Wenn die Schwester schlüsselklickenderweise den Gang entlanggeht, schon wird mein Zimmer zur Zelle. Ich empfinde das als Bedrohung, wenn Sie den Gruppenraum betreten, zu Ihrem Stuhl gehen, sich hinsetzen und den gewichtigen Schlüssel neben sich auf den Teppich legen. Das ist Waffe. Auch jetzt, auf Ihrem Schreibtisch, sehe ich in die Mündung Ihrer Waffe. Die Dreikantöffnung ist auf mich gerichtet.«
»Eine interessante Metapher.«
»Nicht nur eine Metapher. Es ist auch eine Insignie. Eine Legitimation. Auf der einen Seite Sie, die haben, auf der anderen Seite die, die nicht haben.«
»Ein überraschender Blickwinkel. Lesen Sie zur Zeit Kafka?«
»In einer Nervenklinik braucht man den Kafka nicht zu lesen. Da lebt man ihn.«
»Das sind düstere Worte. So kenne ich Sie gar nicht.«
»Ich mich auch nicht.«

Sigi P.: »Wegen abstehenden Ohren sitzt hier keena.«

Die Tablettenkur hat begonnen. Ich warte stündlich auf eintreffenden Frohsinn.
Ich habe den Beipackzettel unerlaubterweise eingesehen. Das las sich wie eine Seite Inhaltsangabe im Doktorbuch. Das ging von Kreislaufbeschwerden, Blutdruckveränderungen über Magenerkrankungen, Galle-Leber-Komplikationen, Impotenz bis hin zum Schlaganfall.

Schwester I. tröstet mich damit, daß ein eventueller Beipackzettel von Smarties doppelt so lang ausfallen würde.
Ich spüre keine Reaktionen. Weder negative noch positive.
Am Abend kommen Mine und Mägi.
Meine Mutter wirkt so klein, so verhutzelt.
Auf einer Parkbank beginnt sie ausführlich darüber zu klagen, wie schlecht es ihr ging und geht. Ich fange an unruhig zu werden. Offenheit ist eine gute Sache, aber muß das schon beim ersten Besuch des angeschlagenen Sohnes in der Nervenklinik losgehen? Ich empfinde alles wie Keulenschläge. Keine Frage, nicht der Ansatz von Interesse, was mich betrifft. Ich sitze da wie im Gerichtssaal: In allen Punkten der Anklage schuldig. Meine Mutter ist eine Frau mit einem starken Gefühl. Mir will nicht in den Kopf, daß sie so abgehoben, so auf sich bedacht die Situation einschätzt. Ich wittere ein abstruses Konzept. Und richtig. Nach mehrmaligem Drängen Mines rückt sie endlich raus. Sie hat sich eine Wohnung besorgt. Und um mir die Dringlichkeit dieser Aktion klarzumachen, hatte sie gemeint, auf ihr Leiden hinweisen zu müssen. Um mir das Verstehen zu erleichtern. Ich kann diese Neuigkeit zunächst nicht realisieren. Nach einiger Zeit beginne ich zu begreifen. Ein jahrelang sehnsüchtig gehegter Wunsch, nach wunderbar lebendigen Familienjahren mit Zwillingen und Omi, nach vier Wohnungswechseln, den damit verbundenen Höhen und Tiefen, irgendwann mal zu zweit wohnen zu dürfen. Das sollte nun in Erfüllung gehen?
Natürlich haben wir in mancher Dämmerstunde am Kamin davon geträumt. Aber eben nur geträumt. Schon der Gedanke daran, Mägi diesen Wunsch anzudeuten, empfanden wir als abgrundtiefen Verrat. Ihre Hilfe bei der Betreuung der Kinder, ihre Unterstützung unserer Arbeit war unschätzbar. Außerdem gab es für eine eventuelle Trennung überhaupt keine realistische Grundlage. Mägi hätte nie eine ihr entsprechende Wohnung bekommen. Und nun sollte dieses Wunder wahrgeworden sein? Durch eine glückliche Fügung war sie plötzlich im Besitz einer Einraumwohnung. Küche-Bad-Balkon. Das Ganze eingebettet in ein Seniorenheim innerhalb der Methodistenkirche. Der Einrichtung, in der Mägis Vater als Seelsorger tätig gewesen war. *Back to the roots.*

Das Ganze fünf Jahre früher, wir hätten uns alle geschont.
Mir bleiben zwei Schrunden. Die Erfahrung, daß entscheidende Veränderungen in der Familie auch ohne mich möglich sind. Und daß es letztlich ein Akt der Vertreibung bleibt. Ich dessen Ursache.
Ich stehe auf der Terrasse und versuche, die neue Situation zu verarbeiten.

Sigi P. sitzt auf seinem Stuhl und singt: »Das Leben ist ein Jammertal.«

27. 6. 1965
Was für ein frischgewaschener Sonntagmorgen!
Die Sonne wärmt schon.
Das Grün der Bäume ist jugendlich kräftig.
Ich fühle mich hundsmiserabel.
Habe nicht geschlafen.
In vergilbten Sportbüchern gelesen. Eine Nacht aus Blei.
Es hat mich nicht überrascht. Aus Literatur und Film weiß man um die Geburtswehen werdender Väter. Aber daß man dermaßen ins Abseits befördert wird, zum Zaungast verurteilt, bei einem der wichtigsten Vorgänge eines Lebens, traf mich unvorbereitet.
Wo bleibt Mägi?
Die Spatzen zanken heute lauter.
Die Sonne ist heller.
Sah das Ziegeldach unseres Hauses schon immer so schäbig aus?
Vielleicht hat sich die Geburt verschoben?
Dauert die Warterei den ganzen Tag?
Jetzt sehe ich, wie sich die Pforte beim Nachbarn, dem einzigen Besitzer eines Telefons in unserer Straße, bewegt. Meine Mutter, klein, flink in den Bewegungen, gewohnt, Verantwortung zu tragen, eilt über die Straße. Sie wirkt konzentriert, ahnt nicht, daß ich oben in meinem Dachfenster auf der Lauer liege.

Jetzt möchte ich den Film zurückspulen, sie wieder hinter Nachbars Pforte verschwinden lassen. Warum befällt mich eine unerklärliche Angst? Was bedeutet das?
Jetzt hat sie mich entdeckt, hält den rechten Arm in die Höhe, spreizt Mittel- und Zeigefinger. Das ist das Zeichen für Victory. Merkwürdig, die berühmt gewordene Churchill-Geste will so gar nicht zu meiner schlichten Mutter passen?
Sie ruft etwas. Kann sie nicht verstehen. D. h., die Worte habe ich gehört, ich kann den Sinn nicht einordnen.
»Zwei! Wir haben zwei! Ein Pärchen!«
Während meine Mutter die Treppen zum zweiten Stock hochhastet, bleibt mir Zeit, die Nachricht zu verkraften.
Das gelingt ganz gut. Wie so oft in extremen Situationen bin ich kalt. Die Konstellation steht wie ein Polaroidfoto vor meinem geistigen Auge: Ich bin Vater von zwei Kindern. Das ist eine Aufgabe, die ich nicht bewältigen werde.
Die einzige Frage, die mich bewegt: Wie geht es Mine?
»Es ist soweit alles in Ordnung.« Mägi schnauft vom schnellen Treppensteigen. Sie ist völlig aufgelöst. Vorsichtige Freude mischt sich mit aufkommender Panik. Weiß sie doch, was auf sie zukommt.
»Ich werde sofort nach Berlin fahren.«
»Bist du nicht zu aufgeregt? Soll ich dir ein Frühstück machen?«
»Nur Kaffee. Und borg mir bitte Geld. Für die Blumen.«

Das kleine Auto scheint eher in Berlin sein zu wollen als ich. Kann die Handvoll Pferdestärken kaum zügeln. So bleibt mir wenig Zeit für Gedanken. Wichtiger ist herauszufinden, wo an diesem Tag, um diese Zeit, in dieser Stadt Blumen zu kriegen sind.
Zwei Versuche mißlingen. Als letzte Hoffnung bleibt der Ostbahnhof. Einer der wenigen Orte der Hauptstadt, wo auch sonntags das Leben nicht stillsteht.
Ein Hoffnungsschimmer: Ich entdecke einen Blumenladen mit einer geöffneten Tür. Ein Eimer mit Rosensträußen.
Durch einen klickernden Perlenvorhang tritt ein Mann mittleren Alters, eher an einen Buchhalter erinnernd.

»Ich möchte die Rosen!«
»Deleschation.«
Knapper kann kein Todesurteil gesprochen werden.
»Kann ich nicht eine einzige Rose bekommen? Geben Sie mir wenigstens eine.«
»Ich habe es Ihnen doch in aller Ruhe erklärt. Die Rosen sind für eine Deleschation.«
Er redet prononciert, wie mit einem Ausländer.
In meiner Verzweiflung fange ich an, konfus loszuplappern.
»Ich habe doch Kinder gekriegt. Zwei. Also eigentlich war nur eins verspro... ich meine, zu erwarten, nur eins. Auch nicht ganz einfach, aber immerhin. Jetzt habe ich zwei, und da dachte ich, ich meine gerade Rosen...«
Der Verkäufer blickt mich streng an.
»Zwillinge?«
»Ja.«
Ich halte fünf Rosen in meinen Händen.
»Heute, am Sonntag, geboren?«
»Ja.«
Fünf weitere Rosen kann ich mein eigen nennen.
»Dammriß?«
»Wie bitte? Ach so. Sicher nicht.«
Wieder fünf.
»Mutter gesund?«
»Ja.«
Wieder fünf.
»Vater glücklich?«
»Welcher Vater. Ach, ich. Ja doch. Ungeheuer.«
Fünfundzwanzig langstielige Rosen. Ein unfaßbares Glück. Das Geld reicht gerade.

»Würdest du es noch einmal machen?«
Mine sieht erschöpft aus. Nach der Entbindung wurde ein kleiner operativer Eingriff vorgenommen. Sie ist noch nicht ganz bei Bewußtsein. Kann sie kaum verstehen.
»Ja.«
Wie ein Windhauch. Laub auf Asphalt.

»Willst du meinen Bauch sehen?« Jetzt lacht sie. Mit einem komischen Schnarcher.
Ihr Bauch sieht aus, als hätte jemand bei der Zubereitung von Hefeteig die Lust verloren.
»Ich liebe dich.«
»Oh, ich muß heulen, aber ich bin so müde.«
Verloren sieht sie aus in ihrem großen weißen Bett. In dem Trutzbau Charité ist es düster und kalt. Auf dem Nachttisch steht ein Teller mit Mittagessen. Fleisch und grüne Erbsen. Ein paar Erbsen waren auf die Gabel gespießt worden, dann wohl beiseite gelegt.
Anne, die resolute Hebamme, eine gute Freundin von uns, nimmt sich meiner an. »Du hast die süßesten Kinder der Welt.«
Ich fühle mich, als hätte ich soeben ein großes Glas Schnaps getrunken. Unschlagbar. Der Siegertyp.
»Möchte ich aber auch drum gebeten haben.«
»Na los, such sie dir aus.«
Ich starre durch eine große Glasscheibe auf etwa zwanzig Babybettchen. Dazwischen Anne, als hätte sie sie alle selbst geboren. Ich suche mir die passabelsten Gestalten aus.
»Die vielleicht?«
»Mein Gott, du hast keine Ahnung. Die sind schon einen Monat alt. Du hast Neugeborene!«
Etwas Unheimliches ahnend (Wolfsklaue, Schielauge), stottere ich: »Babies sind Babies, was gibt's da für einen Unterschied?«
»Wirst du gleich sehen.« (Doch Wolfsklaue?)
»Schau mal, sind die nicht süß?«
Ich sehe ein problembeladenes, erschöpftes, älteres Ehepaar im Westentaschenformat.
Die Enttäuschung scheint mir ins Gesicht geschrieben.
»Was hast du denn erwartet? Sie sind doch ganz frisch geboren. Sie sind wirklich wunderwunderschön!«
Mine wird bestimmt prachtvolle Muttermilch fabrizieren. Das läßt mich hoffnungsvoll in die Zukunft blicken.
Ich bin ein Vater und will mich jetzt freuen.

Sonntag, 27. 6. 93
Ich habe darum gebeten, daß wir den Geburtstag nur zu viert feiern. Bei Tini. Auf neutralem Territorium gewissermaßen. Einige liebe Menschen, die Anspruch darauf gehabt hätten, mit uns zu feiern, haben taktvoll verzichtet.
Aus alter Familientradition feiern wir nachts.
Sascha hat sich schweren Herzens von seiner geliebten Gaby getrennt und ist für zwei Stunden ein etwas unkonzentrierter Mitternachtsgast. Wir fühlen uns alle sehr wohl und schwelgen in Familienerinnerungen. Nach einigen Bedenken habe ich doch Geschenke aus meiner Keramikkollektion mitgebracht. Zunächst fand ich's peinlich. Bastelgeschenke aus der Therapie. Dann habe ich mich doch durchgerungen. Es ist für mich im Moment die persönlichste Art zu schenken. Und meine Kinder haben das verstanden.
Tini hat zwei Kuchen gebacken. Sie sehen zwar aus, als wären sie kurz vorher in einen Verkehrsunfall verwickelt worden, schmekken aber wundervoll. Kerzen brennen. Wir sind uns sehr nah.
Ich bin stolz auf meine Kinder.
Und . . . sie sind bildschön geraten.
Dank Mines wirklich prachtvoller Muttermilch.
Nur der Vater hat etwas gelitten.

Montag, 28. 6. 93
Auf dem Weg zur Musiktherapie stelle ich fest, daß wieder einmal mein Sattel geklaut worden ist. Aus Sicherheitsgründen hatte ich das Fahrrad extra im Keller deponiert, am Ständer festgekettet. Jemand hat die Mutter am Sattelrohr gelöst und den Sattel herausgezogen. Auf dem Boden liegt ein schäbiger alter Sattel. Vergeßlichkeit oder Verhöhnung? Zu meiner Überraschung empfinde ich den Verlust als eine persönliche Demütigung. Ich ärgere mich über den materiellen Schaden, leide aber mehr unter der Demütigung. Die Vorstellung, wie ein Strolch an meinem Fahrrad herumgrapscht, versetzt mich in Rage. Als hätte mir jemand während des Schlafens die Haare abgeschnitten. Ich habe das Bedürfnis, über meine Schmach Mitteilung zu machen. Ich stürme in den Thera-

pieraum. Das Geklimper ist bereits im Gange. Mein Auftritt löst plötzliche Stille aus.
Der Verlust meines ersten Sattels war lange Zeit ein Stationshit. Ich muß sehr komisch ausgesehen haben, zwischen den blitzenden Instrumenten mit dem schäbigen Sattel in der Hand. Wie man in alten Witzen trottelige Männer nach einem Verkehrsunfall gezeichnet hat. Heiterkeit kommt auf. Aber auch Mitgefühl.
Der gestrenge Schlegel der Therapeutin ruft jedoch zum Sammeln. Es bleibt mir nichts anderes übrig, als mich auf einen freien Stuhl zu setzen und den Sattel mit einem Trommelstock zu vertauschen.
Der fette Junge (Neuzugang M.) schlägt dermaßen nervtötend auf das Kalbfell, daß ich nach wenigen Minuten von Furien getrieben den Raum verlassen muß.
Auf der Station treffe ich niemanden, dem ich mein Leid mitteilen kann. Die Putzfrau fängt an zu keifen, weil ich ins Gewischte gelatscht bin. Ich renne in den Park, um heimlich eine Zigarette zu rauchen.
Ich habe so oft bramarbasierend vorgetragen, daß ich mit Beginn der Therapie das Rauchen aufgegeben habe, daß ich mich in meinem illegal eingeschleusten Auto verstecken muß, um dort heimlich zu rauchen.
Ich stehe im Begriff, den Autoschlüssel zu lüpfen, da hält unmittelbar neben meinem Auto ein himmelblaues Cabrio. Frau Doktor.
Ich kann gerade noch ins Gebüsch hechten. Sie hat mich nicht bemerkt.
Dreier Vergehen habe ich mich schuldig gemacht: Gebrochenes Antirauch-Gelöbnis, verbotenes Abstellen des Privatfahrzeugs, Fernbleiben bei der Musiktherapie.

10 Uhr Gruppentherapie.
Meine Befürchtung bewahrheitet sich. Der gestohlene Fahrradsattel wird erneut zum Thema Nr. 1. Die Banalität des Vorganges schützt mich nicht davor, vor versammelter Mannschaft meine Befindlichkeit erklären zu müssen. Ich bekenne, daß mich die Geschichte sehr beschäftigt, es gelingt mir jedoch nicht, das vor der

Gruppe zuzugeben. Mehr als die Hälfte ist im Alter meiner Kinder. Mir ist das peinlich. Rette mich in Selbstironie.

15 Uhr Einzeltherapie.
»Mir ist das inzwischen peinlich. Da steht ein ausgewachsener Mann, mit einem halben hundert Jahre auf dem Buckel, und lamentiert über einen geklauten Fahrradsattel. Während eine Station weiter ein Mensch mit dem Gedanken spielt, sich das Leben zu nehmen. Also, wenn er das nicht gelernt hat, damit fertig zu werden, dann hat er nichts gelernt. Dann ist er ein Trottel. Da hilft ihm keine Therapie der Welt.«
»Finde ich überhaupt nicht. Immerhin ist das ein Diebstahl. Diebstahl bleibt Diebstahl. Kein Kavaliersdelikt. Soweit ich informiert bin, kostet ein Fahrradsattel um die fünfzig Mark. Also durchaus ein Grund, um, wie Sie es ausdrücken, zu lamentieren. Und Sie haben es gemerkt, die Gruppe empfindet solidarisch. Das mag auch in der Natur der Sache liegen, ein Fahrrad hat fast jeder, gerade hier hat es einen hohen Stellenwert, Garant für Freiheit und Unabhängigkeit.
Bei Ihnen interessiert mich die Tatsache, daß Sie einmal mehr nicht in der Lage sind, sich zu Ihrem Schmerz zu bekennen. Aus Angst vor Gesichtsverlust verdrängen Sie, retten sich in Allgemeinplätze.«
»Ich bitte Sie, Therapie hin, Therapie her, Sie werden mir doch wenigstens in dem Punkt zustimmen, daß der Verlust in keinem Verhältnis zu dem von mir empfundenen Schmerz steht?«
»Das scheint nur so zu sein.«
»Verstehe ich nicht, es ist so.«
»Ich denke mal, in einer Phase, in der man gezwungen ist, viel aufzugeben, können scheinbar geringfügige Verluste eine Katastrophe auslösen. Der Gegenstand des Verlustes ist dabei zweitrangig, der Fakt allein genügt, um elementaren Schmerz zu bereiten.«
»Es hätte also auch, sagen wir mal, die Luftpumpe sein können?«
»Genau! Vom Wert höchstens ein Drittel und entbehrlich. Falls nötig kann man sie ausleihen.«

»Der Schmerz über den Verlust wäre ähnlich groß gewesen?«
»Ich denke schon.«
»An der Theorie ist etwas dran.«
»Insofern ist es schon wichtig, daß man diesen Schmerz mitteilt und sich dazu bekennt. Dieser Umgang muß trainiert werden. Die Seele gibt ein Zeichen und will, daß darauf reagiert wird. Wenn der Magen das Signal Schmerz gibt, kocht man Kamillentee. Meldet sich die Seele, heißt es tapfer sein, nichts anmerken lassen. Geschieht das häufig, führt das zu Schäden.«
»Vor einem Schmerz meiner Seele bin ich wenigstens gefeit.«
»Der wäre?«
»Verlust meiner Luftpumpe.«
»Sie besitzen gar keine?«
»Doch, aber sie funktioniert nicht. Hat sie noch nie. Ich würde mich freuen, wenn sich endlich ein anderer damit herumquälen müßte.«
»Ein Vergehen mit Bestrafung inklusive.«

Ich fahre mit einem geborgten Damenfahrrad zu dem mir inzwischen vertrauten Fahrradhändler und kaufe dort den billigsten Sattel. 19,75 DM.

Gegen Abend besteige ich verbotenerweise mein verbotenerweise geparktes Auto, fahre auf die Autobahn und düse verbotenerweise mit 175 km/h ins Land.
Anschließend beim Mexikaner Steaks und baked potatoes.
Ich fühle mich wohl.
Verbotenerweise?

*Ein Tag im Leben des Peter E. (51)*

Erlernter Beruf: Textilingenieur.
Ausgeübter Beruf: Langzeitpatient.
8 Uhr (allgemeiner Therapiebeginn)
Tiefschlaf. Peter kerzengerade auf dem Rücken. Bis auf eine geblümte Unterhose liegt er nackt unter der Decke. Auf dem Nachttisch stapelweise Zeitschriften, Automagazine, Kriminalromane, Zigarettenschachteln, eine Schnellkaffeebüchse, ein Bil-

lig-Walkman von Woolworth. Auf dem Boden ein Aldibeutel für gelegentliche Einkäufe. Unter dem Bett ein Paar Turnschuhe.

8 Uhr 30

P. steht auf. Er tritt zum Spiegel und kämmt sich mit feierlicher Gebärde die graumelierte Lockenpracht. Mit Duftwasser wird frisch gemacht. Sein Körper ist weiß und alterslos. Auf dem linken Schulterblatt schwärzliches Melanom.

Er kleidet sich an. Enge, schwarze Jeans, Buschhemd, Bund-Lederjacke, Turnschuhe. Die erste Zigarette wird angezündet.

9 Uhr

Spaziergang zum Café »Wahnsinn«. Zeitung kaufen (BZ). Sollte er sich tatsächlich einmal in die Beschäftigungstherapie verirren, liest er die Zeitung dort.

11 Uhr

Mittag. Er ißt mit Ruhe und Kultur.

Anschließend Kaffeezubereitung. Rauchen. Die Zeitung wird noch einmal von vorn bis hinten durchgegangen.

13 Uhr

Mittagsschlaf. (»Es ist nicht Körperbedürfnis, eher eine Flucht.«) Peter liegt wieder kerzengerade auf dem Rücken, bleibt aber angezogen. Auf dem Kopf die Steinzeit-Kopfhörer des Woolworth-Walkman. Die Hände sind auf dem Magen gefaltet. Auf dem linken Ringfinger blitzt ein Siegelring. Die Hände sind groß, zeugen von Intelligenz, wirken gepflegt. Die Nägel eine Idee zu lang.

14 Uhr

Vesper. Peter ißt drei Schnitten mit Marmelade. Am Mittwoch, dem Kuchentag, soviel Kuchen, wie er kriegen kann.

15 Uhr

Einzeltherapie. Eine der wenigen Veranstaltungen, die Peter akzeptiert. Zum Therapeuten hat er ein Respektsverhältnis. Er ist für die Dauer des Verbleibs verantwortlich. Peter hat keine Wohnung (die Möbel sind in einem Lagerraum), keine Aussicht auf Arbeit, keinen Kontakt zur Familie, keine Freunde, keine Bekannten.

16 Uhr

Therapie beendet. (»Mein Therapeut sieht auch nicht mehr durch.«) Kopfhörer auf. Noch mal Zeitung lesen.

17 Uhr 30
Abendbrot. Mit den zufällig am Tisch Sitzenden führt Peter höfliche Gespräche. Meist wird geschwiegen.
20 Uhr
Peter taut etwas auf. Er spielt »Scrabble«. Neben ihm liegt ein Fremdwörterbuch.
21 Uhr
Ist der Scrabble-Partner erschöpft, mitunter erstes Schläfchen. Turnschuhe ausziehen. Beine zur Bettmitte schwingen. Ausstrekken. Kopfhörer aufsetzen. Kopf auf Kopfkissen. Hände auf den Magen.
21 Uhr 30
Kopfhörer ab. Aufrichten. Beine zum Boden schwingen. Turnschuhe anziehen. Sorgfältig zuschnüren (Doppelknoten). Aufstehen. Stöhnen. »Ach ja, ja, ja« sagen. Auf den Gang gehen. Rauchen.
22 Uhr 45
Es werden die Jeans ausgezogen, pedantisch auf Bruch gefaltet, in halber Höhe abgeklappt, auf den Stuhl gelegt. Das Buschhemd, Kurzärmel auf Kurzärmel umgeschlagen, ebenfalls auf den Stuhl mit der Hose gelegt. Von nun ab die verschämte Phase. Nur noch im Sitzen. Bei ausgeschaltetem Licht.
Beine zur Bettmitte schwingen. Kerzengerade auf dem Rücken, Kopfhörer usw. s. o.
23 Uhr
Kopfhörer ablegen. »Ach ja, ja, ja« sagen, einschlafen. Jetzt darf auch im Zimmer kein Licht brennen.
»Ich kann so schlecht einschlafen.«

*Dialog zweier Neun-Monate-Patienten*

A: Ich bin ja doch sehr erleichtert. K. hat mir erzählt, er ist auch schon neun Monate hier und spürt keine Besserung.
B: Freust du dich am Leid der anderen?
A: Nein, natürlich nicht. Ich habe mir nur schon moralische Vorwürfe gemacht, daß ich hier so lange bin, die Kosten und so...

aber da ich das nun von K. weiß, ist mein schlechtes Gewissen wie weggeblasen.

Dienstag, 29.6.93
Ich habe über meinem Bett ein Nietzsche-Zitat angebracht.

> »Die Forderung, geliebt zu werden, ist die größte der Anmaßungen.«

»Ist das Maxime oder eine neue Erkenntnis?«
»Eine der neuen Erfahrungen.«
»Was sagt denn Ihre Frau dazu?«
»Sie kennt mich zu gut, als daß sie das absolut beurteilen würde.«
»Sind Sie ein Zyniker geworden?«
»Das glaube ich nicht.«
»Ich denke mal, ein jeder hat das Recht, geliebt zu werden.«
»Er hat nicht das Recht, es zu fordern.«

Gruppentherapie.
M. berichtet von einem Erfolg. Bei einem Termin auf dem Jugendamt, es handelte sich um seine siebzehnjährige Stieftochter, konnte er frei und ohne Hemmungen reden. Eine Tatsache, die noch vor einem Monat unvorstellbar gewesen wäre. Die Gruppe freut sich mit ihm.
»Worum ging es denn bei diesem Termin?«
»Die Tochter meiner Lebensgefährtin wollte zu uns nach Berlin ziehen. Nachdem sie einen zweiunddreißigjährigen Mann kennengelernt hat, will sie nicht mehr. Wir sind über diese Veränderung beunruhigt und möchten, daß sie ihren ursprünglichen Plan wahrmacht.«
»Heißt das, daß ihr den Partner eurer Tochter nicht akzeptiert?«
»Was heißt, nicht akzeptieren, er ist eine ziemlich windige Existenz.«
»Wie ist denn das Verhältnis zwischen Mutter und Tochter?«
»Bislang nicht schlecht. Wir wollten ja zusammenziehen.«

»Wie ist das jetzt?«
»Die Tochter ist von meinem Vorgänger, der nicht der leibliche Vater war, mißbraucht worden. Über längere Zeit. Jetzt tauchen plötzlich Vorwürfe auf. Sie behauptet, die Mutter hätte das gewußt, aber aus Angst, den Mann zu verlieren, geschwiegen.«
»Das ist ein gewaltiger Vorwurf.«
»Hat sie wirklich nicht davon gewußt?«
»Absolut nicht. Meine Lebensgefährtin ist, wir ihr alle wißt, schwer sehbehindert.«
»Eine Mutter *muß* das mitkriegen.«
»Sie konnte schon damals fast nichts mehr sehen.«
»Eine Mutter fühlt das.«
»Vielleicht hat sie sich hinter ihrer Behinderung versteckt?«
»Na hör mal, du unterstellst, daß sie mich belügt?«
»Nicht bewußt, aber ...«
»Wie ist denn jetzt der Stand der Dinge?«
»Die jungen Leute wollen zusammen in Urlaub fahren. Wir haben das verboten. Wir können das. Sie ist erst siebzehn.«
»Habt ihr der Tochter eure Entscheidung erklärt?«
»Nein, sie läßt nicht mit sich reden. Im Moment schon gar nicht.«
M., eben noch mit stolzgeschwellter Brust, sieht jetzt unglücklich aus. Frau Doktor: »Ich denke mal, es ist in Erinnerung zu rufen, daß Herr M. uns eigentlich einen schönen Erfolg berichten konnte. Das ist ein bißchen untergegangen. Natürlich ist die Geschichte mit seiner Tochter wichtig und bedarf einer Klärung, aber genauso wichtig ist der Prozeß der Rückgewinnung seines Selbstbewußtseins. Ich denke mal, wir sollten das akzentuiert wahrnehmen und ihn darin unterstützen. Die Stunde ist beendet.«

Montag, 5.7.93
Am Wochenende eine Mütze voll Leben eingefangen.
Sonnabend Kino: »Made in Amerika« mit einer herrlich aufgedrehten Whoopy Goldberg. Ein paar schöne schlichte Szenen, der Rest muntere Klamotte.
Anschließend auf dem Breitscheidplatz. Sommerlich nächtliches Berlin. Musiker spielen unter freiem Himmel Vivaldi und Linden-

berg. Himmel und Menschen. Und Müll. Und Gestank. Die Szene ist seit einem Jahr ziemlich abgesackt. Ins Gossige.
Herr Seiters hat den Hut genommen. Eine adrette Demokratie im Ausverkauf.
Alle ein bissel fett, alle ein bissel faul.
Aber Steffi bringt alles ins Lot. Mit unbändigem Ehrgeiz reißt sie den Sieg gegen Novotna aus dem Feuer. Nicht so schlapp wie der Boris. Und die Basketballer! Furios! Aus einem mir nicht erklärbaren Grund kann ich der Sportart nichts abgewinnen, aber dieses Endspiel gegen Rußland hat mich begeistert. Neue deutsche Tugenden. Müssen andere Niederlagen kompensiert werden?
Und hier?
Trott.
Leerlauf.
Stillstand.

»Sie haben das Nietzsche-Zitat an die Wand geheftet. Warum gerade diesen Text?«
»Sie dürfen das nicht programmatisch sehen. Mir gefiel ganz einfach die Schärfe der Formulierung. Wenn ich mir ein Kruzifix an die Wand hänge, muß ich mich ja nicht ständig als Jesus fühlen.«
»Immerhin haben Sie den Text jetzt und hier an die Wand gehängt. Sie suchen Liebe.«
»Wer tut das nicht?«
»Das Gegenteil von Forderung ist Verweigerung. Wäre das Ihrer Meinung nach erstrebenswerter?«
»Ich weiß nicht. Wenn ich in mich hineinhöre, bin ich gar nicht so versessen darauf, geliebt zu werden. Das hat mit Verpflichtungen, mit Stetigkeit zu tun. Mit Harmonie und Übereinstimmung. Und viel reden. Mich reizt mehr die Kontroverse. Na gut. Liebe auch. In Maßen. Die Wahrheit findet man nur in der Reduzierung.
Liebe? Glück?
In der Erinnerung bleiben wenig Momente.
Der Liebling der Götter, Geheimrat Goethe, brachte es bei seiner Lebensbilanz auf wenige Sekunden. Wie kann es da schon bei uns aussehen? Lieber nicht daran denken.«
»... verweile doch, du bist so schön ...«

»Kleist hat ein Leben lang gehadert. Er hat darunter gelitten, daß er unfähig war, Glück zu genießen. Ewige Zweifel, Angst vor dem Morgen ließen ihn gar nicht dazu kommen.«
»Die Wahrheit ist, daß mir auf Erden nicht zu helfen war.«
»Kompliment. Auch in der Literatur sattelfest.«
»Zufall. Aber dieses Zitat bitte nicht an die Wand heften.«
»Ich habe einen neuen Text für die Wand.«
»Ich höre.«
»Unsere Hauptaufgabe ist nicht, zu sehen, was in weiter Ferne liegt, sondern das zu tun, was das Nächstliegende ist.«
»Schon besser. Von wem?«
»Thomas Carlyle.«
»Nie gehört.«
»Das beruhigt mich.«

Beim geselligen Nachmittag auf Station I für chronisch Kranke bläst die Therapeutin auf der Blockflöte: »Die Gedanken sind frei.«

Montag, 12. 7. 93
Wenn ich an das Wochenende denke, kommt Ärger auf.
Beobachte mich, wie ich mir unbewußt Schonung auferlege. Wie einem Kranken. Fange Dinge an, führe sie nicht zu Ende. Warum soll ich auch?
Tablettenkur hat nichts gebracht.
Brief vom Intendanten. Jetzt schon.
Freundliche Aufforderung, doch wieder zurückzukehren. Kein Gedönse. Sachlich.
In mir: Aus dem Fragezeichen wird mehr und mehr ein Ausrufezeichen. Etwas ist anders geworden. Ich muß anders leben. Und das mit allen Konsequenzen.

Ich habe verschlafen. Beim Aufwachen höre ich schon die Trommeln aus dem Keller. Unverkennbar die steinerne Handschrift des fetten Jungen: Dum dum dum dum dum du du du du du du dum dum dum dum dum (Fußballplatz).
Meine Entscheidung treffe ich blitzschnell: in den Park.

14 Uhr Einzeltherapie.
»Nanu, wieder Waldspaziergang?«
»Ja.«
»Rückfall?«
»Gewohnheitstäter.«
»Man hat sich Sorgen gemacht. Sie wollen das wieder nicht wahrhaben, wie ich Sie kenne.«
»Für mich war der Anlaß zu läppisch, daher habe ich mir überhaupt keine Gedanken über eventuelle Reaktionen gemacht.«
»Was war denn der Anlaß?«
»Keine tiefgreifende Sinnkrise.«
»Sondern?«
»Der fette Junge.«

Meine Hoffnung auf die große Wende hat sich nicht erfüllt. Die Erwartungshaltung war zu hoch. Die anfängliche Enttäuschung über diese Erkenntnis weicht mehr und mehr einer Versachlichung.
Meine Arbeit hier ist getan.
Fühle mich wie ein Mann, der sein Motorboot zur Reparatur gebracht hat und dem nach langen Wartezeiten mitgeteilt wird, daß der Motor nicht mehr zu retten sei, man aber bei dieser Gelegenheit das Beiboot instand gesetzt hätte.
Steige ich also um auf Ruderboot.
In der Gruppe werden Themen besprochen wie: zu laut zugeschlagene Kühlschranktüren, Störungen beim Fernsehen, der Wunsch nach einer Kaffeemaschine, störende Duschgeräusche früh um sieben.
Eine Patientin (42) empfindet Genugtuung, wenn sie in das Kopfkissen ihres Kindes boxt. (Therapieerfolg!)
Das alles empfinde ich als unsagbar banal.
Es ist Zeit.
Habe meiner Therapeutin angekündigt, in der nächsten Stunde Nägel mit Köpfen zu machen.
»Am Donnerstag machen Sie Nägel mit Köpfen. Ich gebe dann meinen Senf dazu.«
Ein begeisterndes Menü.

Sascha ist gekommen, sich in die Ferien zu verabschieden. Das erwartete lockere Plauderstündchen. Beim Abschied rufe ich ihm zu: »Das nächstemal in der Freiheit!«
Tini hat mir einen schönen Brief geschrieben.

Im Fernsehen »Ball der einsamen Herzen«. Eine Krimi-Komödie. Spiele einen bandscheibengeplagten Heiratsschwindler. Die ganze Station ist wieder vollzählig erschienen. In der Zeitung ganz gute Kritiken. 17% Sehbeteiligung. Viele Anrufe. Herr E., der pfeiferauchende Pfleger aus der I, erklimmt extra die Stufen zu uns, um mir seinen Respekt mitzuteilen.
Wie macht man Nägel mit Köpfen?

Wir haben einen Neuzugang. *Claudia (21)*
Sie bestätigt den Trend. Der Altersdurchschnitt ist weiter gesunken. Die Mittzwanziger dominieren. Das ist, laut Aussage der Therapeuten, repräsentativ.
Claudia ist ein hochgewachsenes Mädchen mit steinernem Gesicht, Korkenzieherlocken, forderndem Blick. Ihre Kindheit hat sie überwiegend in psychiatrischen Einrichtungen verbracht. Ein Profi. Sie ist verstört, hat Schwierigkeiten, zum Ablauf in unserer Station Zugang zu finden. Nach dreißigminütigem Schweigen in der Gruppentherapie wird sie herausbellen: Wenn keiner was sagt, könnte man doch aufhören!
Hört, hört, der Knabe aus »Des Kaisers neue Kleider«.
»Vielleicht haben Sie etwas zu sagen?«
»Nö.«
»War das in Ihren früheren Therapien anders?«
»Da wurde jeder gefragt, wie er sich fühlt, ob er ein Problem hat oder irgendwas mitteilen möchte. Darauf mußte jeder antworten.«
»Und dann?«
»Dann war's auch still.«
»Vielleicht möchte das die Gruppe auch lieber so?«
»Dann könnte man ja nicht mehr frei von der Leber weg reden.«
»Ja, aber dann tue man es doch.«
Köchelndes Gelächter.

Schweigen.
Räuspern.
Pobackenwechsel.
Interessiert auf die Schuhe schauen.
Fünfundzwanzig Minuten lang.
Ende der »Redeschlacht«.

15 Uhr
»Ende des Monats werde ich mein Engagement in der Klinik beenden.«
»Soso.«
Mein Elan ist verbraucht.
Pause.
»Und dann?«
»Weiß nicht.«
Es gelingt mir nicht, meine Gedanken in Worte zu fassen. Fühle mich unfähig, in Richtung Theater zu denken. Das betrifft nicht nur das unmittelbare Produzieren. Das betrifft den gesamten Bereich.
Alternative?
Die Rente.
Umschulung?
Mit zweiundfünfzig?
Andere Betätigungen am Theater. Regie. Assistenzen?
Ich bin nicht in der Lage, einen Gedanken zu Ende zu denken. Meine Therapeutin hißt ob dieser selbstzerstörerischen Kaskaden die weiße Flagge.
»Ich halte Ihren Entschluß, uns zu verlassen, für übereilt. Der Übergang will sorgfältig vorbereitet sein. Es gibt überhaupt keine Veranlassung, um etwas zu überstürzen. Ich schlage vor, noch einmal gründlich zu überdenken. Ich gehe jetzt eine Woche zur Fortbildung. Wenn ich zurückkomme, werden wir die weiteren Schritte vorbereiten. Ich denke mal, daß das für Ihre gegenwärtige Verfassung die beste Lösung ist.«
»Eine Denkpause?«
»Eine Denkpause.«
»Seit drei Monaten mache ich nichts anderes.«

»Das steht Ihnen nach reichlich fünfundzwanzig Jahren auch zu.«
Über die Verzögerung bin ich nicht unglücklich. Ihr Fortbildungslehrgang ist ein schöner Vorwand.

17./18.7.93 Wochenende.
Der Sturm hat in Motzen das Schleppdach einstürzen lassen. Die Aufräumungsarbeiten gestalten sich mühsam. Meine Schweißausbrüche sind im Verhältnis zur Arbeitsleistung geradezu lachhaft.
Beschämend verweichlicht.
Im Garten wuchert alles fröhlich durcheinander. Waltete auch vorher nicht gerade die Zuchtknute des Gärtners, wird das momentane Chaos von Pflanze und Tier sichtlich genossen.
Vor der Wende wurde unser Nachbargrundstück als Feriendomizil von einer großen Möbelfirma aus dem Süden genutzt. Nachdem der Betrieb seine Sozialleistungen gestrichen hat, sind Bungalows und Hollywoodschaukeln verwaist. Die neu entstandene Ruhe hat viele Vögel angelockt. Die Natur scheint aufzuatmen, der Rasen scheint grüner, die Bäume größer.
Auf der Fahrt nach Berlin machen wir einen Abstecher in den Aalhof in der Nähe von Prieros. Das ist eine gemütliche Fischgaststätte, Geheimtip für Feinschmecker.
Wir sitzen vor riesigen Tellern mit knusprigen Forellen. Der Blick schweift aus weit geöffneten Fenstern auf abendlich friedliche Felder und Auen. Die Menschen um uns sind entspannt. Am Nebentisch schwitzender Sonntagsjägertyp mit Kognakaugen.
»Entschuldigung, ich bin freischaffender Journalist. ›Ball der einsamen Herzen‹ gesehen, ich geh doch nicht fehl in der Annahme...«
Ich trag's gelassen.
Mein »Treffer, Herr Förster« muß die entsprechende Portion Kälte verströmt haben, das beabsichtigte Gespräch findet ein jähes Ende.
Eine wohlige Welle der Harmonie breitet sich in mir aus. Erfahrung lehrt, daß gerade dann ein Unheil nicht fern ist.
Und richtig.

Durch die geöffnete Tür strömt eine kleine Gesellschaft. Munter parlierend wird ein reservierter Tisch annektiert. Ein untersetzer Professortyp mit Flanellhemd und ausgebeulten Hosen gefällt sich sichtlich in der Rolle des Platzhirschs. Unser alter Freund H. W., Tierarzt, Hundezüchter, mit hochkarätiger Kommunistenbiographie, ein Mann mit Herz und Kopf, zeitweilig gehandelt für einen Ministerposten, geschätzter Partner in nächtlichen Diskussionsrunden. Seit meiner Stunde Null, von der er wußte, leben wir in Funkstille. Von mir schmerzlich empfunden.
Unser Zusammentreffen ist nicht ohne Mystik. Am Vormittag waren meine Gedanken intensiv um diese Freundschaft gekreist. H. hatte mir seinerzeit das Material für mein Schleppdach besorgt. Kiefernstämme aus den nachbarlichen Forsten.
»Hallo, ihr zwei beiden, wo ist denn die Fanny?« Unser Hund stammt aus seiner Zucht. Die Begrüßung ist herzlich und unbelastet. So, als hätten wir uns gestern zuletzt gesehen.
»Wie schön, euch zu sehen.« G., Gattin des Professors, großzügige Gastgeberin und leidenschaftlicher Fanny-Fan, stößt dazu. Wie sooft in angespannten Situationen erweist sich unsere Hündin als glänzender Neutralisator. Wedelnd kommt sie unterm Tisch hervor und begrüßt die Leittiere ihrer Säuglingszeit.
Therapiegestählt gehe ich ohne Umschweife den »Kasus Knacktus« an. Berichte über meine Situation. Die Überraschung ist echt.
»Was denn, du?«
Meine Rolle in unserer Runde war immer die des Glückspilzes gewesen. Gerade in den Zeiten der Wende, da alles zu stürzen schien, segelte ich unbeschadet auf meinem Parcours.
»Ich hätte dich sehr gebraucht.«
H. ist, was selten passiert, betroffen. Das Gespräch gerät ins Stokken. Die appetitlichen Forellen erkalten.
Endlich das bestellte Bier. Unser Zuprosten wirkt forciert.
»Ach, weißt du, ich hab auch so meine Depressionen.« Was als Trost gemeint war, wirkt auf mich wie ein Vorwurf. Es steht ein »Aber ich werde damit fertig« im Raum. Schließlich kommt das Gespräch über Thema Hunde, Urlaub, Eigentümerquerelen, Versicherungen wieder in Fahrt. Es folgt ein langer Monolog von H. über seine Tierarztpraxis in B.

»Ach, kommt doch an unseren Tisch, unsere Gäste warten.«
»Danke, wir müssen nach Hause.«
»Das ist schade.«
»Ja, das ist schade.«
Unser anschließender Abendspaziergang durch blühende Wiesen und saftig grüne Kornfelder fällt schweigsam aus.
Wir sind soeben Zeugen einer Beerdigung geworden.
Ist das die neue Perspektive?
Ich war immer stolz auf meine Freunde. Meinte, mich auf sie verlassen zu können. Darauf hätte ich sämtliche Eide geschworen. Komme, was da wolle. Bin ich schon ein anderer?
Ist es die Scheu vor dem Unbekannten, dem Unheimlichen?
Also doch ein Stigma?

## *Wenn du auftratst, mußte ich immer heulen*

Ich teile Mine beim Frühstück meinen Plan mit. Ich werde eine Keramikwerkstatt einrichten. Tonplatten (plastische Landschaften), Rauchsets, Öllampen, Kleinplastik usw.
Raum: Turm oder Mines ehemaliges Zimmer. Bei unseren Planungen überschlagen wir uns fast. Hausgötter, Sternzeichen, Familiensymbole.
Vor den Toren Berlins werden wir ein Blockhaus bauen und dort die Werkstatt einrichten. Wir werden frei sein. Frei und arm. Würde am liebsten gleich anfangen. Endlich Nägel mit Köpfen.
Den Arbeitstag werde ich teilen. Tagsüber Werkstatt, abends schreiben. Ein Brennofen muß gekauft werden.

Montag, 19. 7. 93
8 Uhr Musiktherapie.
Geschwänzt. Mein Entschluß ist endgültig. Diese Stunde werde ich in Zukunft meiden. Meine Nerven sind mir zu schade. Der Park ist ergiebiger. Es regnet leise, und die Luft ist gut. Und nirgends schlägt einer auf die Trommel.

10 Uhr Gruppentherapie.
Eine Tragödie.
Nach zwanzig Minuten:
»Nun ja, jeder scheint unter dem Schweigen zu leiden, aber niemand hat den Mut, es zu brechen.«
Schweigen.
Ich spüre, wie ich mich auch innerlich zurückziehe. Meine Versuche, anzuregen, haben sich erschöpft. Sehe kaum einen Sinn darin. Habe mich schon verabschiedet.

Besuch im Brennraum.
Das Rauchset ist gelungen. Wird morgen bemalt. »Blick zurück« hat gehalten.

Nutze die verbleibende Zeit für die Anfertigung einer Tonplatte. Feldversuch. Muß die Zeit ausnutzen. Bin ganz gierig.

Schwester S. in ihrer etwas aufdringlichen, insistierenden Art meint, ich sei immer so zurückhaltend, würde immer nur lesen. Auch am Sonntag, wenn alle von zu Hause berichten, vermisse sie mich. Therapie wäre doch auch Zusammensitzen und erzählen. Versuche ihr klarzumachen, daß ich nicht hier sei, um Kommunikation zu lernen, meine Probleme lägen anders. Und ich könne nun mal meine Abende nicht mit Brettspielen verbringen.
Sie versteht mich nicht.
Das verstehe ich.

Ich hatte einen Traum:
Besuch mit Kollegen in der Kantine des Berliner Ensembles. Viele bekannte Gesichter. Ich werde auf einer Bahre getragen. Von Tisch zu Tisch. Niemand nimmt Anstoß an meiner Situation. Ein befreundeter Regisseur kommt rein und sagt: »Mensch, du bist ja verrückt.«
Ich stehe auf, nehme meine Bahre unter den Arm und sage: »Macht's gut, bis zur nächsten Vorstellung.«

Spruch der Woche von Sigi P.: »Mit Alkohol kommste och nich weiter, aber weiter als ohne.«

Gestern sind sieben Insassen aus Station 15 (Alkoholkriminalität) und Station 18 (Drogenkriminalität) ausgebrochen. Die Presse macht großen Wirbel. Das alte Problem: Soll man Drogentäter als Kranke rehabilitieren oder als Kriminelle bestrafen?
Die Variante Integration in eine Klinik scheint immer wieder an den zwangsläufig unzureichenden Sicherheitsvorrichtungen zu scheitern. Die viel zu schwachen Gitterstäbe wurden mühelos aufgebogen, die Flucht durch den nächtlichen, unbewachten Park war problemlos.
Nachmittags sind Ü-Wagen des SFB eingetroffen. Nervöse Weißkittel versuchen sensationslüsternen Reportern Erklärungen abzugeben.

Ich unterhalte mich mit der Bibliothekarin. Sie ist von Station 18. »Ja, ja, bei uns ist es ganz leer geworden.«
Mein gerade ausgeliehenes Buch: »Eine Heimat hat der Mensch« von Utta Danella. Die Autorin ist in aller Munde und stürmt sämtliche Bestsellerlisten. Normalerweise wäre das für mich noch kein Grund, sie zu lesen. Hier leiste ich mir den Luxus, mal hineinzuschauen. Vielleicht ist es nur ein Vorurteil, das mich bisher gehindert hat, mich für diese Lektüre zu entscheiden.

15 Uhr Einzeltherapie.
Erzähle die Geschichte von der traurigen Begegnung mit H.
Freundliches Mitgefühl ist mir gewiß.
Erzähle den Traum.
»Ich denke mal, daß Ihre Kollegen Sie stützen, Ihnen helfen wollen.«
»Und ich denke, daß ich immer noch versuche auszuweichen, mich nicht stellen möchte.«
Ich erzähle von dem Plan mit der Werkstatt. Das wird mit Skepsis aufgenommen. Berechtigt.
Stimmung nach dem gestrigen Hoch wieder etwas mau.
Ich muß hier weg.
Am Donnerstag geht Micha. Der erste, der nach mir aufgenommen wurde. Das versetzt mir einen Stich.
Ich visiere die erste Augustwoche an. Muß ja noch mein Tonplatten-Experiment durchziehen.
Außer Frau Doktor weiß keiner von meinem geplanten Weggang.

*Micha (43)*
Kleiner Angestellter. Immer gekuscht. Arbeitgeber hat ihn schikaniert. Immer Schuldgefühle. »Was ich sage, ist sowieso falsch.« Seine Schwäche wird ihm zum Verhängnis. Immer Nacharbeiten am Wochenende. Schließlich das Aufbegehren. Im Betrieb wird rationalisiert. Man kündigt ihm.
»Mit einem Freund war ich mal bei einer Alkoholberatung...«
Offensichtlich formuliert er das so aus Scham. In der Therapie meint er, das Reden gelernt zu haben. Das habe sein Selbstbe-

wußtsein gestärkt. Erstmalig wurde ihm Aufmerksamkeit zuteil. Nicht nur von der Gruppe, auch von der Familie. Seine Lebensgefährtin besucht ihn jeden Tag. Sie erleben ihren zweiten Frühling. Seine »Heilung« vollzieht sich in atemberaubender Geschwindigkeit. Ich bin skeptisch. Wird dieses hastig errichtete Gerüst dem Alltag standhalten? Ich wünsche es ihm sehr. Er ist ein netter Kerl. Er ist nicht oberflächlich.

Leider hat Frau Doktor über meine Werkstattpläne gesprochen.
Die Kunsttherapeutin Frau M. glaubt, mich bremsen zu müssen.
»Überlegen Sie das gut. Ein schwieriges Geschäft.«
Sie meint es gut. Ich wiegle ab:
»Mein Gott, eine Schnapsidee.«
Mir erscheint der Plan pennälerhaft.
Alter Knacker mit Traumberuf beschließt, weil er in einer Therapie ein paar Männlein geknetet hat, das zu seinem Lebensinhalt zu machen.

Heute lief in der ARD »Anna und das Familiengespenst«.
Den Film habe ich vor vielen Jahren gemacht. Altberliner Posse von Erdmann-Gräser. Der Film ist heiter in Szene gesetzt von meinem alten Freund Peter P. Mit ihm habe ich oft gearbeitet. Immer mit Spaß. Leider ist er vor Jahren gestorben.
Ich amüsiere mich über meine Rolle. Ein vertrottelter Kunstmaler. Frappierende Ähnlichkeit mit meinem Sohn.
Neben mir sitzt Schwester M.
»Sie können wohl alles spielen?«
»Weiß Gott!«
»Stimmt es Sie nicht traurig? Ist doch Ihr Leben?«
»Nein.«
Ich muß in den Park.

Eine Satire.
Unser Zimmer grenzt unmittelbar an das Badezimmer. In der Zwischenwand befindet sich eine Tür. Ursprünglich gedacht für den Transport bettlägeriger Patienten.
Durch diese Tür ist jedes Geräusch, auch das leiseste, zu hören.

Morgens wird das zur Tortur, wenn die Dusche angeworfen wird.
Ich bin nicht sonderlich geräuschempfindlich und gewöhne mich an den Zustand. Ganz anders Peter E. Aus einem gewissen Mangel an Ereignissen stilisiert er »die Dusche« zum zentralen Thema seines Tagesablaufs. Seine Kampagne beginnt mit dem Transport seines Bettes von einer Wand zur anderen. Leidenschaftlich um jede Minute Schlaf ringend, gelingt es ihm über die Gruppentherapie, über die Einzeltherapie, über das Scrabble-Spiel das Thema »Dusche« zum Thema der Station werden zu lassen. »Ich finde das ungerecht. Am liebsten würde ich abhauen.« (Wohin?) Ich versuche es mit einem makabren Scherz.
»Peter, leg doch Strom an die Dusche. Wenn sie losgeht, gibst du von deinem Bett aus Feuer. Schon ist Ruhe.«
Für Humor ist kein Platz auf dieser Station.
»Ich bin den ganzen Tag fix und fertig, rauche nur noch und trinke Kaffee.«
Natürlich ist sein Schlaf nicht mehr so fest eine Stunde vor dem Aufstehen. Und den unzähligen Schlafstunden am Tag.
Er ist nicht zu halten.
»Sind wir denn drittklassig?«
Wir treffen uns beim gemeinsamen Schwänzen der Musiktherapie im Café »Wahnsinn«.
»Diese Duscherei macht mich fertig.«
Dabei sieht er gar nicht so schlecht aus, wie er da so sitzt, seinen Kaffee schlürft und den »Spiegel« studiert.
Er hat sich in »die Dusche« förmlich hineingesteigert. Ein halbes Jahr lang schien er sie nie gehört zu haben.
Ich versuche ihn zu trösten.
»Wir werden am Mittwoch in der Vollversammlung darüber sprechen. Vielleicht läßt sich das klären, daß die Leute ein bißchen später ihrem Hygienelaster frönen.«
»Das hat doch alles keinen Sinn.«
Schicksalhafte Resignation eines zutiefst gedemütigten Menschen.

Ich komme frisch gestärkt aus dem Wochenende zurück.
»Hallo, Peter, wie geht's?«
(Peter verläßt nur ganz selten das Haus am Wochenende. Zeitweise ist er der einzige Patient auf Station.)
»Hör auf, ich hatte mich so aufs Wochenende gefreut und dann diese Pleite.«
»Wieso, warst du wieder mal draußen?«
»Nein, ich wollte mal ausschlafen.«
»Die Dusche?«
»Natürlich. Wie kommst du darauf? Ich hatte mich gefreut, alle weg, endlich schaff ich's, da passiert's fünf vor sechs. Ich werde noch wahnsinnig.«
»Ist ja schrecklich. Man müßte mal vorschlagen, daß die Tür isoliert wird. Gebraucht wird sie doch sowieso nicht.«
»Wo lebst du denn, hast du jemals erlebt, daß ein Vorschlag von uns in die Tat umgesetzt wird?«
»Was hast du denn vorgeschlagen?«
»So direkt habe ich das noch nicht getan, aber ich könnte schon.«
Nachmittag.
Ich habe das Thema »Dusche« in der Gruppe zur Sprache gebracht. Schon um das obligate Schweigen zu brechen. Die Tür kann nicht präpariert werden, sie muß begehbar bleiben aufgrund uralter Sicherheitsbestimmungen. Aber der »Frühduscher« kann enttarnt werden. Es ist Klaus. Er bietet an, seine Zeiten zu verschieben.
»Siehst du, Peter, es hat doch einen Sinn gehabt.«
»Aber das Problem ist damit noch nicht beseitigt.«
Einen Tag später.
»Ich weiß nicht, wie ich morgen drauf bin, aber wahrscheinlich spreche ich das Problem mit der Dusche in der Vollversammlung an.« (Peter hat sich noch nie, solange er hier auf Station ist, auf der VV zu Wort gemeldet.)
»Tu das.«
»Obwohl ich glaube, daß es sowieso nicht viel nützt.«
Ich versuche Peter zu meiden. In unseren begrenzten Räumlichkeiten ist das nicht einfach. Schon sitzt er neben mir. Seufzt. Früher hätte ich mich nach dem Grund erkundigt. Jetzt spiele ich den

jähen Einfall, etwas Wichtiges vergessen zu haben, und stürze davon. Ich werde mich raushalten. Er soll sich durchsetzen.

Vollversammlung.
Schweigen im Walde. Lange. Zweiundzwanzig Minuten.
Und es geschieht das Wunder: Peter E. mit seinem ersten Redebeitrag. Und er macht das gut. Mit Witz.
»Ich mache ein Angebot: Biete Zimmer mit Dusche, suche eins ohne.« Lacher.
»Im Ernst. Ich leide sehr unter der Dusche. Ich hatte mich so auf das Wochenende...« usw.
Frau Doktor: »Verständlich, verständlich. Übrigens hatten wir bisher nie eine Klage dieser Art.«
Ich: »Das kann doch aber nicht ein Grund sein, nichts zu unternehmen.«
»Richtig.«
»Wem dient die Tür?«
»Früher, als hier noch eine andere Station war, wurden bettlägerige Patienten ins Bad transportiert.«
»Heute wird sie also nicht mehr gebraucht.«
»Richtig.«
»Kann man sie nicht isolieren?«
»Warum nicht? Die Tür zwischen Raum 2 und Gruppenraum wurde seinerzeit auch isoliert. Das war keine große Sache und effektiv.«
Klaus: »Ich habe heute morgen später und mit viel weniger Wasser geduscht, hat man das gemerkt?«
Ich: »Es hat mich nervös gemacht. Weil ich immer gegrübelt habe, ist das noch Waschen oder ist das schon Duschen?«
Problemstille.
»War nur ein Scherz.«
Lacher.
Frau Doktor (schon im Aufstehen): »Man sieht aber, mit etwas Rücksicht läßt sich vieles erreichen.«
Ich (wie Maximilian Schell im »Nürnberger Prozeß«): »Heißt das, daß die Isolierung vom Tisch ist?«

Harter Zug um die Mundwinkel.
»Natürlich nicht.«
Freund Peter stolziert wie ein Hahn durch die Korridore. Den ganzen Tag lang pfeift er. Sieht aus wie Markus Wolf in der Prozeßpause.
Tage später.
Handwerker erscheinen. Unser Zimmer wird zur Baustelle. Fachgerecht wird die Tür isoliert. Peter und ich sitzen glücklich auf einem Bett. Still und zufrieden. Wie Maria und Josef. Aber, täusche ich mich? Ist in Peters Auge nicht eine gewisse Leere? Es hätte ein Freudenfest werden können, ein »Hurra, wir haben die Obrigkeit besiegt« oder so. Peter wirkt verloren. Etwas wird ihm in nächster Zeit fehlen.

15 Uhr Einzeltherapie.
Frau Doktor geht wieder eine Woche außer Haus. Ein ungünstiger Zeitpunkt. Ich muß meinen Abgang vorbereiten. Eine unerwartete Verzögerung. Die Beschäftigung mit der neuen Gewißheit fällt immer schwerer. Das Neue steht bedrohlich vor der Tür.
Meine derzeitige Lektüre ist unbefriedigend. Utta Danella stellt sich als Flop heraus. Bestenfalls Unterhaltung. Klischeehaft. Glatte Glitzerwelt. Hab's im Moment auch mehr mit der Looser-Literatur.
Gefährlicher Tag. Der dritte Kugelschreiber gibt seinen Geist auf. Wie soll man das verstehen?
Die Oberflächlichkeit der Menschen um mich herum macht mich krank. Es tut sich nichts. Nicht mal ein Krach. Alles scheint sich aufgegeben, bestenfalls abgefunden zu haben. Leere. Leere. Geräusche von Würfelbechern und Kaffeetassen.

Mittwoch, 28.7.93
Kunsttherapeutin Frau M. beendigt ihre Tätigkeit. Ihre Stelle fiel dem Rotstift zum Opfer. Spaßeshalber hatte ich gesagt, daß das ein Atelierfest zur Folge haben müßte. Ich würde mir meinen schwarzen Anzug von zu Hause mitbringen. Zu meiner Verblüffung nimmt sie diesen Vorschlag ernst und lädt uns ein.

Der Arbeitstisch ist mit weißem Zeichenpapier verhüllt. Selbstgebackener Kuchen. Natürlich Vollwertkost.
Es kommen nicht viele, vier bis fünf Leute. Frau M., wohl trainiert im Einstecken von Niederlagen, läßt sich dadurch nicht beirren, bittet mit einer kleinen beschwingten Geste zu Tisch. Ich hätte lieber gearbeitet. Der Kaffee ist viel zu stark, die Schlagsahne wurde zu lange geschlagen, sie besteht aus Butterklumpen. Der Kuchen ist staubtrocken.
Es herrscht, was hier auf der Station am besten beherrscht wird, Schweigen. Frau M. hat ein Konzept. Sie möchte mit uns gemeinsam Bilder ansehen, Bilder der Anfangszeit und Bilder der letzten Tage. Um Prozesse zu erläutern. Um eine Bilanz zu erstellen. Gut gedacht. Das Problem ist nur, daß drei von uns erst kurze Zeit auf der Station sind, daher noch nichts vorweisen können, ich nichts gemalt habe. Bleibt nur noch Rosi. Rosi, eine unserer Veteraninnen, hat erst in den letzten Wochen ihre Hemmungen abgelegt und zahllose bunte Kinderbildchen verfertigt. Diese wurden bereits hinreichend bejubelt.
Lediglich der fette Junge erklärt sich selbstbewußt bereit, seine Werke zu präsentieren. Das sind: Zwei Palmen an reichlich blauem Wasser. Das zweite Werk: Unter braun-orangefarbenen Bäumen nebst Himmel liegt ein Gerippe. Ich schlage dazu den Bildtitel vor: Der falsche Lichtschutzfaktor. Es wird gelacht. Das Eis scheint gebrochen.
»Herr B., wie interpretieren Sie denn Ihr Bild?«
»Na, det is 'ne Sonne, und da liegt'n Doter.«
Das Lachen erstirbt.
»Der Dote bin ick.«
Ein Kaffeelöffel fällt runter.
»Weil ick nich mehr leben will.«
»Herr B., das ist natürlich sehr traurig, aber immerhin ist es Ihnen gelungen...«
Der fette Junge ist aufgestanden und hat den Raum verlassen.
»Auf Wiedersehn, Herr B...«
Stille.
Das Atelierfest ist beendet.

Jürgen Frohriep ist tot.
Nach längerer Zeit erst in seiner neuen Wohnung aufgefunden.
Einsam im Alkohol.
Ein Stück DDR.
Ein Mann, der es schwer hatte.
Ihn hatte der Alkohol, er hatte die Angst. Die Augen. Er hatte immer Angst. Auch ohne Wende war ein unglückliches Ende vorprogrammiert.
Als Jungstar hochgeschossen, mußte er im Alter viele Kompromisse machen, um überhaupt präsent zu bleiben.
Leider kann er das starke Presseecho nicht mehr erleben. Sicher ein Ziel seiner Träume: Titelzeilen auf Tageszeitungen. Zu spät.

Schwester D. ist wieder da. Sie hat Urlaub an der Ostsee gemacht. Uns verbindet das etwa gleiche Alter und die gemeinsame Herkunft aus dem Ostteil der Stadt. Das hatte schon manchmal verschwörerischen Charakter. Diaspora.
Ich liege auf meinem Bett und quäle mich mit Utta Danella.
Gleichzeitig mit dem Klopfen fliegt die Tür auf.
»Ich wollte doch mal schauen, wie es Ihnen geht.«
Sie ist verlegen und schlenkert mit sämtlichen Gliedmaßen, inklusive Dreikantschlüssel. Der Mut zum Sturm auf das Zimmer ist verbraucht. Ihr Gesicht glüht. Sie erzählt von der »wunderwunderschönen Ostsee« und daß sie nur noch eine Woche Dienst hat, dann läuft ihr befristeter Arbeitsvertrag ab.
»Gehen Sie mit einem lachenden, einem weinenden oder zwei weinenden oder zwei lachenden Augen?«
»Alles ein bißchen gemischt. Es hat doch einiges gegeben.«
Wir stehen steif in der Mitte des riesigen Zimmers. Sie hat sich aufgepflanzt wie ein Schulmädchen beim Rapport. Abwechselnd streicht sie auf Bettkante und Nachttisch imaginären Staub weg. Sie lacht viel. Bei einer Schlenkerbewegung reißt sie einen Zeitungsstapel vom Tisch. Wie in einem Loriot-Sketch bücken wir uns gleichzeitg und rempeln aneinander.
»Ach, könnte ich mir eine Zeitung mitnehmen?«
»Ausnahmsweise. Eigentlich wollte ich beim Grünen Punkt damit unheimlich Kohle machen.«

»Ach, Sie nun wieder.«
Ihr Blick geht suchend durchs Zimmer. Als sähe sie es zum erstenmal.
»Was haben Sie für schöne Karten.«
»Aus Teneriffa. Von einem Freund.«
Das Nietzsche-Zitat erntet nur ein »Aha«.
»Ich liebe Aphorismen.«
»Ein diskreter Hinweis auf das Abschiedsgeschenk?«
»Ach, Sie nun wieder.«
Sie setzt sich auf mein Bett.
Steffen wird später sagen: »Neun Monate mußten vergehen, ehe ich das erleben konnte. Eine Schwester sitzt auf dem Bett eines Patienten.«
»Werden Sie auf der neuen Arbeitsstelle auch Schichtdienst haben?«
»Ja.«
»Das ist doch sehr einschränkend?«
»Sicher, man kann sich nichts vornehmen. Bekannte besuchen zum Beispiel.«
»Mit den Liebhabern wird's auch schwierig sein?«
»Ach, Sie nun wieder.«
Schwester D. dreht aus der Berliner Zeitung ein Rohr und schlägt damit in die hohle linke Hand und lacht.
Ich treibe es auf die Spitze. Zeige ihr meinen Minifernseher.
Es ist verboten, allein fernzusehen. Das wird als Trend zur Vereinsamung ausgelegt. Meine Hoffnung, Schwester D. in einen Gewissenskonflikt zu stürzen, erfüllt sich nicht. Ich weiß nicht, warum ich das will, irgendwie schwebt mir eine Szene aus einem Woody-Allen-Film vor.
Schwester D. zeigt heute, kurz vor ihrer Verabschiedung, geradezu anarchistische Züge.
»Mir doch egal. Lassen Sie sich nur nicht erwischen. Frau Doktor reagiert gerade in puncto Fernsehen allergisch. Na, ich werde dann mal wieder.«
»Was gibt's denn so Wichtiges zu tun?«
»Die übliche Routine. Tabletten sortieren. Papierkram, Papierkram und nochmals Papierkram.«

»Schwester, ich brauche ein Klistier!«
»Ach, Sie nun wieder.«
Mädchenhaft trippelt sie aus dem Zimmer.

Frau Doktor ist nicht da. Eine leere Woche. Wenn es nach mir gegangen wäre, säße ich schon zu Hause. Sie legte Wert darauf, meinen Abgang zu betreuen. Nun heißt es warten.
Ich starte einen Versuch mit »Karthause von Parma«. Muß das durch Dame Danella entstandene Vakuum schließen.
Sonst fühle ich mich gut.
Viele Pläne gehen mir durch den Kopf.
Das Theater spielt dabei keine Rolle.
Freue mich auf Veränderung.

Die Audienz
Es ist kurz nach der Wende. Mit Eifer versuchen wir die Mechanismen des Kapitalismus zu ergründen. Ich habe jetzt einen Agenten, besser gesagt, eine Agentin. Das war gar nicht so schwer. Die ehemalige Chefin des Besetzungsbüros des DDR-Fernsehens, wir konnten immer gut miteinander, rief mich an und fragte, ob sie mich in ihre Agentur übernehmen könnte. Da ich nicht so recht wußte, wie man zu einem brauchbaren Agenten kommt, sagte ich: Einverstanden. So wurde ich Schauspieler einer Agentur. Die Einrichtung gefiel mir. Mußte sich doch fürderhin jemand anders damit abquälen, gute Rollen zu ordern, Termine zu koordinieren, Versäumnisse auszubügeln, Honorare zu fordern. Und tatsächlich flatterte schon bald ein verlockendes Angebot ins Haus. Ein König ließ bitten. Was sag ich: ein König, ein Kaiser! Kein Geringerer denn Sir A. B. zeigte Interesse. In der Filmbranche eine fixe Größe, war er mir ehrlich gesagt nur in Verbindung mit flachen Unterhaltungsfilmen meist älterer Bauart erinnerlich. In der Filmszene Berlin ist er der Boß. Meine frisch gekürte Agentin überzeugt mich, daß man Kontakte knüpfen muß. Und sei es nur die Gunst eines kurzen Gesprächs. Widerwillig erkläre ich mich bereit.
Die Szenerie ist wie aus einem Film des Sir A. B.
Einstellung 1,Totale:

Eine ruhige Parkstraße im Grunewald. In großzügigen Abständen Nobelvillen. Hinter den in der Nachmittagssonne dahindösenden Gebäuden ist der Grunewaldsee zu ahnen. In der Ferne Hundegebell. Eine elegante Limousine schnurrt mit mäßiger Geschwindigkeit die Straße entlang. Verschwindet hinter den Ulmen.
Spatzen tschilpen.
Den Bürgersteig entlang kommt ein hagerer Mann mittleren Alters. Er läuft groß auf die Kamera zu. Er ist unauffällig gekleidet. Sein Gesichtsausdruck ist gespannt. Suchend geht sein Blick über die Hausnummern. Endlich scheint er die richtige gefunden zu haben.
Einstellung 2, Halbnah:
Der Mann steht vor einem schmiedeeisernen Tor. Er drückt auf einen Klingelknopf aus Messing. Er wartet. Sein Blick fällt auf das schlicht gestaltete, aber wertvolle Tor. Im Zentrum in etwa 30 cm hohen Lettern die Buchstaben A und B eingelassen. (Passender: A und O.) Unser Mann schrickt zusammen. Eine quakende Stimme aus der Sprechanlage: »Bitte kommen Sie rein.«
Dem Mann scheint eine solche Anlage nicht bekannt zu sein. Übertrieben dicht hält er sein Gesicht an die Schlitze der Anlage und schreit: »Vielän Dank.«
Ein Schnarren ist zu hören. Der Mann öffnet vorsichtig die Tür. Als wäre sie aus Glas. Seinem Blick bietet sich ein gepflegter Rasen mit entsprechender Rabatte. Das Haus ist gediegen. Unser Mann geht eilig in Richtung Haustür. Dort steht der Hausherr. Mittelgroß, korpulent, mit Lippenbart und auffallend lebhaften Augen.
»Bitte, treten Sie näher.«
Er macht eine einladende Geste.
Der Mann reinigt sich übertrieben die Schuhe und betritt das Haus. Der Gastgeber folgt ihm. Die Haustür wird geschlossen. Die Kamera fährt groß auf den Löwenkopf aus Messing.

*Abblende*

Die Fußbodenfliesen sind aus wertvollem Gestein. Vor mir eine Hundeplastik in Lebensgröße.

Es riecht nach gebratenem Fisch. Die Hausfrau ruft etwas aus der geöffneten Küchentür, die sie danach schließt.
Wo befindet sich das pompöse Büro mit Ledersesseln und unzähligen Künstlerfotos?
»Bitte hier herein.«
Sir A. B. spricht mit schnarrendem R. Folge seiner abenteuerlichen Biographie.
Wir betreten ein kleines Zimmer. Links am Fenster steht ein weißer Plastiktisch mit entsprechenden Stühlen, Marke »Pluta«. Geradezu eine Liege. Auf einer darübergebreiteten Decke Stapel von Manuskripten und Fotos. Rechts an der Wand ein Regal mit nichts drauf. Darunter ein Hocker mit einem Telefon.
Wir klemmen uns in die Gartenstühle und starren uns an. Da ich Sir A. B.s Eindruck nicht wiedergeben kann (Gott sei Dank), schildere ich meinen.
Ich blicke in eine menschliche Landschaft. Urgestein. Aber voller Leben. Die tiefdunklen Augen glühen wie Kohlen. Der genußfreudige Mund ist ständig in Bewegung. Aber irgendwie scheint ein Maskenbildner outriert zu haben. Natürlich müßte Sir A. B. einen Geheimagenten spielen. Aber bei seinem Anblick würde der Regisseur sofort brüllen: »Maskääää! Das ist zuviel. Die Augenbrauen sind zu schwarz, und der Bart wirkt künstlich.« Und wenn Sir A. B. seinen ersten Satz spräche, würde der Regisseur höflich bemerken: »Liiiieber, das mit dem Akzent haben Sie sich hübsch ausgedacht, ist aber zu dick. Lassen Sie das bitte weg!«
Wir sitzen immer noch auf dem Gartengestühl. Wie der Kommissar und sein Täter. Irgendwie scheinen auch die Gewichte entsprechend verteilt zu sein. Mich befällt Unruhe.
Da schnarrt Sir A. B. los:
»Erstaunlich, Sie sehen ja wirklich so aus wie auf dem Foto. Sind Sie sich bewußt, was für eine Aufgabe Sie erwartet?«
»Ich weiß gar nichts.«
»Was heißt Aufgabe, Verantwortung! Das ist eine Serie. Eine ausgezeichnete Serie. Auf einem ausgezeichneten Sendeplatz. Eine Riesenrolle mit ausgezeichneten Möglichkeiten!«

Ich bin ratlos, soll ich nun um die Rolle bitten oder mich schon mal bedanken?
»Werden Sie das schaffen. Eine enorme Verantwortung!«
»Ich habe schon . . .«
»Ihre Partnerin ist schon besetzt, ich weiß nicht, Sie wirken ein bißchen schmal.«
»Im Film komme ich . . .«
»Sie können sogar nach Griechenland fahren, stellen Sie sich vor, ganz ohne Bezahlung.«
Ich möchte sagen, daß ich mich heute morgen schon ganz alleine angezogen habe. Lasse das.
Statt dessen sage ich einen vorbereiteten Satz:
»In welchem sozialen Umfeld spielt denn . . .«
»Entschuldigung.«
Das Telefon hat geklingelt.
»Aber! Ich umarme dich, Kathrin.«
Sir A. B. hält die Hand über die Muschel und zischt mir zu: »Das ist Caterina Valente, sie hat Geburtstag.«
Sein Blick ist fragend. Er zweifelt, ob mir der Name etwas sagt. Dann geht das Palaver munter los. Es schnarrt und orgelt »Ach weißt du« und »Grüß sie von mir« und »Ich muß mal wieder« und »Ach, weißt du, Arbeit, Arbeit, Arbeit« usw.
Ich lehne mich innerlich zurück.
Ich sehe mir einen alten UFA-Film an.
Das Telefongespräch ist beendet. »Ciao, Kathrin!«
Übergangslos steigt Sir A. B. ein.
»Es handelt sich um ein Millionenobjekt, wobei ich Ihnen gleich sagen muß, daß Ihre Gage nicht üppig sein kann, weil: Ich habe kein Geld.«
»In welchem sozialen Umfeld spielt denn die Haupthandlung?«
»Wie bitte?«
»Ich meine . . .«
»Entschuldigen Sie mich . . .«
Es klingelt wieder. Diesmal an der Haustür.
Sir A. B. wuselt hinaus.
Es riecht wieder nach Bratfisch.

Auf dem Bett entdecke ich zwischen Hochglanzporträts mein bescheidenes Foto. Klein, etwas nach oben gewölbt. Unser Theaterfotograf hatte sich Mühe gegeben.
Mein Hintern schmerzt. Ich möchte verschwinden.
Die Tür fliegt auf. Sir A. B. strahlt. Meine Agentin ist eingetroffen. Er scheint in seinem Element. Damen sind wohl mehr seine Sache.
»Gnädige Frau, wenn Sie bitte hier... Wir können auch einen Kaffee... Wir haben schon eifrig Nägel mit Köpfen gemacht... Wollen Sie Ihre elegante Jacke bitte...«
Meine Agentin hat sich die Nägel rot lackiert und riecht sehr gut.
Ich bin unwichtig.
Meine Agentin hat eine Videokassette von mir mitgebracht. Sir A. B. scheint sich nur widerwillig an den eigentlichen Anlaß erinnern zu wollen.
»Ausgezeichnet, dann werden wir uns das Werk gleich einmal anschauen.«
Gemeinsam begeben wir uns in den Salon.
Ich finde nun endlich die adäquate Dekoration. Die erwarteten Accessoires. Da sind die sorgfältig restaurierten Stilmöbel, die teuren Teppiche, die Originalgemälde, der Blick durch großzügige Fensterfronten auf den See...
Alles etwas bunt, alles etwas zusammengewürfelt und außerordentlich ungemütlich.
Ich bemühe mich, auf dem Louis dem Soundsovielten eine bequeme Position zu finden.
Sir A. B. fummelt an der geschickt in den Barockschrank integrierten Video-Anlage. Er scheint damit seine Schwierigkeiten zu haben. Gereizt zischelt er vor sich hin:
»Also, jetzt habe ich den Recorder... die Lampe brennt, ich drücke LAUF und... kein Bild. Was ist da los? Einen Moment bitte, wir haben das gleich.«
Mich schaudert. Auf der Kassette spiele ich einen DDR-Bauarbeiter, der marode Häuser in der Hauptstadt repariert und dabei »zwischenmenschliche Beziehungen« pflegt.
Zur Zeit der Ausstrahlung war das ein brisantes Thema und hat

viel Aufmerksamkeit erregt. Aber ob das hier, zwischen der antiquarischen Bibelsammlung und venezianischem Glas eine Chance hat?
»Hurra! Wir haben es!«
Sir A. B. lehnt sich genüßlich in seinen Fauteuil zurück.
Unheil, so nimm denn deinen Lauf. Ich blicke konzentriert auf meine Stiefelspitzen.
»Nanu?«
Sir A. B. springt auf.
Auf dem Bildschirm sehe ich Pygmäen beim Bau einer Hängebrücke auf dem Sat 1-Kanal. Die Szene stammt nicht aus unserem Bau-auf-Film.
»Diese verfluchten Privaten!«
Der mit Shakespeare-Pathos vorgetragene Fluch scheint tiefere Ursachen zu haben.
Sir A. B.s Video-Abenteuer nimmt seinen Fortgang.
Diesmal sehen wir Pygmäen einen Tierkadaver schleppen. Sir A. B. verliert die Lust. Wie ein beleidigtes Kind sitzt er in seiner Sofaecke.
»Ich werde die Kassette meiner Assistentin geben, wir werden sie im Studio anschauen.«
Wir wechseln wieder die Räumlichkeiten.
Sir A. B. schleppt ächzend einen nachttischhohen Manuskriptstapel.
»Sie können ja mal etwas lesen. Sie entschuldigen mich, ich habe eine Besprechung, es geht um Geld, viel Geld...« Weg ist er.
Ich blättere ratlos. Was hat das alles mit mir zu tun?
Aus dem Nebenraum röhrt Sir A. B.: »Dafür gebe ich doch keine halbe Million aus!«
Ich möchte nach Hause. Vielleicht mit dem Hund in den Park gehen. Oder endlich den neuen Updike lesen.
»Nun, wie finden Sie's, ist doch ausgezeichnet geschrieben?«
»Ja schon, aber in der Kürze...«
»Haben Sie irgendeine spezielle Begabung, eine sportliche Fähigkeit vielleicht, man könnte das noch ins Buch hineinschreiben, es sind ja noch Fassungen.«
Ich beherrsche einen Yoga-Trick. Im Sitzen werden die Beine

hinter den Kopf gelegt, so daß sich die Füße am Hinterkopf kreuzen. Mit dieser Übung hatte ich immer spektakuläre Erfolge. Ohne Ankündigung, wohl um als origineller Kauz zu gelten, praktiziere ich diese Übung. Sir A. B. blickt mich ausdruckslos an. Verlegen klappe ich mein Fahrgestell ein und hoffe auf eine kleine Anerkennung. Sir A. B. überlegt, dann hat er's.

»Ich würde gern diese Leibesübung von der Frau Kollegin sehen.«

Zum erstenmal an diesem Nachmittag lacht er herzlich und lange. Da seine Aufforderung nicht den richtigen Anklang zu finden scheint, bricht er kurzerhand das Gespräch ab.

»Meine Damen und Herren, wir werden die Angelegenheit besprechen, es gibt natürlich noch andere verantwortliche Leute, die mitentscheiden. Ich bedanke mich für Ihr Kommen.«

Die Verabschiedung an der Tür ist kurz und geschäftlich. Der Bratengeruch hat sich verflüchtigt. Jetzt riecht es nach Kaffee.

Zu einer Zusammenarbeit ist es nie gekommen.

Meine Kassette mit dem wundervollen Bau-auf-Film habe ich nicht wiedergesehen.

Donnerstag, 29. 7. 93

Klaus, der stämmige Klempner aus dem Osten, hat ein Verhältnis mit Marion. Seit drei Wochen wartet sie auf ihre Regel. Das weiß nur ich. Klaus ist aus dem Häuschen.

»Wenn das rauskommt, fliege ich!«

»Hat die Beziehung denn eine Perspektive?«

»Ach, weeß ick nich, aber Jörn komm nich in Frage! Hab ick die Schnauze voll!«

Ganz gegen seinen Ruf als Sonnyboy wird er böse. Sein Kindermund ist ein schmaler Strich.

Er fühlt sich auch sonst nicht wohl. Jahrelang schlägt er sich mit Depressionen herum. Er war bei Wunderheilern, bei Schamanen, eines Tages saß er sogar Herrn Drewermann gegenüber. Nichts hat geholfen. In der unsäglichen BZ läuft zur Zeit eine Serie über

Hexen. Klaus hat die Woodoo-Hexe vom Kreuzberg angerufen. Nett sei sie gewesen, sehr nett, und Gürtelrose, Rheuma oder Liebeskummer hätte sie im Handumdrehen erledigt. Klaus konnte sie nicht mal Hoffnung machen. Er solle sie aber mal besuchen.
»Wat meinst 'n du, Peter?«
»Klaus, laß das, konzentrier dich auf das hier. Wenn wir mal wieder heil sind, rufen wir die Woodoo-Hexe an, ziehen zu ihr hin und machen uns 'n Spaß. Jetzt nicht.«
»Wenn du meinst.«

Mägis neue Wohnung ist frei. Es geht los. Am nächsten Wochenende wird umgezogen. Dieter und Küchi kommen. Wir werden eine Robbe mieten. Anschließend räumen wir in unserer Wohnung. Bin voller Tatendrang. Mit meinem halben Hundert Jahren auf dem Buckel werde ich mit meiner Mine zum erstenmal eine Wohnung ganz für uns haben.
Die Werkstatt werde ich in Mines ehemaligem Zimmer einrichten. Mine zieht in das schönste, das sonnigste, vormals Mägis Zimmer.
Ein Brennofen muß her. Habe schon recherchiert. Um die 3000 DM. Das ist viel. Will nicht an der falschen Stelle sparen.
Irgendwann werde ich ein bescheidenes Haus bauen. Nur das Nötigste. Ich habe Berlin gern, will aber nicht auf ewig bleiben. Ich hoffe, daß Mine bis zur letzten Konsequenz ehrlichen Herzens einmal davon überzeugt ist.

Es ist kalt. Ein 08-15-Oktobertag.
Das war ein verhunzter Sommer.
Ich wein ihm keine Träne nach.
Oder doch?

Unsere Gruppe hat wieder einmal Verstärkung erhalten.
Ein Mann Mitte Zwanzig mit speckigem Haar und Pferdeschwänzchen. Wohnte im Wohnheim. Mit Knackis und Trunkis. So kam der Teufel Alkohol über ihn.
»Warum bist du hier?«

»Kindheit aufarbeiten.«
»Aha. Warum?«
»Weiß nicht. Kann ich nicht so genau sagen. Bin heute nicht gut drauf.«
»Entschuldige.«
»Ist schon o. k.«
Will er vielleicht auf diese Weise sein Wohnungsproblem lösen?

Heute ersten Kontakt mit einem Keramikladen aufgenommen.
Der Ofen kostet etwa 1300,- (hurra!). Alle notwendigen Gerätschaften sind vorhanden. Ton in allen Schattierungen. Kann mich kaum noch beherrschen.
Das Fahrrad ist bereits wieder im heimatlichen Keller. Bücher auch abtransportiert.
Heute abend verabschiedet sich Schwester D.
Schenke ihr ein Lichtenberg-Bändchen mit Aphorismen.
Vorn hab ich ein Zitat von Karl Krauss reingeschrieben:
»Kunst ist nicht das, was ist, sondern das, was wird.«
Ein Fingerzeig auf meine Zukunft?
Hätte nichts dagegen.
Interpretiere den Text ganz neu.

Es ist wieder einer ausgebrochen. Aus Station 5. Das Ausbrechen scheint sich zu einer Art Freizeitsport zu entwickeln. Die Flüchtigen werden meist schnell gefaßt. Man tobt sich aus, wird ein bißchen als Held gefeiert und kann dann wieder ein Weilchen Station ertragen.
Willkommene Abwechslung im Therapiealltag.

Auf dem Weg zur Bibliothek treffe ich den Pfleger, Herrn E., den freundlichen Pfeiferaucher aus der I. Er ist immer zu einem launigen Schwätzchen bereit.
»Morgen jeh ick in Urlaub.«
»Wo geht's denn hin?«
»Ick bleibe zu Hause. Ick krieg meine Alte nich weg.«
»Ist das nich 'n bißchen langweilig?«
»Na, ick werde die Zimmer renovieren. Schön in Ruhe.«

Aus der Nähe sieht sein Gesicht starr aus. Die blauen Augen wie aus Glas.
»Tja, ick muß zu meine Kosaken.«
Muntere Rauchfallschirme über uns zurücklassend, stapft er, ein Liedchen summend, von hinnen.

Habe zusammen mit Klaus für Peter E. Adressen von Wohnungsgesellschaften herausgesucht. Klaus hat vor Jahren eine Sozialwohnung bekommen. Er kennt sich aus. Wir entwerfen Bewerbungsschreiben. Peter ist aufgeregt/glücklich. Wie eine Braut kurz vor der Trauung.
»Jetzt ist mir ein Stein vom Herzen gefallen.«
Er ist weltfremd geworden. Schnell verzagt.
Wir treiben ihn an und schwingen die Peitsche.
Gestern hat er vor sich hingesungen. Einen Schlager aus den Siebzigern.

Der Gutenmorgengruß wird hier auf eine ganz spezielle Weise intoniert. Er klingt wie eine Feuerwehrfanfare. Man muß sich das so vorstellen: Auf dem TA sitzt das GUTEN, auf dem TÜ das MOR und auf dem TATA das GEN. Wobei die Betonung auf dem GEN liegt.
Das klingt optimistisch.
Ich kenne das nur von Reisegruppen.

## *Du sollst reden und nicht sprechen*

Montag, 2.8.93

Claudia findet sich nach wie vor nicht zurecht. Weiß mit sich und der Therapie nichts anzufangen. Wenn sie nicht schläft, schleicht sie totenbleich durch die Gänge. Trägt immer den gleichen Pullover, die gleiche Schlupfhose. Alles in Depri-Grau.

»Ich kann nicht mehr, ich bin krank, und keiner hilft mir. Die Knie, die Gelenke, alles schmerzt. Das ist Rheuma, ich muß zum Arzt. Keiner hilft mir.«

»Sie sind nicht krank, zumindest nicht organisch. Ihre Seele ist krank. Sie müssen das akzeptieren und sich entsprechend verhalten.«

»Ich will nicht akzeptieren, ich will mich nicht verhalten. Ich habe keine Kraft mehr. Wenn ich wüßte, wo meine Seele ist, ich würde sie herausreißen und zerstückeln. Ich bin krank und muß zu einem richtigen Arzt. Zu Ihnen habe ich kein Vertrauen.«

»Das ist die Schwierigkeit.«

»Wenn mich jetzt kein Arzt untersucht, wird die Krankheit schlimmer und ist dann unheilbar.«

»Keine Krankheit entwickelt sich so schnell, daß sie innerhalb von Tagen unheilbar würde.«

»Trotzdem.«

C. beschäftigt sich den ganzen Tag mit sich. Wenn sie wach wird, horcht sie in sich hinein und entdeckt ein neues Leiden. Sie steigert sich so in diesen Zustand, daß sie es vor Schmerzen nicht mehr aushält, Tisch und Stuhl schmeißt, gegen die Wand rennt und erst Erlösung findet, wenn sie nach ärztlicher Untersuchung erfährt, daß sie nicht krank ist.

Am nächsten Morgen beginnt die Qual von neuem, mit einem anderen Leiden. Nichts kann sie ablenken.

In der Gruppe berichtet sie. Keiner kann helfen.

Man schlägt vor, sie solle all ihre Leiden aufschreiben, um die Absurdität ihrer Bemühungen zu begreifen.

Ein ähnlich Betroffener empfiehlt ein straffes Tagesprogramm, um sich abzulenken. C. will neben ihren Schmerzen nichts gelten lassen.
»Wenn mir der Arm weh tut, kann das doch nicht von der Seele kommen, das ist doch ein konkreter Schmerz, also hat er auch eine konkrete Ursache.«
Ich versuche es mit einem Beispiel aus der Tierwelt.
»Meine Hündin bildet sich jedes Jahr ein, Welpen geboren zu haben. Das führt so weit, daß die Milch einschießt und sie den ganzen Tag Socken und Handschuhe als Kinder betreut. Der gesamte Organismus stellt sich darauf ein und reagiert entsprechend.«
Frau Doktor: »Ein Tier ist dem hilflos ausgeliefert. Sie haben einen Verstand, der Ihnen sagen muß: die Ursachen für meine Schmerzen sind nicht körperlich bedingt.«
»Und Ihr Verstand müßte Ihnen sagen, daß Sie mich in Ruhe lassen sollen. Sie können mir nicht helfen.«

Heute ist ein stiller, friedlicher Sommerabend nach langen Tagen mit Regen und Kälte. Im Haus ist es still.
Ich habe mir zwischen Bett und Fenster einen Schreibplatz installiert. Auf der linken Seite mein Bett, vor mir und neben mir Fenster. Auf der Fensterbank steht ein Usambaraveilchen. Ich habe es immer sorgfältig gegossen. Ich werde es zum Abschied Frau Doktor überreichen. Mir bleiben nur noch wenige Tage.
Die Stille im Zimmer macht mich nervös. Und schlimm ist es, wenn Peter seine Zeitung umblättert. Das geschieht laufend. Er liest ja nicht wirklich. Er vertreibt sich die Zeit.
Über den Vorplatz schlendert »Sonnenblume« von der I. Er zeigt seine neue Trainingshose. Grün mit roten Generalsstreifen. »Sonnenblume« hat das Gemüt eines achtjährigen Mädchens. Er ist immer sonnig und streichelt allen Leuten die Wange. Das tut er unbeirrt, auch wenn er selten auf Gegenliebe stößt, wozu sicher sein ewig qualmender Zigarrenstumpen beiträgt.
Auf dem Parkplatz verabschiedet sich ein graumelierter Vater im teuren Kammgarn vom mißratenen Söhnlein mit Arafat-Tuch.
Daddy schwingt sich elastisch in seinen Landcruiser, Söhnlein trottet in seine »Jugendlich Abhängige«.

Der einsame Raucherhusten unten in der I klingt wie Küchenstuhl auf Küchenboden in der 2 Zi OH Wc sep. Kollwitzstraße Bez. Prenzlauer Berg.

Erste organisatorische Absprache für meinen Abgang. Frau Doktor empfiehlt, mit einem Therapeuten weiterzuarbeiten. Ich werde sehen. Ich bitte meinen Abgang betreffend um Diskretion. Möchte nicht erklären müssen.

*Das Café »Wahnsinn«*

Im geographischen Mittelpunkt des Klinikgeländes befindet sich eine Cafeteria, genannt Café »Wahnsinn«. Aftermieter der Sozialabteilung, Gaststätte und Drugstore in Personalunion. Hier besteht die einzige Möglichkeit für Patienten, Lebensmittel käuflich zu erwerben. Die Preise sind horrend, und das ist, angesichts fehlender Alternativen, eine Zumutung.
Vor dem Eingang befindet sich eine Terrasse. Rustikale Holzmöbel bilden Sitzecken. Sie sind den ganzen Tag dicht belagert. Hier werden Neuigkeiten ausgetauscht, Geschäfte getätigt, Treffs organisiert, Besuche von »draußen« empfangen.
Im Innenraum Grünpflanzen, Kunststoffmöbel, Patientengemälde und schlechte Luft. Hinter dem Tresen verkauft ein Mann mit roter Schürze und stoischer Geduld Kaffee, Bouletten, Zigaretten, Zeitungen.
Ich konnte hier nie etwas essen. Eine Tasse Kaffee war das Äußerste. Aber die Menschen!
Ideales Betätigungsfeld für meine Leidenschaft, Schicksale zu ergründen.
Da ist der verträumte Student, Mitte Zwanzig. Er schleicht mit ausdruckslosem Gesicht und fast geschlossenen Augen von Tisch zu Tisch. Er beugt sich tief über meine Zeitung. Ich muß meine Lektüre längere Zeit unterbrechen, ohne ihm böse sein zu können. Er ist sanft, redet leise vor sich hin. Seine Worte bleiben unverständlich.
Am Tisch gegenüber der »Golem«. Gardemaß 1,90 m. Immer im

schwarzen Anzug und mit tadellosem weißen Hemd. Ein Gesicht, wie im Film menschliche Wesen aussehen, die von besessenen Wissenschaftlern in brodelnden Retorten zusammengebraut wurden. Eben ein Golem. Kerzengerade sitzt er an seinem Tisch, raucht. Unnahbar. Ich habe ihn nie ein Wort reden hören.

Am Nebentisch ein großrahmiger Sechziger mit Löwenschädel. Typ Ministerialdirektor. Mit lautem, sonorem Organ. Sein Visavis ist ein Araber mit gemustertem Hemd und Hosenrock. Er hat einen scharfgeschnittenen Haile-Selassie-Kopf. Das Gesprächsthema ist Arafat und der Extremismus: Auch in Deutschland Extremisten... Republikaner... Schönhuber... Schmierereien auf Grabsteinen...

Am Tresen steht ein Mann mit golddurchwirktem Hemd und Schlafanzugjacke. Er hält die Hand mit ein paar Münzen hin und möchte dafür etwas kaufen. Die rote Schürze erklärt geduldig, daß es für zweiundzwanzig Pfennige nichts gebe.

Eine Frau mit großblumigem Kleid und Männerhalbschuhen eilt durch den Raum. Jedem, der ihr begegnet, hat sie eine wichtige Botschaft mitzuteilen: »Roswitha will die Bohnen in Tüchern!«

Die Tür fliegt auf, und herein trippelt die »Pekingente«. Eine kleine stämmige Frau, braun geschminkt mit schwarzer Perücke. Alterslos. Sie ist geschmückt mit Perlen und Schleifen. Sie trägt ein knielanges Gewand, das mit einem chinesischen Drachen bestickt ist. Sie bewegt sich ruckartig und schnell wie in einem Stummfilm. Dazu sagt sie mit halber Stimme: »Tutututut.«

Hinter einem Gummibaum höre ich eine kräftige Männerstimme: »Det Leben is wie meine Unterhose, kurz und beschissen!«

Sigi P. von der I.

Sicher hat er ein paar Märker abgestaubt und leistet sich eine Portion Bratkartoffeln.

Am Tisch hinter mir sitzt eine alte, fette Frau. Sie hat schwarze Augen. In das flächige mehlweiße Gesicht hat sie sich rote Bakken gemalt. Zwei kreisrunde Weihnachtsmannbacken. Sie stinkt infernalisch nach Urin.

Ich muß raus.

Ich falte meine Zeitung zusammen, trage gehorsam die leere

Tasse zum Tresen und bekomme mein Pfandgeld zurück. Selbiges findet einen dankbaren Abnehmer.
»Schön ist jeder Tag, den du mir schenkst, Marie Luise«, schmettert Sigi als Dank.
Als ich die Tür schließe, sitzt er schon vor einer frischen Portion Bratkartoffeln.
Ich pralle auf einen zerknitterten Mann mit Baskenmütze.
»Entschuldigung.«
Er zieht meinen Kopf zu sich herunter und raunt mir ins Ohr: »Schorlemmer war bei der Stasi.«

Hörspiel gehört: »Herzinfarkt«. Reusse war nicht schlecht.

Mittwoch, 4.8.93
Beginn des Urlaubs für Mägis Umzug.
Den ganzen Tag arbeite ich in der adretten Single-Wohnung. Lampen aufhängen, Klingel verlegen, Jalousien anbringen. Ich fühle mich gut. Endlich Aufgaben, endlich Verantwortung. Mein Ehrgeiz, alles sehr gut zu machen, ist neu.

## *Sei glücklich, aber wehe du lachst*

Freitag, 6.8.93
Der Tag des Umzugs.
Mägi ist in guter Verfassung. Gestern ist sie, während wir Vorbereitungen trafen, in den Friedrichshainer Park gezogen und hat sich nach einem ausgiebigen Spaziergang im Café einen Amaretto geleistet. Wenn das ihr Papa, der sittenstrenge Methodistenprediger Otto Lieske, hätte sehen können, mit Sicherheit hätte er die eherne Regel, die vier Kinderchen am Sonnabend für alle vollbrachten und zukünftigen Sünden mit dem »Siebenstriemer« durchzuhauen, durchbrochen und eine Sonderschicht eingelegt.
Beim anderen Großpapa, Vater meines Vaters, ging es weniger martialisch zu. Da er früh starb, habe ich kaum Erinnerungen an ihn. Erhalten hat sich die Geschichte seiner Brautwerbung. Befragt, wie es denn zur schließlichen Verbindung gekommen sei, erteilte er in geradliniger Malermeisterdiktion Auskunft. Man habe sich mehrere Male auf einer Parkbank getroffen. Schließlich habe er gefragt: Mütterchen, bist du noch frei? Da sie bejahte, hatte einer Eheschließung nichts mehr im Wege gestanden. Aber auch vom Methodisten-Großpapa gibt es eine zauberhafte Episode zu berichten. Zum alles entscheidenden Gespräch wählte er bewußt das rote Sacktuch. Das Sacktuch des Alltags und nicht das weiße, das Sacktuch des Sonntags. Mit der Begründung, die Erwählte nicht mit gleißendem Tand blenden zu wollen.
Um 16 Uhr treffen die Freunde ein. Wir sehen uns seit Monaten wieder. Jeder hat sich sein Verhalten zurechtgelegt. Glücklicherweise scheinen sie übereinzustimmen. Alle geben wir uns, als sei nichts geschehen. Zunächst bin ich für die Nonchalance dankbar.
Brachial stürze ich mich in die Rolle des Leaders. Ich meine, mir und den Freunden etwas beweisen zu müssen.
Normalerweise hätte Dieter die Rolle übernehmen müssen, er ist der Praktische in unserem Kreis und der Älteste.

Mein Eifer überrascht mich.
Auf Dieters vernünftigen Rat zur Anordnung der Möbelstücke im gemieteten SIXT reagiere ich giftig:
»Ich mache das so, und damit basta. Wenn wir jetzt anfangen zu diskutieren, stehen wir morgen früh noch da.«
In seinem Blick ist ein kleines Erschrecken. Schließlich Resignation. Das Fatalistische seiner Reaktion macht mich nervös. Ist das schon Rücksichtnahme auf meinen »Zustand«?
Was hat er überhaupt für Vorstellungen von mir? Wie ist seine Marschroute?
Alle um mich herum geben sich so absichtsvoll normal. Ein Zustand, den ich mir nicht besser hätte wünschen können. Und doch beunruhigt er mich. Ist das nicht wieder der Beginn einer endlosen Kette von Verstellung und Selbsttäuschung?
Ich schiebe diese Gedanken von mir, stürze mich in die Arbeit. Und die geht flott voran.
Es gelingt uns, trotz meiner dilettantischen Technik, sämtliche Möbel im Fahrzeug unterzubringen. Weitere Fuhren sind unnötig.
Dieter setzt sich hinters Volant. Das muß ich ihm überlassen. Schließlich hat er das Auto gemietet. Wir fahren im Konvoi.
Freund Küchi sitzt neben mir. Außer uns im Auto Kisten und Pakken. Keiner kann uns stören. Küchi ist mein ältester Freund. Wir kennen uns seit der Zuckertütenzeit, und trotz unterschiedlichster Entwicklungen, langjähriger räumlicher Trennungen, haben sich unsere Wege immer wieder gekreuzt. Ich bin gespannt, wie er mit der neuen Situation umgehen wird. Setze Hoffnungen auf ihn. In unserer Beziehung war ich meist der aktive Teil. Diesmal wird es anders laufen müssen. Wird er das begreifen?
Ich werde mich seinen Fragen stellen müssen. Die Nagelprobe für mich. Wie stabil ist mein Seelenhaushalt? Wie weit bin ich in der Lage, das Geschehene einzuordnen?
Meine Überlegungen erweisen sich als überflüssig. Küchi berichtet umständlich von Familienereignissen, Autopannen, Urlaub, allerlei baulichen Veränderungen in der Stadt unserer Kindheit. Der Monolog zieht sich bis hin zu unserem Zielort.
Da hat Dieter bereits sämtliche Türen des SIXT geöffnet und ist

eifrig dabei, den Bürgersteig mit Möbeln zu dekorieren. Dieter ist immer in Eile.
Wir stürzen uns in die Arbeit. Unsere Organisation funktioniert gut. Die Zusammenarbeit ist problemlos und macht Spaß. Meine kleine Mutter wuselt zwischen Kisten und Kasten herum und genießt sichtlich die Rolle der Wohnungsbesitzerin.
Der Übergang zu meiner neuen Identität gelingt mir nicht problemlos. Eben noch Objekt seelischer Sezierkunst hinter abschirmenden, weißen Wänden und nun plötzlich das Agieren im Alltag. Die Schwierigkeiten, sich zurechtzufinden, hatte ich geringer eingeschätzt. Irgend etwas hadert in mir. Ich kann es nicht benennen. Nervosität und aufkommende Unzufriedenheit treiben mich. Es ist so laut.
Der Begrüßungssekt wird schnell getrunken. Dieter drängt zum Aufbruch. Sind es wirklich nur die dringenden Termine?
Ich entschuldige mich bei ihm für meine Gereiztheit beim Beladen des Fahrzeugs, stammele etwas wie »nicht ganz spurlos an mir vorübergegangen« und »erst wieder zurechtfinden«, mein darin verstecktes Gesprächsangebot wird nicht angenommen. Kurzes Shake-hands, launige Abschiedsfloskeln, und weg ist er. Wann werde ich endlich Herr über meine Empfindlichkeit? Einträchtig, wie zu unseren besten Tagen, montiere ich mit Küchi den Kleiderschrank. Wir verzweifeln gemeinsam an klemmenden Scharnieren und suchen die fehlenden Exzenter.
Mägi plaudert glücklich aufgekratzt. Mine kocht Kaffee. Das Chaos beginnt sich zu lichten.
Zeitliche Bedenken stellen sich als unnötig heraus, das Unternehmen geht mit vollen Segeln in Richtung Erfolg.
Eine bis auf Kleinigkeiten komplett eingerichtete Wohnung nebst zufriedener Eigentümerin zurücklassend, dümpeln wir in Richtung Heimat zurück.
Mine bereitet Spiegeleier, ich schleppe Bierflaschen ran.
Kerzen werden entzündet, eine unserer gemütlichen Nachtrunden scheint eingeläutet.
Die Gespräche drehen sich um Urlaub, Familie, Geld. Küchi arbeitet neuerdings in dieser Branche.
Mine zieht sich zurück, läßt uns absichtsvoll allein.

Die Stunde ist vorgerückt. Trotzdem gelingt es weiter, die Themen beizubehalten. Urlaub, Familie und Geld.
Der Abend beginnt sportiven Charakter anzunehmen. Ob es möglich sein wird, nach einem Vierteljahr denkbar dramatischer Ereignisse diese mit keinem Wort zu erwähnen?
Keine Erkundigungen nach Künftigem? Es ist möglich!
Nach der letzten Zigarette, dem letzten Glas, kommt es zum Abgang: »Also dann ...«
Ich bemühe mich, ruhig zu bleiben, was mir nicht gut gelingt. Versuche es mit dem ironischen Kompliment für die Leistung, den ganzen Abend das Thema verfehlt zu haben.
»Ich dachte, es wäre dir lieber, darüber nicht zu reden.«
»Hättest du dich nicht wenigstens vergewissern müssen?«
»Ich dachte, es wäre besser.«
»Hast du es dir nicht etwas leicht gemacht?«
»Möglich.«
»Ich befinde mich zwangsläufig in einem Zustand der Passivität. Ich bin auf Initiativen angewiesen.«
»Du hast mich in unserer Freundschaft oft überfordert, ich war dir nicht immer gewachsen.«
»Sagst du das als Entschuldigung?«
»Nein, ich habe mich geirrt. Mir fehlt es an der entsprechenden Sensibilität.«
»Ich verlange nichts von dir. Manches wäre aber für mich selbstverständlich.«
»Du hast viel durchgemacht. Du bist weiter als ich.«
»Vielleicht.«
»Es tut mir leid, ich rufe dich an.«
Ist das eine Trennung?
Die zweite?
Was verlange ich, was erwarte ich?
Habe ich die Freundschaften zu hoch bewertet?
Mache ich es den Menschen zu schwer, mich zu verstehen?
Werden diese Enttäuschungen zum Alltag meines zukünftigen Lebens? Die Probleme hatte ich woanders erwartet. Immer ausgehend von einer stabilen Basis, bestehend aus Freundschaft und Familie. Ich muß mich vorm Lamentieren hüten.

Sonnabend, 7.8.93
Ein böser Morgen.
Nach der nächtlichen Schlappe erwischt mich wieder die Depression. Eigentlich sollte ich Tini zum Bahnhof bringen. Das gelingt mir nicht. Bis zum Mittag habe ich mich einigermaßen gefangen. Wichtige Arbeiten in der neuen Wohnung warten auf Erledigung. Es gelingt wenig.
Die Frauen huschen um mich herum und nehmen Rücksicht.
Die Enttäuschung über die Niederlage ist mein größtes Problem. Habe ich mir die Fortschritte nur eingeredet? Sind die Rückschläge im Eingewöhnungsprozeß normal? Muß ich mich mit den Depressionen abfinden?
Im Herausfinden der Anlässe liegt meine Chance. Ich darf nicht emotional abdriften. Komme mir in meinem Kampf allein gelassen vor. Meine Erwartungen an die Menschen sind zu hoch. Ich muß lernen zu begreifen, daß ich nur Hilfe in mir selbst finden kann. Beim großzügig vom Reinickendorfer Neubürger Mägi spendierten Abendessen beim Italiener findet der Tag einen versöhnlichen Abschluß.

Sonntag, 8.8.93
Ein Gefühl von Freiheit.
Ich renne splitterfasernackt durch die Wohnung. Das Bad ist immer frei. Ich kann lautstark meinen Gefühlen ihren Lauf lassen, häßlich über die Menschen herziehen, zur morgendlichen Stunde ein Glas Wein ohne Skrupel trinken.
Wir räumen den ganzen Vormittag um.
Ich rufe Mägi an, möchte ihr von unseren Aktionen berichten. Dazu komme ich nicht. Überschwenglich berichtet sie von einem endlosen Schaumbad. Endlich! Zu unseren Zeiten sei das ja nicht immer möglich gewesen. Ich spüre einen Stich. Zwangsläufig bestürmen mich in den letzen Tagen Vorwürfe, einen geliebten Menschen vertrieben zu haben. Alle Gefühle der Erleichterung kommen mir vor wie Verrat. Auch die Tatsache, daß die beste Variante gefunden wurde, befreit mich nicht davon. Am ersten Abend nach dem Einzug hatte ich einen Zettel in ihr frisch be-

zogenes Bett geschmuggelt: »Ich habe das störende Gefühl, Anlaß einer Vertreibung zu sein. Vom Kopf her habe ich das einigermaßen im Griff. Es bleibt ein nagendes Gefühl. Werde es tiefenpsychologisch ergründen müssen. Das habe ich ja gelernt ...«

Ich besuche Mägi. Sie versucht wortreich, meine Bedenken zu vertreiben. Es gelingt ihr nicht ganz. Als wir uns verabschieden, sitzt sie strahlend in ihrem großen Blumensessel, eingerahmt von einer intakten, gemütlichen Bleibe. Vorübergehend erleichtert, gelingt mir der Abschied.

Das Wissen darum, nur noch eine halbe Woche hinter Klinikmauern verbringen zu müssen, läßt bei der abendlichen Rückfahrt eine Spur von Beschwingtheit aufkommen. Ich bin nicht unzufrieden mit den letzten drei Tagen. Ich habe neue Erfahrungen machen müssen. Daß nach der Therapie mein Weg nicht schnurstracks ins Paradies führen würde, war mir klar. Daß die Härtegrade noch nicht ausgereizt sind, weiß ich jetzt.

Der Mensch ist auf die Welt gekommen, um zu leiden. Wenn man sich damit abfände, wäre jeder Kampf unnötig. Der Glaube, Freude zu empfinden und weiterzugeben, bleibt mein Motiv.

Meine Gedanken bewegen sich gefährlich in Bereiche der Euphorie. Um jegliche Ausuferung dieser Art einzudämmen, hat sich der Schöpfer den sonntagabendlichen Tagesraum der psychosomatischen Station der Otto-Bonhoeffer-Nervenklinik in Wittenau einfallen lassen.

Eine Illustration zu dem Begriff Tristesse kann kaum stimmiger ausfallen. Graue Gestalten, mit Zeitlupenbewegungen, rauchend, würfelnd, schweigend. Irgendwie vorhanden.

Im Zimmer treffe ich auf einen putzmunteren Peter. Er hatte »ein herrliches Wochenende«. Am Kudamm hat er zwei Pornofilme gesehen, auf dem amerikanischen Volksfest Roulette gespielt, fünfzig Mark gewonnen, die ihm anschließend gestohlen wurden, zum Abschluß zwei Bier getrunken und eine Rolle Pfefferminz gelutscht zur Tarnung vor der gestrengen Nachtschwester. Er erzählt das sehr witzig. Mich befällt Trauer angesichts seiner Anspruchslosigkeit.

Ich erzähle von meinem Desaster mit den Freunden.

Peter weiß sich gut einzufühlen. Er versteht meine Enttäuschung. »Bedenke die Klischees. Von denen auch du früher nicht frei warst. Nervenklinik, das bedeutet Gitterstäbe, Drogen, Elektroschocks, sabbernde, auf Tierfunktion reduzierte Monster. Es ist die Angst vor dem Thema. Nicht Roheit oder Oberflächlichkeit. Verdrängung.«
»Mögest du recht behalten.«

Montag, 9.8.93
Noch zwei Tage bis Buffalo.
Ohne Skrupel schwänze ich die unsägliche Musiktherapie.
Durch das Haus wummern die Trommelschläge des dicken Jungen. Mit einer gewissen Routine führt mich mein Weg ins Café »Wahnsinn«.
Meine Umwelt nehme ich durch die versöhnlerische Brille des Abschiednehmenden wahr. Wie nach einer durchwachsen geratenen Premiere. Nach einem Zahnarztbesuch. Nach bestandener Prüfung.
Auf meinem zerkratzten Plastikstuhl bei einer Tasse Kaffee stürze ich mich wonnevoll auf die dickleibige Berliner Zeitung.
Ich will eine Stunde lang »Welt tanken«.
Mein Blick verdunkelt sich. Zieht ein Gewitter auf? Hat jemand die Fensterläden geschlossen? Nichts dergleichen. Vor mir sitzt »der Grübler«, seit einigen Wochen Patient der Chronischen. Ein großer, düsterer Mensch, mit holzschnittartigem, finsterem Gesicht. Unter der schwarzen Lederjacke, die er selbst bei dreißig Grad im Schatten nicht ablegt, spannt sich der mächtige Brustkasten eines Wagner-Sängers. Lange Zeit ist er mit dem Drehen einer Zigarette beschäftigt. Dann rasselt es in seiner Brust, stoßweise kommen Laute, guttural wie aus einer defekten Klosettspülung. Die Laute formen sich zu Worten, schließlich mit einigen Mühen zu einem Satz.
»Bist du Arzt oder Patient?«
»Ich bin Patient.«
»Siehst nicht so aus.«
(Danke.)

»Auf welcher Station?«
»Zwo.«
»Ach, die beste. Da sind keine Verrückten. Nur feine Menschen mit Vermögen.«
»Hm.«
»Wie kommt man dahin?«
»Psychosomatische Erkrankungen.«
»Haben bei euch auch welche Anfälle?«
»Kommt schon vor.«
»Schade, ich hab keine.«
»Auf welcher Station sind Sie denn?«
»Auf der I. Da sind Verrückte. Alle alt und dusselig.«
»Warum sind Sie da?«
»Ich hab fünf Jahre auf Bewährung. Zweieinhalb sind schon weg.«
»Was haben Sie angestellt?«
»Ich hab was angezündet, aber gleich wieder gelöscht.«

10 Uhr Gruppentherapie.
Ich schaue sie mir alle noch einmal an. Die Gruppe hat sich verändert. Von den Neuen könnten sechs meine Kinder sein. Von den »Alten« sind nur Erika, Rosi, Markus übriggeblieben. Die Neuen sind bunter gekleidet, aber sonst farblos und oberflächlich. Ich wüßte keinen Grund, mich diesen Leuten anzuvertrauen. Leider habe ich während des Klinikaufenthaltes keine Bezugsperson gefunden. Ich hatte angenommen, das Nichtangenommenwerden »draußen« würde hier eine Schicksalsgemeinschaft zusammenschweißen. Mehr Gespür, mehr Sensibilität würden die Aufmerksamkeit für den anderen verstärken. Die reichlich zur Verfügung stehende Zeit könnte zur Vertiefung der Gespräche beitragen. Irrtum. Die therapiebedingte Selbstbespiegelung führt zu Egomanie. Monologe werden aneinandergereiht, nur selten kommt es zu einem wirklichen Gespräch. Ansonsten dominiert ein kameradschaftlich-laxer Ton. Man hilft sich in praktischen Dingen, versucht, kleine Privilegien zu erkämpfen. Die Qualität des Zusammenlebens geht nicht über die einer Jugendherberge hinaus. Die unsäglichen Schweigephasen bei Vollversammlung und Grup-

pentherapie müßten Anlaß für grundsätzliche Überlegungen sein. Sie werden viel mehr als Gruppenphänomen hingestellt. Das bedeutet schicksalhaftes Sich-damit-Abfinden.
Die Runde langweilt mich. Alle hoffen auf das Ende der Stunde. Ich hätte mir Herausforderung gewünscht.
Ein wenig hat es mit Peter funktioniert. Es gab ein paar Gemeinsamkeiten. Auch anspruchsvollere Themen waren möglich. Leider ist er zu kühl und letztlich unnahbar, oft weltfremd und zynisch. Mit etwas Geduld hätten wir weiterkommen können. Ich wollte aber auch seinen Chandler-Schlaf nicht stören.

Ich bin heute einem würdevollen, weißhaarigen Mann begegnet. Etwa sechzig. Mit wehender weißer Jacke. Eine Figur aus »Onkel Wanja«. Er bewegt sich mit Eleganz. Ich beobachte ihn mit Genuß. Das scheint ihm nicht zu entgehen. Er bleibt stehen, blickt mich schweigend an, ein Lächeln verklärt sein Gesicht. Dann kommt er näher. Ich sage freundlich: »Guten Tag.«
Er lacht mit einem Charme, den nur Herren im vorgerückten Alter versprühen können, und sagt: »Armleuchter.«
Sagt's, dreht auf dem Hacken um und wandert beschwingten Schrittes weiter.
Ein schwarzer Himmel ist aufgezogen.
Die alten Eichen biegen sich knarrend.
Türen knallen.
Eine Limonadenbüchse rollt scheppernd über den gepflasterten Weg.
Sigi P. hängt über einem Papierkorb, immer auf der Suche nach Zigarettenkippen. Ich gehe schnell weiter, will ihn nicht in Verlegenheit bringen.
Auf dem Rückweg treffe ich ihn wieder.
Sein Gesicht ist heute verwüstet, der Mund kaffeeverschmiert. In der Hand trägt er mehrere Schachteln Zigaretten und ein großes Glas mit Pulverkaffee.
»Hallo, Sigi, Großeinkauf?«
»Hör uff, det ist für die jungschen Schnösel. Krieg ick 'ne Mark für. So weit is det gekommen. Achtundsiebzig bin ick. Mensch, hör uff.«

Ich stecke ihm unauffällig ein Zweimarkstück in die Tasche. Sie ist vollgestopft mit zusammengesammelten Kippen.

Mittwoch, 11.8.93
Der letzte Tag.
In der Zeitung lese ich, daß die kommende Nacht die Nacht mit den meisten Sternschnuppen des Jahrhunderts werden wird.
Ich gehe zum Café »Wahnsinn« und kaufe Zigaretten. Alle sind sie unterwegs: Sonnenblume, Sigi, der Grübler, Henry, Gyros, die Pekingente...
Wie ein letzter Gang durchs Urlauberdorf.
Ich werde doch wohl nicht wehmütig?
Von Sigi erfahre ich, daß Herr B., mein einsamer Rufer, in eine andere Abteilung verlegt wurde. Ich werde mich nicht von ihm verabschieden können.
Sigi muß ich versprechen, bevor ich gehe, bei ihm vorbeizukommen.

8 Uhr 45 Vollversammlung.
Erika geht heute auch. Sie formuliert ein paar wohlerzogene Abschiedsworte.
Nun ist es an mir, meinen Abgang ähnlich zu kommentieren. Mir fällt nichts Besonderes ein. Merkwürdigerweise rede ich von einer tollen Zeit, die ich erleben konnte.
Frau Doktor hakt ein:
»Wie ist das toll gemeint? Ironisch oder positiv?«
»In allen Bedeutungen, die das Wort zuläßt.«
Frau Doktors Reminiszenz: Was wird aus unseren Gesprächsrunden, wenn uns unsere Protagonisten verlassen?
Also doch eine Spur hinterlassen.
Nicht nur eine Isolierung für die Badezimmertür, ein leidlich gepflegter Vorgarten, ein produktiver Brennofen, ein paar mittelmäßige Bilder auf dem Korridor.

Auf meinem Nachttisch liegt eine Botschaft von Mine. Sie hatte in der Nacht versucht, mich zu erreichen. Auf dem Zettel steht in der steilen Schulmädchenschrift der Nachtschwester:

»Ich freue mich so sehr, daß du heute nach Hause kommst.«
Ich habe gestern mit Klaus, dem Klempner, Sachertorte und Käsekuchen gekauft. Wir decken den Tisch und laden zum Henkersmahle.
Alle sind eine Spur aufmerksamer. Auch ein bißchen traurig gestimmt. Jetzt wartet nur noch Frau Doktor auf mich, dann ist es überstanden.
»Ich möchte nicht sentimental werden, ich denke mal, auf Ihrem Schreibtisch würde sich das doch ganz gut machen?«
Mein freundliches Blumentöpfchen wirkt in ihrer Hand plötzlich dienstlich.
»Danke, das ist nett.«
Auf dem Schreibtisch ein Stift, der Terminkalender, ein medizinisches Blättchen, der Dreikant.
Und nun, etwas verloren, ein Usambara-Veilchen.
Die grüne Liege, der Abreißkalender mit einer neuen Landschaft, etwas blauer See, Himmel und dazu passende Bergidylle, die vergilbte Grünpflanze, mein harter Stuhl, vor den Fenstern Spatzen.
Habe ich nicht vor wenigen Tagen meinen Antrittsbesuch gemacht? Lagen Wochen dazwischen, Monate?
»Wie fühlen Sie sich heute?«
»Nicht schlecht. Das Klassenziel nicht erreicht, aber viel gelernt.«
»Das wäre?«
»Bescheidener zu sein, sich über scheinbar Selbstverständliches freuen zu können, Gesundheit, Liebe, Natur, sich auf Wesentliches zu konzentrieren.«
»Wie steht's mit dem Klassenziel? Gibt es die Möglichkeit einer Wiederholungsprüfung zu einem späteren Zeitpunkt?«
»Das weiß ich noch nicht. Im Moment scheint das in weite Ferne gerückt. Etwas in mir ist zerbrochen. Eine Prothese lehne ich ab. Ich muß einen neuen Gang erlernen.«
»Ist diese Schlußfolgerung nicht verfrüht?«
»Verfrüht? Manchmal habe ich das Gefühl, seit dem März sind Jahre vergangen, Lebensjahre.«
»Etwas Licht konnten wir in das Dunkel bringen.«

»Gewiß, die Zeit war nicht nutzlos.«
»Ich denke mal, Ihre Ungeduld hat Ihnen wieder einmal einen Streich gespielt. Ich hätte Sie gern noch eine Weile hierbehalten.«
»Die Arbeit hier ist getan. Leben muß ich allein.«
»Allein?«
»Ich habe eine phantastische Frau, meine Kinder, meine Mutter. Es gibt Menschen um mich, für die ich Verantwortung trage.«
»Ich möchte Sie gern im Deutschen Theater wiedersehen. Ich würde einen Betriebsausflug organisieren.«
»Vielleicht besuchen Sie mich dort in meiner Pförtnerloge.«
»Immer noch zynisch?«
»Überhaupt nicht. War ein dummer Witz.«
»Immerhin ein Witz. Das zeugt doch von einer positiven Einstellung.«
»So ist es.«
»Ich wünsche Ihnen alles Gute.«
»Danke. Ich Ihnen auch.«
Ich entdecke keine Regung in ihrem Gesicht. Es ist höflich. Mit einem kleinen professionellen Lächeln. Ist sie eine so gute Schauspielerin, oder handelt es sich um einen üblichen Routinevorgang?
Warum eigentlich nicht letzteres? Du sollst endlich von deinem Stuhl der Selbstüberschätzung heruntersteigen. Du bist ein »Fall« wie jeder andere.
»Ich muß mich bedanken für Ihre Geduld.«
»Ich denke mal, Dank für Gleiches kann ich Ihnen leider nicht zurückgeben. Vielleicht soviel: Sie haben hier einiges bewegt.«
»Das kann man so oder so auslegen.«
»Bewegung heißt im streng lexikalischen Sinn Ortsveränderung. Denken Sie mal darüber nach. Tun Sie es mit Geduld.«
»Ich werde mich bemühen.«
Der kleine, soldatische Händedruck.
Der grüne Vorhang.
Die dicke, gepolsterte Tür.
Der Küchengeruch im Tagesraum.
Die gespannten Blicke meiner Mitpatienten...

Beim Torteessen will keine Stimmung aufkommen. Trauer über das Zurückbleiben auf der einen Seite, das Gefühl, in den Krieg zu ziehen, auf der anderen macht lockeres Plaudern nicht möglich.
Peter baut sich pastoral vor mir auf. Er möchte eine Schallplatte überreichen. Das Abschiedsgeschenk der Gruppe. Seine wohlvorbereitete Rede bremse ich ab:
»Laß es, wir fangen sonst an zu heulen.«
»Ich war noch nie so traurig, wenn einer ging.«
Ich würde ihn gern umarmen, traue mich nicht.
Ich brauche eine originelle Schlußpointe.
Ich steige zu Sigi in den Hof hinunter.
Er thront auf seinem Gartenstuhl und wärmt sich die kalkigen Schenkel in der Sonne.
»Freund Sigi, die Stund des Abschieds ist nun nah, gehabt euch wohl, Herr Puntila.«
»Peter, mein Freund, wat haste jesagt? Du redest so schnell. Hauste ab? Hast du een Jlück. Mir jeht's so schlecht. Du mußt mir Päckchen schicken, mit Zigaretten und Kaffee.«
»Mehr hast du mir nicht zu sagen?«
»Wat meenste? Du, und Nescafé, nich den von Aldi, der klumpt so.«
»Geht in Ordnung. Behalte deinen Humor.«
»Scheißhumor. Grüß deinen Hund.«

Endlich das Auto.
Endlich weg.
Ich hatte mir geschworen, nicht zurückzublicken. Tue es doch.
Der graue Kasten.
Mein Fenster.
Niemand winkt.
Die alten Bäume.
Der Park.
Das Blumenrondell.
Der Schlagbaum.
Die Straße.
In der Freiheit!
Der Verkehr ist heftig.

Ich beschließe, auf die Stadtautobahn zu gehen. Ich brauche Zeit zum Nachdenken.
Die Sonne hat sich aus klumpigen Wolken befreit. Ich will das symbolisch interpretieren.
Meine Lieblingskassette läuft im Autoradio: »On The Road«.
Ich zünde mir eine Zigarette an, lege den 5. Gang ein. Die leere Straße gestattet mir den Luxus der Geschwindigkeit.
Der Weg ist frei.
»The way is long
The finish so far.«
Ich habe das Klassenziel nicht erreicht!
That's the fact!
War ich faul oder einfach ungeeignet?
Eher letzteres.
Ob die Therapie für mich das richtige war, kann ich nicht beurteilen. Mir fehlt der Vergleich.
Zu Beginn fehlte mir eine Alternative. Ich mußte nehmen, was sich schließlich bot.
Natürlich frustrierten Leerlauf und Blabla.
Erst spät ließen sich einige Übungen sinnvoll einordnen. Konzeptionen schienen Mangelware. Aber die Sanftheit der Betreuung hatte ein Gutes. Mein Grübeln konnte sich zum Denken entwikkeln, die Tiefs dank sensibler Beharrlichkeit des Umfeldes besser bewältigt werden. Also Friedenspfeife?
Die Psychiatrie, dein Freund und Helfer? Der harmonisch verklärte Blick eines glücklich Davongekommenen? Das kann es nicht sein.
Unterm Strich bleiben die Vorwürfe: Die geradezu abenteuerliche Zeitverschwendung, die oftmals fehlende wissenschaftliche Unterfütterung der einzelnen Therapien, die Routine. (Kann man's verübeln?)
Aber...
Ich habe das Klassenziel nicht erreicht!
Was sagt das eigentlich aus?
Wie hätte das Klassenziel aussehen können? Günstigenfalls.
Wieder auf die Bühne? Wieder vor die Kamera? Als geheilt entlassen? Weiter im Text?

Mir ist es in den vier Monaten meines Klinikaufenthalts nicht gelungen, *sämtliche* Ursachen für meine Blockade herauszufinden. Vielleicht weiß ich sechzig Prozent. Wenn das reicht. Der Rest hält sich in den verworrenen Ganglien meines Hirns verborgen. Ermöglicht mir eben nicht, wie einst heiter und unbeschwert vor die Öffentlichkeit zu treten und meine Arbeit zu machen. Fühle ich mich doch nicht gefeit vor Wiederholungen.
Ich frage mich, warum ist das so? Das muß doch einen Grund haben.
Vielleicht den: Im irrationalen Bereich der »Ursachenskala« liegt meine momentane Chance. Denn fehlender Über- bzw. Durchblick mobilisiert die Instinkte, die wohl vitalsten Beweger unseres Tuns. Und mein Instinkt sagt mir: Verändere!
Ich hatte immer eine eher sachliche Beziehung zu meinem Beruf. Er war mir eine Selbstverständlichkeit. Wie Essen und Trinken. Ich habe nie etwas anderes gemacht. Er machte mir Spaß, ich erlebte Enttäuschungen, Niederlagen. Im Laufe der Zeit erreichte ich eine akzeptierte Position, verdiente viel Geld und hatte manchmal Anlaß, mich zurückzulehnen und zufrieden zu sein.
Die Wirren des Umbruchs haben diese Grundfesten durcheinandergewirbelt. Verlust von künstlerischer Heimat, Verlust des Heimatlandes, fehlende Identität: all das schuf ein Vakuum. Die vehementen Versuche, erstmals politisch Einfluß zu nehmen, endeten mit einer Ohrfeige. Die Bilanz dieser Investition war ein Schock. Ich fand mich wieder in Eiseskälte. Der Sinn meines Tuns war mir verlorengegangen. Die denkbare Variante, in Genügsamkeit zu überdauern, widersprach meinem Impetus.
Die einzig mögliche Chance, aufgefangen zu werden, hätte das Theater sein können. Das funktionierte nicht. Ausgerechnet in dieser Phase blieb meine Zuneigung unerwidert. Liebesentzug nennt man das wohl. Die vermeintliche Rettung kam zu spät.
»Du rettest den Freund nicht mehr.«
Das Gefühl von Ausgeschlossensein bewirkte Vereinsamung.
Am Tempelhofer Damm muß ich links abbiegen.
Der Entschluß, in die Klinik zu gehen, war zum damaligen Zeitpunkt auch ein Stück Abenteuer. Für mich lag mein Problem in einem partiellen Bereich: Die Blockade, eine Folge momentaner

seelischer Konditionsschwäche. Der Zufall einer unglücklichen Konstellation. Oder so. Aber dieser Anlaß schien mir auch günstig, endlich einen langgehegten Wunsch in die Tat umzusetzen: Die rätselhafte Welt einer Nervenklinik kennenzulernen. Schicksale auszuforschen. Ein bißchen Wallraff wird eine Rolle gespielt haben. Und so mußte ich Hans Castorps schicksalhaften Weg gehen. Die Metamorphose vom lüsternen Besucher-Voyeur zum Betroffenen.

Die Schürfungsarbeiten brachten Überraschendes zutage. Sie sind noch nicht abgeschlossen.

Ich bin jetzt auf dem Mehringdamm, beim Brandenburger Tor werde ich rechts abbiegen.

Ich habe das Klassenziel nicht erreicht!

Warum empfinde ich das nicht als Niederlage?

Eher als Zeichen.

Meinen Beruf werde ich nicht ausüben. Vorläufig nicht. Und da ich gelernt habe, in großen Zeitabschnitten zu denken, mache ich mir über die Dauer meines »Zwangsurlaubes« keine Illusionen. Es könnte auch ein »Lebenslänglich« dabei herauskommen.

Also werde ich andere Dinge probieren: Schreiben. Die Werkstatt einrichten. Leben.

Ich spüre eine unbändige Lust anzufangen.

Soeben habe ich ein kostbares Geschenk erhalten; vielleicht das kostbarste: Zeit.

Mein Kopf ist voll. Ich habe Lust, etwas zu tun.

In Höhe der Treuhand in der Wilhelmstraße erscheint mir mein Gedankengang penetrant euphemistisch. Das kann kein Zufall sein. Warum gerät Optimismus so leicht in den Verruf der Leichtfertigkeit? Gerade in diesen Zeiten.

Und in unmittelbarer Konfrontation mit diesem Gebäude.

Treuhand.

Das klingt nach Zuverlässigkeit und Vertrauen.

Und hat so gar nichts damit zu tun.

»Treufaust« wäre passender.

Als ich meine Klinikzeit begann, lebte ich nach dem Motto: Macht mal! (Ich erinnere mich an ein Foto im »Eulenspiegel« kurz nach der Wende. Auf einer Bank sitzt ein fetter Mann im Turnhemd mit

der Bierflasche in der Hand. Er blickt wichtigtuerisch in die Kamera. Textunterschrift: »Jetzt bin ich mal gespannt, wie die mich sozial abfedern.«)
Ich gefiel mir in der Rolle des Lazarus.
Ich meinte, einen Anspruch auf Hilfe zu haben.
Macht mal.
Mochte das damals eine gewisse Berechtigung gehabt haben, heute sage ich: Mach mal!
Es wird eine Zeit des Alleinseins kommen.
Alleinsein ist etwas anderes als Einsamsein.
Alleinsein ist Ruhe und Kraft.
Besonnensein.
Vielleicht einmal wieder Selbstbewußtsein.
*Allein auf sich gestellt.*
*Allein gegen alle.*
*»Paul allein auf der Welt.«*
*Der Bote von Marathon.*
*Der Mann, der den Virus findet...*
Jemand hat mir ein Zeichen gesetzt.
In allem ist ein Sinn.
Ich weiß nicht, wie mein Alltag aussehen wird.
Werde ich meine Miete bezahlen können?
Wird mein Weib auf der Straße die Unterlegzither spielen müssen, um am Sonntag eine Currywurst mit Pommes und Mayo servieren zu können? Fragen zuhauf.
Antworten Mangelware.
Wie in einem guten Krimi.
Meine Unbeschwertheit ist forciert.
Das Herz hämmert wie ein Specht.
Wie der Specht in Motzen, im letzten Sommer.
Er war etwas von der Rolle. Hämmerte den ganzen Tag am Metallmast unserer Straßenlaterne. Zu seiner unendlichen Verwunderung ohne Erfolg.
Das Brandenburger Tor zeigt sich in strahlendem Sonnenschein. Touristen flanieren.
Händler mit entsetzlichem Wende-Müll auf Tapeziertischen.
Das nagelneue Klosett des französischen Designers.

Sind das heimatliche Gefilde?
Ist es sinnvoll, einen Schlußstrich zu ziehen?
Sollte man sich ausschließlich auf Neues konzentrieren?
Das Erlebte einzementieren? (Tschernobyl.)
Jetzt bin ich auf den Linden. Die Bäume wirken seltsam kahl. Die Vorverkaufskasse der Komischen Oper ist geschlossen. Ist das Haus abgewickelt?
Quatsch!
Sommerpause.
Es ist kühl.
Trotz der sommerlichen Hitze.
Die Häuser wirken unbeteiligt.
Scheinen sich raushalten zu wollen.
Ich habe Sehnsucht nach meiner Frau.
Irgendwo in diesem Steingerümpel ist mein Refugium.
Auf das ich mich freue.
An meiner Wohnungstür ist ein buntbemaltes Pappschild befestigt:

*»Komm, tritt ein und bring dich mit.«*

## *Auf dem Zauberberg*

Castorp
Freund meiner Seele
Beide sind wir
Angetreten
Zu einer Stippvisite
Aus unserer Nonchalance
Wurde eine
Chalance
Castorp
Laß mich los
Unangenehmes Degenerat
Unsere Wege
Trennen sich
Deine
Kleinste Zeiteinheit
Ist
Der Monat
Meine
Die Sekunde
Mein Seziertisch
Der Tag
Die Menschen
Der Himmel
Die Bäume
Nicht
Der Disput
Im
Illustren Kreis
Castorp
Hast deine
Schuldigkeit getan
Castorp
Kannst gehn
Ich muß
Meinen jungen Baum
Begießen.
Castorp
Kannst gehn
Ich muß
Meinen jungen Baum
Begießen.